TRANZLATY

La Langue est pour tout le Monde

ภาษาเป็นสิ่งที่ทุกคนต้องการ

L'appel de la forêt

เสียงเพรียกจากพงไพร

Jack London
แจ็ค ลอนดอน

Français / ไทย

Dans le primitif
เข้าสู่ความเป็นดั้งเดิม

Buck ne lisait pas les journaux
บัคไม่ได้อ่านหนังสือพิมพ์

S'il avait lu les journaux, il aurait su que des problèmes se préparaient.
ถ้าเขาอ่านหนังสือพิมพ์ เขาคงรู้ว่าปัญหากำลังเกิดขึ้น

Il y avait des problèmes non seulement pour lui-même, mais pour tous les chiens de la marée.
มีปัญหาไม่เพียงแต่กับตัวเขาเองเท่านั้น แต่กับสุนัขน้ำขึ้นน้ำลงทุกตัวด้วย

Tout chien musclé et aux poils longs et chauds allait avoir des ennuis.
สุนัขทุกตัวที่มีกล้ามเนื้อแข็งแรงและมีขนยาวอบอุ่นจะต้องพบกับปัญหาอย่างแน่นอน

De Puget Bay à San Diego, aucun chien ne pouvait échapper à ce qui allait arriver.
ตั้งแต่ Puget Bay จนถึง San Diego ไม่มีสุนัขตัวไหนหนีรอดจากสิ่งที่กำลังจะเกิดขึ้นได้

Des hommes, tâtonnant dans l'obscurité de l'Arctique, avaient trouvé un métal jaune.
ชายคนหนึ่งกำลังคลำหาอะไรบางอย่างในความมืดของอาร์กติก และพบโลหะสีเหลือง

Les compagnies de navigation et de transport étaient à la recherche de cette découverte.
บริษัทเรือกลไฟและขนส่งกำลังติดตามการค้นพบนี้

Des milliers d'hommes se précipitaient vers le Nord.

ผู้ชายนับพันกำลังรีบเร่งเข้าสู่ดินแดนตอนเหนือ

Ces hommes voulaient des chiens, et les chiens qu'ils voulaient étaient des chiens lourds.

ผู้ชายเหล่านี้ต้องการสุนัข และสุนัขที่พวกเขาต้องการก็เป็นสุนัขตัวใหญ่

Chiens dotés de muscles puissants pour travailler.

สุนัขที่มีกล้ามเนื้อแข็งแรงเพื่อใช้ทำงานหนัก

Chiens avec des manteaux de fourrure pour les protéger du gel.

สุนัขที่มีขนยาวเพื่อปกป้องตัวเองจากน้ำค้างแข็ง

Buck vivait dans une grande maison dans la vallée ensoleillée de Santa Clara.

บัคอาศัยอยู่ในบ้านหลังใหญ่ในหุบเขาซานตาคลาราอันอบอุ่นไปด้วยแสงแดด

La maison du juge Miller s'appelait ainsi.

บ้านของผู้พิพากษามิลเลอร์เรียกว่า

Sa maison se trouvait en retrait de la route, à moitié cachée parmi les arbres.

บ้านของเขาตั้งอยู่ห่างจากถนนครึ่งหนึ่งซ่อนอยู่ท่ามกลางต้นไม้

On pouvait apercevoir la large véranda qui courait autour de la maison.

สามารถมองเห็นระเบียงกว้างที่ทอดยาวไปรอบบ้านได้

On accédait à la maison par des allées gravillonnées.

บ้านหลังนี้เข้าถึง โดยทางเข้าที่เป็นกรวด

Les sentiers serpentaient à travers de vastes pelouses.

เส้นทางคดเคี้ยวผ่านสนามหญ้าที่กว้างขวาง

Au-dessus de nos têtes se trouvaient les branches entrelacées de grands peupliers.

เหนือศีรษะมีกิ่งก้านของต้นป็อปลาร์สูงที่พันกัน

À l'arrière de la maison, les choses étaient encore plus spacieuses.

บริเวณด้านหลังบ้านมีพื้นที่กว้างขวางมากยิ่งขึ้น

Il y avait de grandes écuries, où une douzaine de palefreniers discutaient

มีคอกม้าใหญ่ๆ มีคนดูแลม้านับสิบคนกำลังพูดคุยกัน

Il y avait des rangées de maisons de serviteurs recouvertes de vigne

มีบ้านพักคนรับใช้ที่สวมชุดเถาองุ่นเรียงรายกัน

Et il y avait une gamme infinie et ordonnée de toilettes extérieures

และมีห้องสุขาแบบเรียงรายอย่างเป็นระเบียบไม่สิ้นสุด

Longues tonnelles de vigne, pâturages verts, vergers et parcelles de baies.

ซุ้มองุ่นยาว ทุ่งหญ้าสีเขียว สวนผลไม้ และแปลงผลเบอร์รี่

Ensuite, il y avait l'usine de pompage du puits artésien.

แล้วก็มีโรงงานสูบน้ำบาดาล

Et il y avait le grand réservoir en ciment rempli d'eau.

และมีถังซีเมนต์ขนาดใหญ่ที่เต็มไปด้วยน้ำ

C'est ici que les garçons du juge Miller ont fait leur plongeon matinal.

ที่นี่ลูกๆ ของผู้พิพากษามิลเลอร์ลงเล่นน้ำในตอนเช้า

Et ils se sont rafraîchis là-bas aussi dans l'après-midi chaud.

และพวกเขาก็คลายความร้อนในตอนบ่ายด้วย

Et sur ce grand domaine, Buck était celui qui régnait sur tout.

และเหนืออาณาจักรอันยิ่งใหญ่นี้ บัคคือผู้ปกครองมันทั้งหมด

Buck est né sur cette terre et y a vécu toutes ses quatre années.

บัคเกิดบนดินแดนแห่งนี้และอาศัยอยู่ที่นี่เป็นเวลาสี่ปี

Il y avait bien d'autres chiens, mais ils n'avaient pas vraiment d'importance.

จริงๆ แล้วมีสุนัขตัวอื่นด้วย แต่มันไม่ได้มีความสำคัญอะไรเลย

D'autres chiens étaient attendus dans un endroit aussi vaste que celui-ci.

คาดว่าสุนัขตัวอื่นๆ จะอยู่ในที่กว้างใหญ่เช่นนี้

Ces chiens allaient et venaient, ou vivaient à l'intérieur des chenils très fréquentés.

สุนัขพวกนี้มาและไปหรืออาศัยอยู่ในคอกสุนัขที่พลุกพล่าน

Certains chiens vivaient cachés dans la maison, comme Toots et Ysabel.

สุนัขบางตัวอาศัยอยู่อย่างซ่อนๆ ในบ้าน เช่นเดียวกับที่ Toots และ Ysabel ทำ

Toots était un carlin japonais, Ysabel un chien nu mexicain.

ทูทส์เป็นสุนัขพันธุ์ปั๊กญี่ปุ่น และอิซาเบลเป็นสุนัขพันธุ์เม็กซิกันที่ไม่มีขน

Ces étranges créatures sortaient rarement de la maison.

สิ่งมีชีวิตแปลกประหลาดเหล่านี้แทบจะไม่เคยออกไปนอกบ้านเลย

Ils n'ont pas touché le sol, ni respiré l'air libre à l'extérieur.

พวกมันไม่ได้สัมผัสพื้นดิน หรือดมกลิ่นอากาศภายนอกเลย

Il y avait aussi les fox-terriers, au moins une vingtaine.

ยังมีสุนัขพันธุ์ฟ็อกซ์เทอร์เรียร์อย่างน้อย 20 ตัวด้วย

Ces terriers aboyaient férocement sur Toots et Ysabel à l'intérieur.

สุนัขเทอร์เรียร์พวกนี้เห่าทูทส์และอิซาเบลในบ้านอย่างดุร้าย

Toots et Ysabel sont restés derrière les fenêtres, à l'abri du danger.

ทูตส์และอิซาเบลอยู่หลังหน้าต่างปลอดภัยจากอันตราย

Ils étaient gardés par des domestiques munies de balais et de serpillères.

มีแม่บ้านพร้อมไม้กวาดและไม้ถูพื้นคอยดูแล

Mais Buck n'était pas un chien de maison, et il n'était pas non plus un chien de chenil.

แต่บัคไม่ใช่สุนัขในบ้านและไม่ใช่สุนัขสำหรับเลี้ยงในกรงด้วย

L'ensemble de la propriété appartenait à Buck comme son royaume légitime.

ทรัพย์สินทั้งหมดเป็นของบัคซึ่งถือเป็นกรรมสิทธิ์ของเขา

Buck nageait dans le réservoir ou partait à la chasse avec les fils du juge.

บัคว่ายน้ำในถังหรือไปล่าสัตว์กับลูกชายของผู้พิพากษา

Il marchait avec Mollie et Alice tôt ou tard le soir.

เขาเดินเล่นกับมอลลี่และอลิซในช่วงเช้าหรือดึกๆ

Lors des nuits froides, il s'allongeait devant le feu de la bibliothèque avec le juge.

ในคืนที่หนาวเย็น เขาจะนอนหน้ากองไฟในห้องสมุดพร้อมกับผู้พิพากษา

Buck a promené les petits-fils du juge sur son dos robuste.

บั๊กให้หลานชายของผู้พิพากษาขี่หลังอันแข็งแรงของเขา

Il roula dans l'herbe avec les garçons, les surveillant de près.

เขาพลิกตัวไปในหญ้ากับเด็กๆ โดยดูแลพวกเขาอย่างใกล้ชิด

Ils s'aventurèrent jusqu'à la fontaine et même au-delà des champs de baies.

พวกเขากล้าเสี่ยงไปที่น้ำพุและแม้แต่เลยทุ่งผลเบอร์รี่

Parmi les fox terriers, Buck marchait toujours avec une fierté royale.

ในบรรดาสุนัขพันธุ์ฟ็อกซ์เทอร์เรีย บัคเดินไปด้วยความภาคภูมิใจเสมอ

Il ignora Toots et Ysabel, les traitant comme s'ils étaient de l'air.

เขาเพิกเฉยต่อทูตส์และอิซาเบล และปฏิบัติกับพวกเขาเหมือนพวกเขาเป็นอากาศ

Buck régnait sur toutes les créatures vivantes sur les terres du juge Miller.

บั๊กปกครองสิ่งมีชีวิตทั้งหมดบนดินแดนของผู้พิพากษามิลเลอร์

Il régnait sur les animaux, les insectes, les oiseaux et même les humains.

พระองค์ทรงปกครองทั้งสัตว์ แมลง นก และแม้กระทั่งมนุษย์

Le père de Buck, Elmo, était un énorme et fidèle Saint-Bernard.

เอลโม พ่อของบัคเป็นเซนต์เบอร์นาร์ดตัวใหญ่และซื่อสัตย์

Elmo n'a jamais quitté le juge et l'a servi fidèlement.

เอลโมไม่เคยละทิ้งหน้าที่ของผู้พิพากษาและรับใช้เขาอย่างซื่อสัตย์

Buck semblait prêt à suivre le noble exemple de son père.

บัคดูเหมือนจะพร้อมที่จะทำตามตัวอย่างอันสูงส่งของพ่อของเขา

Buck n'était pas aussi gros, pesant cent quarante livres.

บัคไม่ได้ตัวใหญ่มากนัก โดยมีน้ำหนักอยู่ถึงหนึ่งร้อยสี่สิบปอนด์

Sa mère, Shep, était un excellent chien de berger écossais.

แม่ของเขา ชื่อเชพ ซึ่งเป็นสุนัขเลี้ยงแกะสก็อตแลนด์ที่ดีมาก

Mais même avec ce poids, Buck marchait avec une présence royale.

แต่ถึงแม้จะมีน้ำหนักขนาดนั้น บัคก็ยังเดินได้อย่างสง่างาม

Cela venait de la bonne nourriture et du respect qu'il recevait toujours.

นี่มาจากอาหารที่ดีและความเคารพที่เขาได้รับเสมอ

Pendant quatre ans, Buck a vécu comme un noble gâté.

บัคใช้ชีวิตเหมือนขุนนางที่เอาแต่ใจมาตลอดสี่ปี

Il était fier de lui, et même légèrement égoïste.

เขาภูมิใจในตัวเองและมีความเห็นแก่ตัวนิดหน่อยด้วย

Ce genre de fierté était courant chez les seigneurs des régions reculées.

ความภาคภูมิใจเช่นนั้นเป็นเรื่องธรรมดาในหมู่ขุนนางในชนบท

ห่างไกล

Mais Buck s'est sauvé de devenir un chien de maison choyé.

แต่บัคช่วยตัวเองไม่ให้ต้องกลายเป็นหมาบ้านที่ได้รับการเอาใจใส่

Il est resté mince et fort grâce à la chasse et à l'exercice.

เขารักษารูปร่างให้ผอมเพรียวและแข็งแรงด้วยการล่าสัตว์และออก

กำลังกาย

Il aimait profondément l'eau, comme les gens qui se baignent dans les lacs froids.

พระองค์ทรงรักน้ำอย่างมาก เหมือนกับคนอาบน้ำในทะเลสาบที่

เย็นยะเยือก

Cet amour pour l'eau a gardé Buck fort et en très bonne santé.

ความรักที่มีต่อน้ำทำให้บัคแข็งแรงและมีสุขภาพแข็งแรงมาก

C'était le chien que Buck était devenu à l'automne 1897.

นี่คือสุนัขที่บัคกลายมาเป็นในช่วงฤดูใบไม้ร่วงปี พ.ศ. 2440

Lorsque la découverte du Klondike a attiré des hommes vers le Nord gelé.

เมื่อการประท้วงของคลอนไดค์ดึงดูดผู้คนไปยังตอนเหนืออัน

หนาวเหน็บ

Des gens du monde entier se sont précipités vers ce pays froid.

ผู้คนจากทั่วทุกมุมโลกแห่กันมายังดินแดนอันหนาวเย็น

Buck, cependant, ne lisait pas les journaux et ne comprenait pas les nouvelles.

อย่างไรก็ตาม บัคไม่ได้อ่านหนังสือพิมพ์และไม่เข้าใจข่าวสารด้วย

Il ne savait pas que Manuel était un homme désagréable à fréquenter.

เขาไม่รู้ว่ามานูเอลเป็นคนไม่ดี

Manuel, qui aidait au jardin, avait un problème grave.

มานูเอลซึ่งช่วยงานในสวนมีปัญหาใหญ่มาก

Manuel était accro aux jeux de loterie chinois.

แมนนูเอลติดการพนันลอตเตอรี่จีน

Il croyait également fermement en un système fixe pour gagner.

เขายังเชื่อมั่นอย่างยิ่งในระบบที่แน่นอนเพื่อการชนะ

Cette croyance rendait son échec certain et inévitable.

ความเชื่อนั้นทำให้ความล้มเหลวของเขาเป็นเรื่องแน่นอนและไม่อาจหลีกเลี่ยงได้

Jouer un système exige de l'argent, ce qui manquait à Manuel.

การเล่นระบบต้องใช้เงิน ซึ่งมานูเอลไม่มี

Son salaire suffisait à peine à subvenir aux besoins de sa femme et de ses nombreux enfants.

รายได้ของเขาแทบจะเลี้ยงภรรยาและลูกๆ หลายคนไม่ได้เลย

La nuit où Manuel a trahi Buck, les choses étaient normales.

ในคืนที่ Manuel ทรยศต่อ Buck ทุกอย่างก็เป็นปกติ

Le juge était présent à une réunion de l'Association des producteurs de raisins secs.

ผู้พิพากษาอยู่ที่การประชุมสมาคมผู้ปลูกลูกเกด

Les fils du juge étaient alors occupés à former un club d'athlétisme.

ขณะนั้นบุตรชายของผู้พิพากษาได้ยุ่งอยู่กับการจัดตั้งชมรมกีฬา

Personne n'a vu Manuel et Buck sortir par le verger.

ไม่มีใครเห็น Manuel และ Buck ออกจากสวนผลไม้ไป

Buck pensait que cette promenade n'était qu'une simple promenade nocturne.

บัคคิดว่าการเดินเล่นครั้งนี้เป็นเพียงการเดินเล่นตอนกลางคืน
ธรรมดา

Ils n'ont rencontré qu'un seul homme à la station du drapeau, à College Park.

พวกเขาพบชายคนเดียวที่สถานีธงในเมืองคอลเลจพาร์ค

Cet homme a parlé à Manuel et ils ont échangé de l'argent.

ชายคนนั้นพูดคุยกับมานูเอล และพวกเขาก็แลกเงินกัน

« Emballez les marchandises avant de les livrer », a-t-il suggéré.

"ห่อสินค้าให้เรียบร้อยก่อนที่จะส่งมอบ" เขาแนะนำ

La voix de l'homme était rauque et impatiente lorsqu'il parlait.

ชายคนนี้พูดด้วยน้ำเสียงแหบและใจร้อน

Manuel a soigneusement attaché une corde épaisse autour du cou de Buck.

แมนนวลผูกเชือกเส้นหนาไว้รอบคอของบัคด้วยความระมัดระวัง

« Tournez la corde et vous l'étoufferez abondamment »

"บิดเชือกสิ แล้วคุณจะรัดคอเขาจนขาดเป็นจุณ"

L'étranger émit un grognement, montrant qu'il comprenait bien.

ชายแปลกหน้าส่งเสียงครางออกมาเพื่อแสดงว่าเขาเข้าใจดี

Buck a accepté la corde avec calme et dignité tranquille ce jour-là.

วันนั้นบัครับเชือกด้วยความสงบและสง่างาม

C'était un acte inhabituel, mais Buck faisait confiance aux hommes qu'il connaissait.

มันเป็นการกระทำที่ไม่ปกติ แต่บัคก็ยังไว้ใจคนที่เขารู้จัก

Il croyait que leur sagesse allait bien au-delà de sa propre pensée.

เขาเชื่อว่าภูมิปัญญาของพวกเขามีขอบเขตที่ไกลเกินกว่าความคิด

ของเขาเอง

Mais ensuite la corde fut remise entre les mains de l'étranger.

แต่ทันใดนั้นเชือกก็ถูกส่งไปอยู่ในมือของคนแปลกหน้า

Buck émit un grognement sourd qui avertissait avec une menace silencieuse.

บัคส่งเสียงขู่ต่ำเพื่อเตือนด้วยความคุกคามอันเงียบสงบ

Il était fier et autoritaire, et voulait montrer son mécontentement.

เขาเป็นคนหยิ่งยะโสและชอบสั่งการและหมายความถึงการแสดง

ความไม่พอพระทัย

Buck pensait que son avertissement serait compris comme un ordre.

บัคเชื่อว่าคำเตือนของเขาจะได้รับการเข้าใจว่าเป็นคำสั่ง

À sa grande surprise, la corde se resserra rapidement autour de son cou épais.

เชือกรัดรอบคออันหนาของเขาแน่นขึ้นจนทำให้เขาตกตะลึง

Son air fut coupé et il commença à se battre dans une rage soudaine.

อากาศของเขาถูกตัดและเขาเริ่มต่อสู้ด้วยความโกรธฉับพลัน

Il s'est jeté sur l'homme, qui a rapidement rencontré Buck en plein vol.

เขาพุ่งเข้าหาชายคนนั้นซึ่งพบบัคอย่างรวดเร็วในกลางอากาศ

L'homme attrapa Buck par la gorge et le fit habilement tourner dans les airs.

ชายคนนั้นคว้าคอของบัคและบิดเขาขึ้นไปในอากาศอย่างชำนาญ

Buck a été violemment projeté au sol, atterrissant à plat sur le dos.

บั๊กถูกโยนลงมาอย่างแรงจนล้มลงกับพื้น

La corde l'étranglait alors cruellement tandis qu'il donnait des coups de pied sauvages.

เชือกรัดคอเขาอย่างโหดร้ายในขณะที่เขาเตะอย่างบ้าคลั่ง

Sa langue tomba, sa poitrine se souleva, mais il ne reprit pas son souffle.

ลิ้นเขาหลุดออก หน้าอกเขาขึ้นลง แต่กลับหายใจไม่ได้

Il n'avait jamais été traité avec une telle violence de sa vie.

เขาไม่เคยได้รับการปฏิบัติด้วยความรุนแรงเช่นนี้ในชีวิตของเขามาก่อน

Il n'avait jamais été rempli d'une fureur aussi profonde auparavant.

เขายังไม่เคยเต็มไปด้วยความโกรธแค้นลึกๆ เช่นนี้มาก่อน

Mais le pouvoir de Buck s'est estompé et ses yeux sont devenus vitreux.

แต่พลังของบัคก็ค่อยๆ ลดลง และดวงตาของเขาก็เปลี่ยนไปเป็นประกายแวววาว

Il s'est évanoui juste au moment où un train s'arrêtait à proximité.

เขาหมดสติไปพอดีกับตอนที่รถไฟกำลังโบกมือเรียก

Les deux hommes le jetèrent alors rapidement dans le fourgon à bagages.

จากนั้นชายทั้งสองก็โยนเขาขึ้นรถสัมภาระอย่างรวดเร็ว

La chose suivante que Buck ressentit fut une douleur dans sa langue enflée.

สิ่งต่อไปที่บัครู้สึกคือความเจ็บปวดที่ลิ้นบวมของเขา

Il se déplaçait dans un chariot tremblant, à peine conscient.

เขากำลังเคลื่อนย้ายอยู่ในรถเข็นที่สั่นไหว โดยยังมีสติอยู่บ้าง

เล็กน้อย

Le cri aigu d'un sifflet de train indiqua à Buck où il se
trouvait.

เสียงหวูดรถไฟที่ดังแหลมทำให้บัครู้ตำแหน่งของเขา

Il avait souvent roulé avec le juge et connaissait ce
sentiment.

เขาเคยขี่ม้าร่วมกับผู้พิพากษาบ่อยครั้งและเข้าใจถึงความรู้สึกนั้น

C'était le choc unique de voyager à nouveau dans un
fourgon à bagages.

เป็นความรู้สึกสะเทือนใจที่ไม่เหมือนใครของการเดินทางใน

รถบรรทุกสัมภาระอีกครั้ง

Buck ouvrit les yeux et son regard brûla de rage.

บั๊กลืมตาขึ้นและจ้องมองอย่างโกรธจัด

C'était la colère d'un roi fier déchu de son trône.

นี่คือความโกรธของกษัตริย์ผู้ภาคภูมิใจที่ถูกปลดจากบัลลังก์

Un homme a tenté de l'attraper, mais Buck a frappé en
premier.

ชายคนหนึ่งเอื้อมมือไปจะคว้าเขา แต่บัคกลับโจมตีก่อนแทน

Il enfonça ses dents dans la main de l'homme et la serra
fermement.

เขากัดลงบนมือของชายคนนั้นแล้วจับไว้แน่น

Il ne l'a pas lâché jusqu'à ce qu'il s'évanouisse une deuxième
fois.

เขาไม่ยอมปล่อยจนกระทั่งหมดสติไปเป็นครั้งที่สอง

« Ouais, il a des crises », murmura l'homme au bagagiste.

"ใช่แล้ว มีอาการชัก" ชายคนนั้นพึมพำกับพนักงานขนสัมภาระ

Le bagagiste avait entendu la lutte et s'était approché.

คนขนสัมภาระได้ยินเสียงทะเลาะจึงเข้ามาใกล้

« Je l'emmène à Frisco pour le patron », a expliqué l'homme.

"ฉันจะพาเขาไปที่ฟริสโก้เพื่อพบเจ้านาย" ชายคนนั้นอธิบาย

« Il y a un excellent vétérinaire qui dit pouvoir les guérir. »

"มีหมอสุนัขเก่งๆ อยู่ที่นั่นซึ่งบอกว่าสามารถรักษาสุนัขเหล่านั้นได้"

Plus tard dans la soirée, l'homme a donné son propre récit complet.

ต่อมาคืนนั้นชายคนนั้นก็เล่าเรื่องทั้งหมดของเขาเอง

Il parlait depuis un hangar derrière un saloon sur les quais.

เขาพูดจากโรงเก็บของหลังร้านอาหารที่ท่าเรือ

« Tout ce qu'on m'a donné, c'était cinquante dollars », se plaignit-il au vendeur du saloon.

"ผมได้รับแค่ห้าสิบเหรียญเท่านั้น" เขาบ่นกับคนขายเหล้า

« Je ne le referais pas, même pour mille dollars en espèces. »

"ผมจะไม่ทำมันอีกแล้ว แม้จะได้เงินสดเป็นพันเหรียญก็ตาม"

Sa main droite était étroitement enveloppée dans un tissu ensanglanté.

พระหัตถ์ขวาของพระองค์ถูกพันด้วยผ้าเปื้อนเลือดอย่างแน่นหนา

Son pantalon était déchiré du genou au pied.

ขาของกางเกงของเขาฉีกขาดตั้งแต่เข่าถึงเท้า

« Combien a été payé l'autre idiot ? » demanda le vendeur du saloon.

"แก้วอีกใบได้เงินเท่าไร" เจ้าของร้านถาม

« Cent », répondit l'homme, « il n'accepterait pas un centime de moins. »

"ร้อยเดียว" ชายคนนั้นตอบ "เขาไม่ยอมลดแม้แต่เซ็นต์เดียว"

« Cela fait cent cinquante », dit le vendeur du saloon.

"นั่นก็เท่ากับหนึ่งร้อยห้าสิบ" คนขายเหล้ากล่าว

« Et il vaut tout ça, sinon je ne suis pas meilleur qu'un imbécile. »

"และเขาก็คุ้มค่าทั้งหมด ไม่เช่นนั้นฉันก็คงไม่ต่างจากคนโง่"

L'homme ouvrit les emballages pour examiner sa main.

ชายคนนั้นเปิดผ้าพันแผลเพื่อตรวจสอบมือของเขา

La main était gravement déchirée et couverte de sang séché.

มือฉีกขาดอย่างรุนแรงและมีคราบเลือดแห้งติดอยู่

« Si je n'ai pas l' hydrophobie… » commença-t-il à dire.

"ถ้าฉันไม่เป็นโรคกลัวน้ำ…" เขาเริ่มพูด

« Ce sera parce que tu es né pour être pendu », dit-il en riant.

"นั่นก็เพราะคุณเกิดมาเพื่อแขวนคอ" มีเสียงหัวเราะดังขึ้น

« Viens m'aider avant de partir », lui a-t-on demandé.

"มาช่วยฉันหน่อยก่อนที่คุณจะไป" เขาถูกขอร้อง

Buck était dans un état second à cause de la douleur dans sa langue et sa gorge.

บัคอยู่ในอาการมึนงงจากความเจ็บปวดในลิ้นและลำคอ

Il était à moitié étranglé et pouvait à peine se tenir debout.

เขาถูกบีบคอจนเกือบขาด และแทบจะยืนตัวตรงไม่ได้

Pourtant, Buck essayait de faire face aux hommes qui l'avaient blessé ainsi.

บัคยังคงพยายามเผชิญหน้ากับผู้ชายที่ทำร้ายเขาเช่นนี้

Mais ils le jetèrent à terre et l'étranglèrent une fois de plus.

แต่พวกนั้นกลับโยนเขาลงและรัดคอเขาอีกครั้ง

Ce n'est qu'à ce moment-là qu'ils ont pu scier son lourd collier de laiton.

จากนั้นพวกเขาจึงสามารถเลื่อยคอทองเหลืองอันหนักอึ้งของเขาออกได้

Ils ont retiré la corde et l'ont poussé dans une caisse.

พวกเขาถอดเชือกออกแล้วผลักเขาใส่กล่อง

La caisse était petite et avait la forme d'une cage en fer brut.

ลังนั้นมีขนาดเล็กและมีรูปร่างเหมือนกรงเหล็กหยาบๆ

Buck resta allongé là toute la nuit, rempli de colère et d'orgueil blessé.

บัคนอนอยู่ที่นั่นตลอดทั้งคืน เต็มไปด้วยความโกรธและความ

ภาคภูมิใจที่บอบช้ำ

Il ne pouvait pas commencer à comprendre ce qui lui arrivait.

เขาไม่สามารถเข้าใจได้ว่าเกิดอะไรขึ้นกับเขา

Pourquoi ces hommes étranges le gardaient-ils dans cette petite caisse ?

เหตุใดชายแปลกหน้าเหล่านั้นถึงขังเขาไว้ในลังเล็กๆ นี้?

Que voulaient-ils de lui et pourquoi cette cruelle captivité ?

พวกเขาต้องการอะไรจากเขา และทำไมจึงต้องถูกจองจำอย่าง

โหดร้ายเช่นนี้?

Il ressentait une pression sombre, un sentiment de catastrophe qui se rapprochait.

เขารู้สึกถึงแรงกดดันอันมืดมน ความรู้สึกหายนะกำลังใกล้เข้ามา

C'était une peur vague, mais elle pesait lourdement sur son esprit.

มันเป็นความกลัวที่คลุมเครือ แต่มันมีอิทธิพลอย่างมากต่อจิต

วิญญาณของเขา

Il a sursauté à plusieurs reprises lorsque la porte du hangar a claqué.

หลายครั้งที่เขากระโดดขึ้นเมื่อประตูโรงเก็บของสั่น

Il s'attendait à ce que le juge ou les garçons apparaissent et le sauvent.

เขาคาดหวังว่าผู้พิพากษาหรือเด็กๆ จะปรากฏตัวและช่วยเหลือเขา

Mais à chaque fois, seul le gros visage du tenancier de bar apparaissait à l'intérieur.

แต่มีเพียงใบหน้าอ้วนๆ ของเจ้าของร้านเหล้าที่แอบมองเข้ามาข้างในทุกครั้ง

Le visage de l'homme était éclairé par la faible lueur d'une bougie de suif.

ใบหน้าของชายผู้นี้ส่องสว่างด้วยแสงเทียนไขอันริบหรี่

À chaque fois, l'aboiement joyeux de Buck se transformait en un grognement bas et colérique.

แต่ละครั้ง เสียงเห่าอย่างสนุกสนานของบัคก็จะเปลี่ยนเป็นเสียงคำรามต่ำๆ ด้วยความโกรธ

Le tenancier du saloon l'a laissé seul pour la nuit dans la caisse

เจ้าของร้านปล่อยให้เขาอยู่คนเดียวในกรงทั้งคืน

Mais quand il se réveilla le matin, d'autres hommes arrivèrent.

แต่เมื่อเขาตื่นขึ้นมาในตอนเช้าก็มีชายอีกหลายคนเข้ามา

Quatre hommes sont venus et ont ramassé la caisse avec précaution, sans un mot.

ชายสี่คนเข้ามาหยิบลังขึ้นอย่างระมัดระวังโดยไม่พูดอะไร

Buck comprit immédiatement dans quelle situation il se trouvait.

บัครู้ทันทีถึงสถานการณ์ที่เขาพบว่าตนเองกำลังเผชิญอยู่

Ils étaient d'autres bourreaux qu'il devait combattre et craindre.

พวกมันคือสิ่งทรมานอีกประการหนึ่งที่เขาต้องต่อสู้และหวาดกลัว

Ces hommes avaient l'air méchants, en haillons et très mal soignés.

ผู้ชายพวกนี้ดูชั่วร้าย ทรุดโทรม และดูแลตัวเองไม่ดีเลย

Buck grogna et se jeta férocement sur eux à travers les barreaux.

บัคขู่คำรามและพุ่งเข้าหาพวกเขาอย่างดุร้ายผ่านลูกกรง

Ils se sont contentés de rire et de le frapper avec de longs bâtons en bois.

พวกเขาเพียงแต่หัวเราะและแทงเขาด้วยไม้ยาวๆ

Buck a mordu les bâtons, puis s'est rendu compte que c'était ce qu'ils aimaient.

บัคกัดไม้แล้วรู้ว่านั่นคือสิ่งที่พวกเขาชอบ

Il s'allongea donc tranquillement, maussade et brûlant d'une rage silencieuse.

จึงได้นอนลงอย่างเงียบๆ ด้วยอาการบูดบึ้งและโกรธจัดอย่าง

เงียบๆ

Ils ont soulevé la caisse dans un chariot et sont partis avec lui.

พวกเขาจึงยกลังใส่เกวียนแล้วขับออกไปกับเขา

La caisse, avec Buck enfermé à l'intérieur, changeait souvent de mains.

ลังที่บัคถูกล็อคอยู่ข้างในเปลี่ยนมือบ่อยครั้ง

Les employés du bureau express ont pris les choses en main et l'ont traité brièvement.

เจ้าหน้าที่สำนักงานเอ็กซ์เพรสเข้ามาดูแลและดูแลเขาสั้นๆ

Puis un autre chariot transporta Buck à travers la ville bruyante.

จากนั้นรถบรรทุกอีกคันก็บรรทุกบัคข้ามเมืองที่วุ่นวาย

Un camion l'a emmené avec des cartons et des colis sur un ferry.

รถบรรทุกได้นำเขาพร้อมกล่องและพัสดุขึ้นเรือข้ามฟาก

Après la traversée, le camion l'a déchargé dans un dépôt ferroviaire.

เมื่อข้ามไปแล้ว รถบรรทุกก็ได้ขนเขาลงจากรถไฟที่สถานีรถไฟ

Finalement, Buck fut placé dans une voiture express en attente.

ในที่สุด บัคก็ถูกวางลงในรถด่วนที่กำลังรออยู่

Pendant deux jours et deux nuits, les trains ont emporté la voiture express.

รถไฟได้นำรถด่วนออกไปเป็นเวลาสองวันสองคืน

Buck n'a ni mangé ni bu pendant tout le douloureux voyage.

บัคไม่ได้กินหรือดื่มอะไรเลยตลอดการเดินทางอันแสนเจ็บปวด

Lorsque les messagers express ont essayé de l'approcher, il a grogné.

เมื่อผู้ส่งสารด่วนพยายามเข้าใกล้เขา เขาก็คำราม

Ils ont réagi en se moquant de lui et en le taquinant cruellement.

พวกเขาตอบโต้เขาด้วยการล้อเลียนและล้อเลียนเขาอย่างโหดร้าย

Buck se jeta sur les barreaux, écumant et tremblant

บัคโยนตัวเองไปที่ลูกกรง มีฟองและสั่น

ils ont ri bruyamment et l'ont raillé comme des brutes de cour d'école.

พวกเขาหัวเราะเสียงดัง และเยาะเย้ยเขาเหมือนกับนักเลงใน

โรงเรียน

Ils aboyaient comme de faux chiens et battaient des bras.

พวกมันเห่าเหมือนสุนัขปลอมและโบกแขนไปมา

Ils ont même chanté comme des coqs juste pour le contrarier davantage.

พวกมันยังขันเหมือนไก่ตัวผู้เพื่อทำให้เขาหงุดหงิดมากยิ่งขึ้น

C'était un comportement stupide, et Buck savait que c'était ridicule.

นั่นเป็นพฤติกรรมที่โง่เขลาและบัคก็รู้ว่ามันไร้สาระ

Mais cela n'a fait qu'approfondir son sentiment d'indignation et de honte.

แต่สิ่งนั้นกลับยิ่งทำให้เขารู้สึกโกรธและอับอายมากขึ้น

Il n'a pas été trop dérangé par la faim pendant le voyage.

เขาไม่กังวลเกี่ยวกับความหิวมากนักตลอดการเดินทาง

Mais la soif provoquait une douleur aiguë et une souffrance insupportable.

แต่ความกระหายนำมาซึ่งความเจ็บปวดอย่างรุนแรงและความทุกข์ ทรมานที่ไม่อาจทนทานได้

Sa gorge sèche et enflammée et sa langue brûlaient de chaleur.

คอและลิ้นของเขาที่แห้งและอักเสบร้อนผ่าว

Cette douleur alimentait la fièvre qui montait dans son corps fier.

ความเจ็บปวดนี้กระตุ้นให้ไข้เพิ่มขึ้นในร่างกายอันภาคภูมิใจของ เขา

Buck était reconnaissant pour une seule chose au cours de ce procès.

บัครู้สึกขอบคุณสำหรับสิ่งๆ เดียวในระหว่างการพิจารณาคดีครั้งนี้

La corde avait été retirée de son cou épais.

เชือกถูกดึงออกจากรอบคออันหนาของเขา

La corde avait donné à ces hommes un avantage injuste et cruel.

เชือกได้ทำให้คนเหล่านั้นได้เปรียบอย่างไม่ยุติธรรมและโหดร้าย

Maintenant, la corde avait disparu et Buck jura qu'elle ne reviendrait jamais.

ตอนนี้เชือกก็หายไปแล้ว และบัคสาบานว่ามันจะไม่กลับมาอีก

Il a décidé qu'aucune corde ne passerait plus jamais autour de son cou.

เขาตั้งใจว่าจะไม่มีเชือกมาพันคอเขาอีกต่อไป

Pendant deux longs jours et deux longues nuits, il souffrit sans nourriture.

เขาทนทุกข์ทรมานโดยไม่ได้กินอาหารเป็นเวลาสองวันสองคืนอัน ยาวนาน

Et pendant ces heures, il a développé une énorme rage en lui.

และในช่วงเวลานั้น เขาก็ได้สะสมความโกรธอันรุนแรงไว้ภายใน

Ses yeux sont devenus injectés de sang et sauvages à cause d'une colère constante.

ดวงตาของเขาแดงก่ำและดุร้ายจากความโกรธอย่างต่อเนื่อง

Il n'était plus Buck, mais un démon aux mâchoires claquantes.

เขาไม่ใช่บั๊กอีกต่อไป แต่เป็นปีศาจที่มีขากรรไกรงับ

Même le juge n'aurait pas reconnu cette créature folle.

แม้กระทั่งผู้พิพากษาก็คงไม่รู้จักสิ่งมีชีวิตที่บ้าคลั่งตัวนี้

Les messagers express ont soupiré de soulagement lorsqu'ils ont atteint Seattle

ผู้ส่งสารด่วนถอนหายใจด้วยความโล่งใจเมื่อถึงซีแอตเทิล

Quatre hommes ont soulevé la caisse et l'ont amenée dans une cour arrière.

ผู้ชายสี่คนยกลังและเอาไปไว้ที่สนามหลังบ้าน

La cour était petite, entourée de murs hauts et solides.

สนามหญ้ามีขนาดเล็กล้อมรอบด้วยกำแพงสูงและแข็งแรง

Un grand homme sortit, vêtu d'un pull rouge affaissé.

ชายร่างใหญ่คนหนึ่งก้าวออกมาด้วยเสื้อเชิ้ตสเวตเตอร์สีแดง หลวมๆ

Il a signé le carnet de livraison d'une écriture épaisse et audacieuse.

เขาเซ็นสมุดส่งของด้วยมือที่หนาและหนา

Buck sentit immédiatement que cet homme était son prochain bourreau.

บัครู้สึกทันทีว่าผู้ชายคนนี้คือผู้ทรมานเขาคนต่อไป

Il se jeta violemment sur les barreaux, les yeux rouges de fureur.

เขาพุ่งเข้าหาลูกกรงอย่างรุนแรง ดวงตาแดงก่ำด้วยความโกรธ

L'homme sourit simplement sombrement et alla chercher une hachette.

ชายผู้นั้นเพียงแต่ยิ้มอย่างมืดมนแล้วเดินไปเอาขวานมา

Il portait également une massue dans sa main droite épaisse et forte.

เขายังนำไม้กระบองมาในมือขวาที่หนาและแข็งแรงของเขาด้วย

« Tu vas le sortir maintenant ? » demanda le chauffeur, inquiet.

"คุณจะพาเขาออกไปตอนนี้เลยไหม" คนขับรถถามด้วยความเป็นห่วง

« Bien sûr », dit l'homme en enfonçant la hachette dans la caisse comme levier.

"แน่นอน" ชายคนนั้นพูดพร้อมกับยัดขวานลงในลังเหมือนคันโยก

Les quatre hommes se dispersèrent instantanément et sautèrent sur le mur de la cour.

ชายทั้งสี่แยกย้ายกันทันทีและกระโดดขึ้นไปบนกำแพงสนาม

Depuis leurs endroits sûrs, ils attendaient d'assister au spectacle.

จากจุดปลอดภัยด้านบน พวกเขารอชมปรากฏการณ์นี้

Buck se jeta sur le bois éclaté, le mordant et le secouant violemment.

บัคพุ่งเข้าหาไม้ที่แตกเป็นเสี่ยง ๆ กัดและสั่นอย่างรุนแรง

Chaque fois que la hachette touchait la cage, Buck était là pour l'attaquer.

ทุกครั้งที่ขวานกระทบกรง บัคก็จะอยู่ที่นั่นเพื่อโจมตีมัน

Il grogna et claqua des dents avec une rage folle, impatient d'être libéré.

เขาขู่และขู่ตะคอกด้วยความโกรธอย่างรุนแรง ต้องการที่จะเป็นอิสระ

L'homme dehors était calme et stable, concentré sur sa tâche.

ชายข้างนอกดูสงบและมั่นคง มุ่งมั่นกับภารกิจของเขา

« Bon, alors, espèce de diable aux yeux rouges », dit-il lorsque le trou fut grand.

งั้นก็ดี เจ้าปีศาจตาแดงก่ำ เขากล่าวขณะที่รูนั้นใหญ่มาก

Il laissa tomber la hachette et prit le gourdin dans sa main droite.

เขาปล่อยขวานแล้วหยิบไม้กระบองในมือขวา

Buck ressemblait vraiment à un diable ; les yeux injectés de sang et flamboyants.

บัคดูเหมือนปีศาจจริงๆ ตาของเขาแดงก่ำและเป็นประกาย

Son pelage se hérissait, de la mousse s'échappait de sa bouche, ses yeux brillaient.

เสื้อคลุมของเขามีขนขึ้น มีฟองขึ้นที่ปาก ดวงตาเป็นประกาย

Il rassembla ses muscles et se jeta directement sur le pull rouge.

เขาเกร็งกล้ามเนื้อแล้วพุ่งตรงไปที่เสื้อสเวตเตอร์สีแดง

Cent quarante livres de fureur s'abattèrent sur l'homme calme.

ความโกรธหนักหนึ่งร้อยสี่สิบปอนด์พุ่งเข้าหาชายผู้สงบนิ่ง

Juste avant que ses mâchoires ne se referment, un coup terrible le frappa.

ก่อนที่ขากรรไกรของเขาจะปิดลง ก็มีการโจมตีอันน่ากลัวเกิดขึ้น

Ses dents claquèrent l'une contre l'autre, rien d'autre que l'air

ฟันของเขาสบกันโดยไม่มีอะไรนอกจากอากาศ

une secousse de douleur résonna dans son corps

ความเจ็บปวดสะเทือนไปทั่วร่างกาย

Il a fait un saut périlleux en plein vol et s'est écrasé sur le dos et sur le côté.

เขาพลิกตัวในอากาศและล้มลงทั้งด้านหลังและด้านข้าง

Il n'avait jamais ressenti auparavant le coup d'un gourdin et ne pouvait pas le saisir.

เขาไม่เคยรู้สึกถึงแรงกระแทกจากไม้กระบองมาก่อนและไม่

สามารถคว้ามันไว้ได้

Avec un grognement strident, mi-aboiement, mi-cri, il bondit à nouveau.

เขาได้กระโจนอีกครั้งโดยส่งเสียงแหลม ส่วนหนึ่งก็เห่า ส่วนหนึ่ง

ก็กรี๊ดร้อง

Un autre coup brutal le frappa et le projeta au sol.

หมัดหนักอีกครั้งก็ฟาดเขาจนร่วงลงสู่พื้น

Cette fois, Buck comprit : c'était la lourde massue de l'homme.

คราวนี้บัคเข้าใจแล้ว—มันคือไม้กระบองหนักของชายคนนั้น

Mais la rage l'aveuglait, et il n'avait aucune idée de retraite.

แต่ความโกรธเข้าครอบงำเขาจนมองไม่เห็นอะไร และเขาไม่คิดจะ

ถอยหนี

Douze fois il s'est lancé et douze fois il est tombé.

เขาพุ่งตัวออกไปสิบสองครั้ง และล้มลงสิบสองครั้ง

Le gourdin en bois le frappait à chaque fois avec une force impitoyable et écrasante.

กระบองไม้ฟาดเขาอย่างรุนแรงในแต่ละครั้ง

Après un coup violent, il se releva en titubant, étourdi et lent.

หลังจากถูกโจมตีอย่างรุนแรงครั้งหนึ่ง เขาก็เซลุกขึ้นยืนอย่างมึน งงและช้าๆ

Du sang coulait de sa bouche, de son nez et même de ses oreilles.

เลือดไหลออกมาจากปาก จมูก และแม้กระทั่งหูของเขา

Son pelage autrefois magnifique était maculé de mousse sanglante.

เสื้อคลุมอันสวยงามของเขาเคยเปื้อนไปด้วยฟองสีเลือด

Alors l'homme s'est avancé et a donné un coup violent au nez.

จากนั้นชายคนนั้นก้าวขึ้นไปและโจมตีจมูกอย่างดุร้าย

L'agonie était plus vive que tout ce que Buck avait jamais ressenti.

ความทุกข์ทรมานนั้นรุนแรงกว่าสิ่งใดที่บัคเคยรู้สึก

Avec un rugissement plus bête que chien, il bondit à nouveau pour attaquer.

ด้วยเสียงคำรามที่ดุร้ายยิ่งกว่าสุนัข เขาก็กระโจนเข้าโจมตีอีกครั้ง

Mais l'homme attrapa sa mâchoire inférieure et la tourna vers l'arrière.

แต่ชายคนนั้นจับขากรรไกรล่างของเขาไว้และบิดไปด้านหลัง

Buck fit un saut périlleux et s'écrasa à nouveau violemment.

บัคพลิกหัวกลับหางและล้มลงอย่างแรงอีกครั้ง

Une dernière fois, Buck se précipita sur lui, maintenant à peine capable de se tenir debout.

บัควิ่งเข้าหาเขาเป็นครั้งสุดท้าย โดยตอนนี้แทบจะยืนไม่ไหวแล้ว

L'homme a frappé avec un timing expert, délivrant le coup final.

ชายผู้นี้โจมตีด้วยจังหวะที่ชำนาญและโจมตีครั้งสุดท้ายได้สำเร็จ

Buck s'est effondré, inconscient et immobile.

บัคล้มลงเป็นกอง หมดสติและไม่ขยับตัว

« Il n'est pas mauvais pour dresser les chiens, c'est ce que je dis », a crié un homme.

เขาไม่ใช่คนไม่เอาไหนในการฝึกสุนัขหรอกนะ นั่นคือสิ่งที่ฉันพูด ชายคนหนึ่งตะโกน

« Druther peut briser la volonté d'un chien n'importe quel jour de la semaine. »

"ดรูเทอร์สามารถทำลายความตั้งใจของสุนัขล่าเนื้อได้ทุกวันในสัปดาห์"

« Et deux fois un dimanche ! » a ajouté le chauffeur.

"และสองครั้งในวันอาทิตย์!" คนขับรถเสริม

Il monta dans le chariot et fit claquer les rênes pour partir.

เขาขึ้นไปบนเกวียนแล้วดึงบังเหียนเพื่อออกเดินทาง

Buck a lentement repris le contrôle de sa conscience

บัคค่อยๆ กลับมาควบคุมสติของตัวเองได้อีกครั้ง

mais son corps était encore trop faible et brisé pour bouger.

แต่ร่างกายของเขายังอ่อนแอและหักเกินกว่าจะขยับได้

Il resta allongé là où il était tombé, regardant l'homme au pull rouge.

เขานอนอยู่ตรงจุดที่เขาล้มลง และมองดูชายที่สวมเสื้อกันหนาวสีแดง

« Il répond au nom de Buck », dit l'homme en lisant à haute voix.

"เขาตอบในนามของบัค" ชายคนนั้นพูดขณะอ่านออกเสียง

Il a cité la note envoyée avec la caisse de Buck et les détails.

เขาอ้างจากบันทึกที่ส่งไปพร้อมกับลังของบัคและรายละเอียด

« Eh bien, Buck, mon garçon », continua l'homme d'un ton amical,

"เอาล่ะ บัค ลูกชายของฉัน" ชายคนนั้นพูดต่อด้วยน้ำเสียงเป็นมิตร

« Nous avons eu notre petite dispute, et maintenant c'est fini entre nous. »

"เราทะเลาะกันนิดหน่อย และตอนนี้เรื่องระหว่างเราก็จบลงแล้ว"

« Tu as appris à connaître ta place, et j'ai appris à connaître la mienne », a-t-il ajouté.

"คุณได้เรียนรู้สถานที่ของคุณแล้ว และฉันก็ได้เรียนรู้สถานที่ของ ฉันแล้ว" เขากล่าวเสริม

« Sois sage, tout ira bien et la vie sera agréable. »

"จงเป็นคนดี แล้วทุกอย่างจะดีไปเอง และชีวิตจะมีความสุข"

« Mais sois méchant, et je te botterai les fesses, compris ? »

"แต่ถ้าเธอไม่ดี ฉันจะกระทืบเธอจนแหลกสลาย เข้าใจไหม"

Tandis qu'il parlait, il tendit la main et tapota la tête douloureuse de Buck.

ในขณะที่เขาพูด เขาก็เอื้อมมือออกไปและตบหัวที่ปวดเมื่อย ของบัค

Les cheveux de Buck se dressèrent au contact de l'homme, mais il ne résista pas.

ผมของบัคลุกขึ้นเมื่อถูกสัมผัสของชายคนนั้น แต่เขาไม่ได้ต่อต้าน

L'homme lui apporta de l'eau, que Buck but à grandes gorgées.

ชายคนนั้นนำน้ำมาให้เขา ซึ่งบัคก็ดื่มจนหมดอึก

Puis vint la viande crue, que Buck dévora morceau par morceau.

จากนั้นก็มาถึงเนื้อดิบซึ่งบัคกินเข้าไปทีละชิ้น

Il savait qu'il était battu, mais il savait aussi qu'il n'était pas brisé.

เขารู้ว่าเขาถูกตี แต่เขาก็รู้เช่นกันว่าเขาไม่ได้พ่ายแพ้

Il n'avait aucune chance contre un homme armé d'une matraque.

เขาไม่มีทางสู้กับคนถือไม้กระบองได้

Il avait appris la vérité et il n'a jamais oublié cette leçon.

เขาได้เรียนรู้ความจริงแล้วและเขาไม่เคยลืมบทเรียนนั้น

Cette arme était le début de la loi dans le nouveau monde de Buck.

อาวุธนั้นคือจุดเริ่มต้นของกฎหมายในโลกใหม่ของบัค

C'était le début d'un ordre dur et primitif qu'il ne pouvait nier.

มันคือจุดเริ่มต้นของคำสั่งอันเข้มงวดและดั้งเดิมที่เขาไม่สามารถ

ปฏิเสธได้

Il accepta la vérité ; ses instincts sauvages étaient désormais éveillés.

เขาได้ยอมรับความจริงแล้ว ตอนนี้สัญชาตญาณดิบของเขาตื่นขึ้น

แล้ว

Le monde était devenu plus dur, mais Buck l'a affronté avec courage.

โลกนี้โหดร้ายขึ้น แต่บัคก็เผชิญหน้ากับมันอย่างกล้าหาญ

Il a affronté la vie avec une prudence, une ruse et une force tranquille nouvelles.

เขาเผชิญชีวิตด้วยความระมัดระวัง ความฉลาด และความ

แข็งแกร่งที่เงียบสงบ

D'autres chiens sont arrivés, attachés dans des cordes ou des caisses comme Buck l'avait été.

มีสุนัขตัวอื่นๆ มาถึงเพิ่มเติม โดยถูกมัดด้วยเชือกหรือถูกใส่ไว้ใน

ลังเหมือนที่บัคเคยถูก

Certains chiens sont venus calmement, d'autres ont fait rage et se sont battus comme des bêtes sauvages.

สุนัขบางตัวเข้ามาอย่างใจเย็น บางตัวก็โกรธจัดและต่อสู้ดุร้ายราว

กับสัตว์ป่า

Ils furent tous soumis au règne de l'homme au pull rouge.

พวกเขาทั้งหมดถูกนำมาอยู่ภายใต้การปกครองของชายเสื้อแดง

À chaque fois, Buck regardait et voyait la même leçon se dérouler.

แต่ละครั้ง บัคจะเฝ้าดูและเห็นบทเรียนเดียวกันเกิดขึ้น

L'homme avec la massue était la loi, un maître à obéir.

ชายที่ถือกระบองคือผู้รักษากฎหมาย เป็นเจ้านายที่ต้องเชื่อฟัง

Il n'avait pas besoin d'être aimé, mais il fallait qu'on lui obéisse.

เขาไม่จำเป็นต้องเป็นที่ชื่นชอบ แต่เขาต้องได้รับการเชื่อฟัง

Buck ne s'est jamais montré flatteur ni n'a remué la queue comme le faisaient les chiens plus faibles.

บัคไม่เคยประจบสอพลอหรือส่ายหางเหมือนสุนัขที่อ่อนแอทำ

Il a vu des chiens qui avaient été battus et qui continuaient à lécher la main de l'homme.

เขาเห็นสุนัขที่ถูกตีแล้วยังเลียมือชายคนนั้น

Il a vu un chien qui refusait d'obéir ou de se soumettre du tout.

เขาเห็นสุนัขตัวหนึ่งที่ไม่เชื่อฟังหรือยอมจำนนเลย

Ce chien s'est battu jusqu'à ce qu'il soit tué dans la bataille pour le contrôle.

สุนัขตัวนั้นต่อสู้จนกระทั่งถูกฆ่าในการต่อสู้เพื่อชิงอำนาจ

Des étrangers venaient parfois voir l'homme au pull rouge.

บางครั้งจะมีคนแปลกหน้ามาพบชายสวมเสื้อสเวตเตอร์สีแดง

Ils parlaient sur un ton étrange, suppliant, marchandant et riant.

พวกเขาพูดด้วยน้ำเสียงแปลกๆ วิงวอน ต่อรอง และหัวเราะ

Lors de l'échange d'argent, ils partaient avec un ou plusieurs chiens.

เมื่อแลกเงินกันแล้ว พวกเขาก็ออกไปพร้อมกับสุนัขหนึ่งตัวหรือ หลายตัว

Buck se demandait où étaient passés ces chiens, car aucun n'était jamais revenu.

บัคสงสัยว่าสุนัขพวกนี้หายไปไหน เพราะไม่มีตัวไหนกลับมาเลย

la peur de l'inconnu envahissait Buck chaque fois qu'un homme étrange venait

ความกลัวสิ่งที่ไม่รู้ทำให้บัครู้สึกทุกครั้งที่มีชายแปลกหน้าเข้ามา

il était content à chaque fois qu'un autre chien était pris, plutôt que lui-même.

เขาดีใจทุกครั้งที่มีการนำสุนัขตัวอื่นไป แทนที่จะเป็นตัวเขาเอง

Mais finalement, le tour de Buck arriva avec l'arrivée d'un homme étrange.

แต่ในที่สุด บัคก็มาถึงพร้อมกับการมาถึงของชายแปลกหน้าคนหนึ่ง

Il était petit, nerveux, parlait un anglais approximatif et jurait.

เขาเป็นคนตัวเล็ก ผอมบาง และพูดภาษาอังกฤษแบบงูๆ ปลาๆ และพูดจาหยาบคาย

« Sacré-Dam ! » hurla-t-il en posant les yeux sur le corps de Buck.

"ซาเครดัม!" เขาตะโกนเมื่อได้เห็นร่างของบัค

« C'est un sacré chien tyrannique ! Hein ? Combien ? » demanda-t-il à voix haute.

"นั่นมันสุนัขขี้รังแกจริงๆ นะ เท่าไหร่" เขาถามออกไปดังๆ

« Trois cents, et c'est un cadeau à ce prix-là. »

"สามร้อยแล้วเขาก็เป็นของขวัญในราคานั้น"

« Puisque c'est de l'argent du gouvernement, tu ne devrais pas te plaindre, Perrault. »

"เพราะว่ามันเป็นเงินของรัฐบาล คุณไม่ควรบ่นนะ เพอร์โรลต์"

Perrault sourit à l'idée de l'accord qu'il venait de conclure avec cet homme.

เพอร์โรลต์ยิ้มกับข้อตกลงที่เขาเพิ่งทำกับชายคนนั้น

Le prix des chiens a grimpé en flèche en raison de la demande soudaine.

ราคาของสุนัขพุ่งสูงขึ้นเนื่องจากมีความต้องการที่เพิ่มขึ้นอย่าง

ฉับพลัน

Trois cents dollars, ce n'était pas injuste pour une si belle bête.

สามร้อยเหรียญถือว่าไม่ยุติธรรมสำหรับสัตว์ร้ายที่สวยงามเช่นนี้

Le gouvernement canadien ne perdrait rien dans cet accord

รัฐบาลแคนาดาจะไม่สูญเสียอะไรจากข้อตกลงนี้

Leurs dépêches officielles ne seraient pas non plus retardées en transit.

และการจัดส่งอย่างเป็นทางการของพวกเขาก็จะไม่ล่าช้าระหว่าง

การขนส่ง

Perrault connaissait bien les chiens et pouvait voir que Buck était quelque chose de rare.

เพอร์โรลต์รู้จักสุนัขเป็นอย่างดี และมองเห็นว่าบัคเป็นสิ่งหายาก

« Un sur dix dix mille », pensa-t-il en étudiant la silhouette de Buck.

หนึ่งในหมื่นหมื่น เขาคิดขณะศึกษาหุ่นของบัค

Buck a vu l'argent changer de mains, mais n'a montré aucune surprise.

บัคเห็นเงินเปลี่ยนมือแต่ก็ไม่แสดงอาการแปลกใจ

Bientôt, lui et Curly, un gentil Terre-Neuve, furent emmenés.

ในไม่ช้า เขาและเคอร์ลี่ สุนัขพันธุ์นิวฟันด์แลนด์ผู้ใจดี ก็ถูกพาตัว

ไป

Ils suivirent le petit homme depuis la cour du pull rouge.

พวกเขาเดินตามชายร่างเล็กมาจากลานบ้านของเสื้อสเวตเตอร์สี
แดง

Ce fut la dernière fois que Buck vit l'homme avec la massue
en bois.

นั่นเป็นครั้งสุดท้ายที่บัคได้เห็นชายที่ถือกระบองไม้

Depuis le pont du Narval, il regardait Seattle disparaître au
loin.

จากดาดฟ้าของเรือนาร์วาล เขาเฝ้าดูซีแอตเทิลค่อยๆ เลือนหายไป
ในระยะไกล

C'était aussi la dernière fois qu'il voyait le chaud Southland.

นั่นยังเป็นครั้งสุดท้ายที่เขาได้เห็นดินแดนทางใต้อันอบอุ่นด้วย

Perrault les emmena sous le pont et les laissa à François.

เปอร์โรลต์พาพวกเขาไปใต้ดาดฟ้า แล้วทิ้งพวกเขาไว้กับฟราน
ซัวส์

François était un géant au visage noir, aux mains rugueuses
et calleuses.

ฟรานซัวส์เป็นยักษ์ที่มีใบหน้าสีดำและมีมือที่หยาบกร้าน

Il était brun et basané; un métis franco-canadien.

เขามีผิวคล้ำและคล้ำ เป็นลูกครึ่งฝรั่งเศส-แคนาดา

Pour Buck, ces hommes étaient d'un genre qu'il n'avait
jamais vu auparavant.

สำหรับบัค ผู้ชายพวกนี้เป็นคนที่เขาไม่เคยเห็นมาก่อน

Il allait connaître beaucoup d'autres hommes de ce genre
dans les jours qui suivirent.

ในวันข้างหน้าเขาคงจะได้รู้จักผู้ชายประเภทนี้อีกหลายคน

Il ne s'est pas attaché à eux, mais il a appris à les respecter.

เขาไม่ได้รักพวกเขาเลย แต่เขากลับเคารพพวกเขา

Ils étaient justes et sages, et ne se laissaient pas facilement
tromper par un chien.

พวกมันมีความยุติธรรมและฉลาด และไม่โดนสุนัขตัวไหนหลอกได้ง่าย

Ils jugeaient les chiens avec calme et ne les punissaient que lorsqu'ils le méritaient.

พวกเขาตัดสินสุนัขอย่างใจเย็นและลงโทษเมื่อสมควรเท่านั้น

Sur le pont inférieur du Narwhal, Buck et Curly ont rencontré deux chiens.

ที่ชั้นล่างของเรือนาร์วาล บัคและเคอร์ลี่ได้พบกับสุนัขสองตัว

L'un d'eux était un grand chien blanc venu du lointain et glacial Spitzberg.

ตัวหนึ่งเป็นสุนัขสีขาวตัวใหญ่จากสปิทซ์เบอร์เกนที่แสนหนาวเหน็บที่อยู่ไกลออกไป

Il avait autrefois navigué avec un baleinier et rejoint un groupe d'enquête.

ครั้งหนึ่งเขาเคยล่องเรือกับเรือล่าปลาวาฬและเข้าร่วมกลุ่มสำรวจ

Il était amical d'une manière sournoise, sournoise et rusée.

เขาเป็นคนเป็นมิตร โดยมีเล่ห์เหลี่ยม ร้ายกาจ และมีเล่ห์เหลี่ยม

Lors de leur premier repas, il a volé un morceau de viande dans la poêle de Buck.

ในมื้อแรกของพวกเขา เขาขโมยเนื้อชิ้นหนึ่งจากกระทะของบัค

Buck sauta pour le punir, mais le fouet de François frappa en premier.

บัคกระโจนเข้าไปเพื่อจะลงโทษเขา แต่แส้ของฟรานซัวส์กลับฟาดเข้าที่ก่อน

Le voleur blanc hurla et Buck récupéra l'os volé.

โจรผิวขาวร้องตะโกน และบัคก็เอากระดูกที่ถูกขโมยไปคืนมา

Cette équité impressionna Buck, et François gagna son respect.

ความยุติธรรมนั้นสร้างความประทับใจให้บัค และฟรานซัวส์ก็
สมควรได้รับความเคารพจากเขา

L'autre chien ne lui a pas adressé de salut et n'en a pas voulu en retour.

สุนัขตัวอื่นไม่ทักทายเลย และไม่ต้องการการทักทายตอบแทนด้วย

Il ne volait pas de nourriture et ne reniflait pas les nouveaux arrivants avec intérêt.

เขาไม่ได้ขโมยอาหารหรือดมกลิ่นผู้มาใหม่ด้วยความสนใจ

Ce chien était sinistre et calme, sombre et lent.

สุนัขตัวนี้มีลักษณะดุร้ายและเงียบขรึม มีลักษณะมืดหม่นและ
เคลื่อนไหวช้า

Il a averti Curly de rester à l'écart en la regardant simplement.

เขาเตือนเคอร์ลี่ให้หลีกเลี่ยงด้วยการจ้องมองเธออย่างเฉยเมย

Son message était clair : laissez-moi tranquille ou il y aura des problèmes.

ข้อความของเขานั้นชัดเจน: ปล่อยฉันไว้คนเดียว ไม่เช่นนั้นจะมี
ปัญหาเกิดขึ้น

Il s'appelait Dave et il remarquait à peine son environnement.

เขาชื่อเดฟ และเขาแทบไม่ได้สังเกตสภาพแวดล้อมของเขาเลย

Il dormait souvent, mangeait tranquillement et bâillait de temps en temps.

เขาหลับบ่อย กินอาหารเงียบๆ และหาวเป็นครั้งคราว

Le navire ronronnait constamment avec le battement de l'hélice en dessous.

เรือส่งเสียงฮัมอย่างต่อเนื่องพร้อมกับใบพัดที่ตีอยู่ด้านล่าง

Les jours passèrent sans grand changement, mais le temps devint plus froid.

วันเวลาผ่านไปโดยมีการเปลี่ยนแปลงเพียงเล็กน้อย แต่สภาพอากาศกลับหนาวเย็นมากขึ้น

Buck pouvait le sentir dans ses os et remarqua que les autres le faisaient aussi.

บัคสามารถรู้สึกได้ในกระดูกของเขา และสังเกตเห็นว่าคนอื่นก็รู้สึกเช่นกัน

Puis un matin, l'hélice s'est arrêtée et tout est redevenu calme.

แล้วเช้าวันหนึ่งใบพัดก็หยุดและทุกอย่างก็นิ่งสงบ

Une énergie parcourut le vaisseau ; quelque chose avait changé.

พลังงานบางอย่างพุ่งผ่านเรือ มีบางสิ่งบางอย่างที่เปลี่ยนไป

François est descendu, les a attachés en laisse et les a remontés.

ฟรานซัวส์ลงมา จับสายจูงพวกมัน และพาพวกมันขึ้นมา

Buck sortit et trouva le sol doux, blanc et froid.

บัคก้าวออกมาและพบว่าพื้นดินนุ่ม ขาว และเย็น

Il sursauta en arrière, alarmé, et renifla, totalement confus.

เขากระโดดถอยกลับด้วยความตื่นตระหนกและผงะถอยด้วยความสับสนอย่างมาก

Une étrange substance blanche tombait du ciel gris.

มีวัตถุสีขาวแปลกๆ ตกลงมาจากท้องฟ้าสีเทา

Il se secoua, mais les flocons blancs continuaient à atterrir sur lui.

เขาส่ายตัว แต่เกล็ดสีขาวก็ยังคงตกลงมาบนตัวเขา

Il renifla soigneusement la substance blanche et lécha quelques morceaux glacés.

เขาดมของเหลวสีขาวอย่างระมัดระวังและเลียน้ำแข็งสักสองสามชิ้น

La poudre brûla comme du feu, puis disparut de sa langue.

ผงเผาไหม้เหมือนไฟ จากนั้นก็หายไปจากลิ้นของเขา

Buck essaya à nouveau, intrigué par l'étrange froideur qui disparaissait.

บัคพยายามอีกครั้ง โดยรู้สึกสับสนกับความเย็นแปลกๆ ที่หายไป

Les hommes autour de lui rirent et Buck se sentit gêné.

ผู้ชายรอบๆ ตัวเขาต่างก็หัวเราะ และบัคก็รู้สึกเขินอาย

Il ne savait pas pourquoi, mais il avait honte de sa réaction.

เขาไม่รู้ว่าทำไม แต่เขาก็รู้สึกละอายกับปฏิกิริยาของตัวเอง

C'était sa première expérience avec la neige, et cela le dérouta.

นั่นถือเป็นประสบการณ์ครั้งแรกของเขาเกี่ยวกับหิมะ และมันทำให้เขาสับสน

La loi du gourdin et des crocs
กฎแห่งคลับและเขี้ยว

Le premier jour de Buck sur la plage de Dyea ressemblait à un terrible cauchemar.

วันแรกของบัคที่ชายหาดไดอารู้สึกเหมือนฝันร้ายอันเลวร้าย

Chaque heure apportait de nouveaux chocs et des changements inattendus pour Buck.

แต่ละชั่วโมงนำมาซึ่งความตกตะลึงใหม่ๆ และการเปลี่ยนแปลงที่ไม่คาดคิดสำหรับบัค

Il avait été arraché à la civilisation et jeté dans un chaos sauvage.

เขาถูกดึงออกจากอารยธรรมและถูกโยนเข้าสู่ความโกลาหลวุ่นวาย

Ce n'était pas une vie ensoleillée et paresseuse, faite d'ennui et de repos.

นี่ไม่ใช่ชีวิตที่สดใส ขี้เกียจ และมีความเบื่อหน่ายและการพักผ่อน

Il n'y avait pas de paix, pas de repos, et pas un instant sans danger.

ไม่มีความสงบ ไม่มีการพักผ่อน และไม่มีขณะใดที่ไม่มีอันตราย

La confusion régnait sur tout et le danger était toujours proche.

ความสับสนครอบงำทุกสิ่ง และอันตรายก็อยู่ใกล้ตัวเสมอ

Buck devait rester vigilant car ces hommes et ces chiens étaient différents.

บัคต้องคอยระวังตัวอยู่เสมอเพราะผู้ชายและสุนัขเหล่านี้มีความแตกต่างกัน

Ils n'étaient pas originaires des villes ; ils étaient sauvages et sans pitié.

พวกนั้นมิได้มาจากเมือง เป็นพวกป่าเถื่อนและไม่มีความเมตตา

Ces hommes et ces chiens ne connaissaient que la loi du gourdin et des crocs.

พวกผู้ชายและสุนัขเหล่านี้รู้จักเพียงกฎของกระบองและเขี้ยวเท่านั้น

Buck n'avait jamais vu de chiens se battre comme ces huskies sauvages.

บัคไม่เคยเห็นสุนัขต่อสู้กันเหมือนสุนัขไซบีเรียนฮัสกี้ป่าเถื่อนพวกนี้มาก่อน

Sa première expérience lui a appris une leçon qu'il n'oublierait jamais.

ประสบการณ์ครั้งแรกทำให้เขาได้รับบทเรียนที่เขาจะไม่มีวันลืม

Il a eu de la chance que ce ne soit pas lui, sinon il serait mort aussi.

เขาโชคดีที่ไม่ใช่เขา ไม่เช่นนั้นเขาคงตายไปแล้ว

Curly était celui qui souffrait tandis que Buck regardait et apprenait.

เคอร์ลี่เป็นคนที่ต้องทนทุกข์ทรมานในขณะที่บัคเฝ้าดูและเรียนรู้

Ils avaient installé leur campement près d'un magasin construit en rondins.

พวกเขาตั้งค่ายอยู่ใกล้กับร้านค้าที่สร้างด้วยท่อนไม้

Curly a essayé d'être amical avec un grand husky ressemblant à un loup.

เคอร์ลี่พยายามที่จะเป็นมิตรกับฮัสกี้ตัวใหญ่ที่คล้ายหมาป่า

Le husky était plus petit que Curly, mais avait l'air sauvage et méchant.

ฮัสกี้ตัวเล็กกว่าเคิร์ลลี่ แต่ดูดุร้ายและดุร้าย

Sans prévenir, il a sauté et lui a ouvert le visage.

โดยไม่ทันได้ตั้งตัว เขาก็กระโดดและฟันหน้าของเธอออก

Ses dents lui coupèrent l'œil jusqu'à sa mâchoire en un seul mouvement.

ฟันของเขาตัดจากตาของเธอลงมาถึงขากรรไกรในครั้งเดียว

C'est ainsi que les loups se battaient : ils frappaient vite et sautaient loin.

การต่อสู้ของหมาป่าเป็นแบบนี้ คือ โจมตีอย่างรวดเร็วแล้ว

กระโดดหนี

Mais il y avait plus à apprendre que de cette seule attaque.

แต่ยังมีสิ่งที่ต้องเรียนรู้มากกว่าการโจมตีครั้งนั้น

Des dizaines de huskies se sont précipités et ont formé un cercle silencieux.

สุนัขฮัสกี้หลายสิบตัววิ่งเข้ามาและเดินเป็นวงกลมอย่างเงียบงัน

Ils regardaient attentivement et se léchaient les lèvres avec faim.

พวกเขาดูอย่างใกล้ชิดและเลียริมฝีปากด้วยความหิวโหย

Buck ne comprenait pas leur silence ni leurs regards avides.

บัคไม่เข้าใจความเงียบหรือสายตาที่กระตือรือร้นของพวกเขา

Curly s'est précipité pour attaquer le husky une deuxième fois.

เคอร์ลี่รีบวิ่งไปโจมตีฮัสกี้เป็นครั้งที่สอง

Il a utilisé sa poitrine pour la renverser avec un mouvement puissant.

เขาใช้หน้าอกของเขากระแทกเธอล้มลงด้วยการเคลื่อนไหวที่

แข็งแกร่ง

Elle est tombée sur le côté et n'a pas pu se relever.

เธอล้มลงด้านข้างและไม่สามารถลุกขึ้นได้

C'est ce que les autres attendaient depuis le début.

นั่นคือสิ่งที่คนอื่น ๆ รอคอยมาตลอด

Les huskies ont sauté sur elle, hurlant et grognant avec frénésie.

สุนัขไซบีเรียนฮัสกี้กระโจนเข้าใส่เธอ พร้อมส่งเสียงร้องโหยหวนและคำรามอย่างบ้าคลั่ง

Elle a crié alors qu'ils l'enterraient sous un tas de chiens.

เธอกรีดร้องขณะที่พวกเขาฝังเธอไว้ใต้กองสุนัข

L'attaque fut si rapide que Buck resta figé sur place sous le choc.

การโจมตีนั้นรวดเร็วมากจนทำให้บั๊กตกใจจนตัวแข็ง

Il vit Spitz tirer la langue d'une manière qui ressemblait à un rire.

เขาเห็นสปิทซ์แลบออกมาในลักษณะที่ดูเหมือนหัวเราะ

François a attrapé une hache et a couru droit vers le groupe de chiens.

ฟรานซัวส์คว้าขวานแล้ววิ่งตรงเข้าใส่กลุ่มสุนัข

Trois autres hommes ont utilisé des gourdins pour aider à repousser les huskies.

ชายอีกสามคนใช้ไม้กระบองช่วยตีฮัสกี้หนีไป

En seulement deux minutes, le combat était terminé et les chiens avaient disparu.

เพียงสองนาทีการต่อสู้ก็สิ้นสุดลงและสุนัขก็หายไป

Curly gisait morte dans la neige rouge et piétinée, son corps déchiré.

เคอร์ลี่นอนตายอยู่ใต้หิมะสีแดงที่ถูกเหยียบย่ำ ร่างของเธอถูกฉีกขาดเป็นชิ้นเล็กชิ้นน้อย

Un homme à la peau sombre se tenait au-dessus d'elle, maudissant la scène brutale.

ชายผิวสีเข้มยืนอยู่เหนือเธอ พร้อมสาปแช่งฉากอันโหดร้าย

Le souvenir est resté avec Buck et a hanté ses rêves la nuit.

ความทรงจำนั้นยังคงอยู่กับบัคและหลอกหลอนความฝันของเขาในตอนกลางคืน

C'était comme ça ici : pas d'équité, pas de seconde chance.

นั่นคือหนทางที่นี่ ไม่มีความยุติธรรม ไม่มีโอกาสแก้ตัว

Une fois qu'un chien tombait, les autres le tuaient sans pitié.

เมื่อสุนัขตัวหนึ่งล้มลง สุนัขตัวอื่นก็จะฆ่ามันอย่างไม่ปรานี

Buck décida alors qu'il ne se permettrait jamais de tomber.

บัคตัดสินใจแล้วว่าเขาจะไม่ยอมให้ตัวเองล้มลงอีก

Spitz tira à nouveau la langue et rit du sang.

สปิทซ์แลบลิ้นออกมาอีกครั้งแล้วหัวเราะเยาะเลือด

À partir de ce moment-là, Buck détesta Spitz de tout son
cœur.

ตั้งแต่นั้นเป็นต้นมา บัคก็เกลียดสปิทซ์สุดหัวใจ

Avant que Buck ne puisse se remettre de la mort de Curly,
quelque chose de nouveau s'est produit.

ก่อนที่บัคจะฟื้นจากการตายของเคอร์ลี่ มีสิ่งใหม่เกิดขึ้น

François s'est approché et a attaché quelque chose autour du
corps de Buck.

ฟรานซัวส์เข้ามาและรัดอะไรบางอย่างไว้รอบตัวของบัค

C'était un harnais comme ceux utilisés sur les chevaux du
ranch.

มันเป็นสายรัดแบบที่ใช้กับม้าในฟาร์ม

Comme Buck avait vu les chevaux travailler, il devait
maintenant travailler aussi.

เมื่อบัคเห็นม้าทำงาน ตอนนี้เขาจึงถูกบังคับให้ทำงานด้วยเช่นกัน

Il a dû tirer François sur un traîneau dans la forêt voisine.

เขาต้องดึงฟรานซัวส์บนเลื่อนเข้าไปในป่าใกล้ๆ

Il a ensuite dû ramener une lourde charge de bois de
chauffage.

จากนั้นเขาต้องดึงไม้ฟืนหนักๆ กลับมา

Buck était fier, donc cela lui faisait mal d'être traité comme un animal de travail.

บัครู้สึกภูมิใจ แต่เขาก็รู้สึกเจ็บปวดที่ถูกปฏิบัติเหมือนเป็นสัตว์รับใช้

Mais il était sage et n'a pas essayé de lutter contre la nouvelle situation.

แต่เขาฉลาดและ ไม่พยายามต่อสู้กับสถานการณ์ใหม่

Il a accepté sa nouvelle vie et a donné le meilleur de lui-même dans chaque tâche.

เขายอมรับชีวิตใหม่ของตนและทุ่มเทเต็มที่ในทุกๆ ภารกิจ

Tout ce qui concernait ce travail lui était étrange et inconnu.

ทุกสิ่งเกี่ยวกับงานนั้นดูแปลกและ ไม่คุ้นเคยสำหรับเขา

François était strict et exigeait l'obéissance sans délai.

ฟรานซัวส์เป็นคนเข้มงวดและเรียกร้องการเชื่อฟังโดย ไม่ชักช้า

Son fouet garantissait que chaque ordre soit exécuté immédiatement.

แส้ของเขาทำให้แน่ใจว่าคำสั่งทุกข้อจะถูกปฏิบัติตามทันที

Dave était le conducteur du traîneau, le chien le plus proche du traîneau derrière Buck.

เดฟเป็นคนเข็นรถเลื่อน ส่วนสุนัขที่อยู่ใกล้รถเลื่อนที่สุดอยู่หลังบัค

Dave mordait Buck sur les pattes arrière s'il faisait une erreur.

เดฟจะกัดบั๊กที่ขาหลังถ้าเขาทำผิดพลาด

Spitz était le chien de tête, compétent et expérimenté dans ce rôle.

สปิทซ์เป็นสุนัขผู้นำ มีทักษะและประสบการณ์ในบทบาทนี้

Spitz ne pouvait pas atteindre Buck facilement, mais il le corrigea quand même.

สปิทซ์ไม่สามารถเข้าถึงบัคได้อย่างง่ายดายแต่ก็ยังคงแก้ไขเขา

Il grognait durement ou tirait le traîneau d'une manière qui enseignait à Buck.

เขาขู่คำรามอย่างรุนแรงหรือดึงเลื่อนในลักษณะที่บั๊กสอน

Grâce à cette formation, Buck a appris plus vite que ce qu'ils avaient imaginé.

ภายใต้การฝึกครั้งนี้ บัคเรียนรู้ได้เร็วกว่าที่พวกเขาคาดไว้

Il a travaillé dur et a appris de François et des autres chiens.

เขาทำงานหนักและเรียนรู้จากทั้งฟรานซัวส์และสุนัขตัวอื่นๆ

À leur retour, Buck connaissait déjà les commandes clés.

เมื่อพวกเขากลับมา บัคก็รู้คำสั่งสำคัญแล้ว

Il a appris à s'arrêter au son « ho » de François.

เขาเรียนรู้ที่จะหยุดเมื่อได้ยินเสียง "โฮ" จากฟรานซัวส์

Il a appris quand il a dû tirer le traîneau et courir.

เขาได้เรียนรู้ว่าเมื่อใดที่เขาจะต้องดึงเลื่อนและวิ่ง

Il a appris à tourner largement dans les virages du sentier sans difficulté.

เขาเรียนรู้ที่จะเลี้ยวโค้งให้กว้างขึ้นโดยไม่ลำบาก

Il a également appris à éviter Dave lorsque le traîneau descendait rapidement.

เขายังเรียนรู้ที่จะหลีกเลี่ยงเดฟเมื่อรถเลื่อนลงเขาอย่างรวดเร็ว

« Ce sont de très bons chiens », dit fièrement François à Perrault.

"พวกมันเป็นสุนัขที่ดีมาก" ฟรานซัวส์บอกกับเปอร์โรลต์อย่าง

ภาคภูมิใจ

« Ce Buck tire comme un dingue, je lui apprends vite fait. »

บัคนั่นดึงได้โคตรๆ—ฉันสอนมันได้เร็วมาก

Plus tard dans la journée, Perrault est revenu avec deux autres chiens husky.

ในช่วงบ่ายวันนั้น เพอร์โรลต์กลับมาพร้อมกับสุนัขฮัสกี้อีกสองตัว

Ils s'appelaient Billee et Joe, et ils étaient frères.

ชื่อของพวกเขาคือ บิลลี่ และ โจ และพวกเขาเป็นพี่น้องกัน

Ils venaient de la même mère, mais ne se ressemblaient pas du tout.

พวกมันมาจากแม่เดียวกัน แต่กลับไม่เหมือนกันเสียเลย

Billee était de nature douce et très amicale avec tout le monde.

บิลลี่เป็นคนนิสัยดีและเป็นมิตรกับทุกคนมาก

Joe était tout le contraire : calme, en colère et toujours en train de grogner.

โจเป็นคนตรงกันข้าม—เงียบ โกรธ และขู่คำรามตลอดเวลา

Buck les a accueillis de manière amicale et s'est montré calme avec eux deux.

บั๊กทักทายพวกเขาอย่างเป็นมิตรและสงบกับทั้งคู่

Dave ne leur prêta aucune attention et resta silencieux comme d'habitude.

เดฟไม่ได้สนใจพวกเขาและเงียบเหมือนเดิม

Spitz a attaqué d'abord Billee, puis Joe, pour montrer sa domination.

สปิทซ์โจมตีบิลลี่ก่อน จากนั้นจึงโจมตีโจ เพื่อแสดงให้เห็นถึง ความเหนือกว่าของเขา

Billee remua la queue et essaya d'être amical avec Spitz.

บิลลี่กระดิกหางและพยายามที่จะเป็นมิตรกับสปิทซ์

Lorsque cela n'a pas fonctionné, il a essayé de s'enfuir à la place.

เมื่อวิธีนั้นไม่ได้ผล เขาก็พยายามวิ่งหนีแทน

Il a pleuré tristement lorsque Spitz l'a mordu fort sur le côté.

เขาร้องไห้เสียใจเมื่อสปิทซ์กัดเขาอย่างแรงที่ด้านข้าง

Mais Joe était très différent et refusait d'être intimidé.

แต่โจแตกต่างมากและปฏิเสธที่จะถูกกลั่นแกล้ง

Chaque fois que Spitz s'approchait, Joe se retournait pour lui faire face rapidement.

ทุกครั้งที่สปิทซ์เข้ามาใกล้ โจจะหมุนตัวเพื่อเผชิญหน้ากับเขาอย่างรวดเร็ว

Sa fourrure se hérissa, ses lèvres se retroussèrent et ses dents claquèrent sauvagement.

ขนของเขามีขนแข็ง ริมฝีปากของเขาม้วนงอ และฟันของเขาขบกันอย่างรุนแรง

Les yeux de Joe brillaient de peur et de rage, défiant Spitz de frapper.

ดวงตาของโจเป็นประกายด้วยความกลัวและความโกรธ ท้าให้สปิทซ์โจมตี

Spitz abandonna le combat et se détourna, humilié et en colère.

สปิทซ์ยอมแพ้และหันกลับไปด้วยความอับอายและโกรธ

Il a déversé sa frustration sur le pauvre Billee et l'a chassé.

เขาระบายความหงุดหงิดของเขากับบิลลี่ผู้น่าสงสารแล้วไล่เขาออกไป

Ce soir-là, Perrault ajouta un chien de plus à l'équipe.

เย็นวันนั้น เพอร์โรลต์ได้เพิ่มสุนัขอีกตัวหนึ่งเข้ามาในทีม

Ce chien était vieux, maigre et couvert de cicatrices de guerre.

สุนัขตัวนี้แก่ ผอม และมีรอยแผลเป็นจากการสู้รบเต็มตัว

L'un de ses yeux manquait, mais l'autre brillait de puissance.

ดวงตาข้างหนึ่งของเขาหายไป แต่ข้างอื่นยังคงส่องประกายด้วยพลัง

Le nom du nouveau chien était Solleks, ce qui signifiait « celui qui est en colère ».

ชื่อสุนัขตัวใหม่คือ Solleks ซึ่งแปลว่าผู้โกรธ

Comme Dave, Solleks ne demandait rien aux autres et ne donnait rien en retour.

เช่นเดียวกับเดฟ โซลเลกส์ไม่ได้ขออะไรจากผู้อื่นและ ไม่ได้ให้สิ่ง ใดตอบแทนกลับมา

Lorsque Solleks entra lentement dans le camp, même Spitz resta à l'écart.

เมื่อ Solleks เดินเข้าไปในค่ายอย่างช้าๆ แม้แต่ Spitz ก็ยังอยู่ห่างๆ

Il avait une étrange habitude que Buck a eu la malchance de découvrir.

เขามีนิสัยแปลกๆ ที่บัคโชค ไม่ดีที่ได้ค้นพบ

Solleks détestait qu'on l'approche du côté où il était aveugle.

โซลเลกส์เกลียดการถูกเข้าหาจากด้านที่เขาตาบอด

Buck ne le savait pas et a fait cette erreur par accident.

บัค ไม่รู้เรื่องนี้และ ได้ทำผิดพลาดไปโดย ไม่ได้ตั้งใจ

Solleks se retourna et frappa l'épaule de Buck profondément et rapidement.

โซลเลกส์หมุนตัวและฟันไหล่ของบัคอย่างรุนแรงและรวดเร็ว

À partir de ce moment, Buck ne s'est plus jamais approché du côté aveugle de Solleks.

ตั้งแต่นั้นเป็นต้นมา บัคก็ไม่เคยเข้าใกล้ด้านที่มองไม่เห็นของโซ เลกส์อีกเลย

Ils n'ont plus jamais eu de problèmes pendant le reste de leur temps ensemble.

พวกเขา ไม่เคยมีปัญหาอีกเลยตลอดเวลาที่เหลือที่พวกเขาอยู่ ด้วยกัน

Solleks voulait seulement être laissé seul, comme le calme Dave.

โซลเลกส์ต้องการเพียงแค่อยู่คนเดียวเหมือนกับเดฟผู้เงียบขรึม

Mais Buck apprendra plus tard qu'ils avaient chacun un autre objectif secret.

แต่ในเวลาต่อมาบัคก็ได้รู้ว่าพวกเขาต่างก็มีเป้าหมายลับอีกอย่างหนึ่ง

Cette nuit-là, Buck a dû faire face à un nouveau défi troublant : comment dormir.

คืนนั้นบัคต้องเผชิญกับความท้าทายใหม่ที่น่าหนักใจ นั่นก็คือจะนอนหลับอย่างไร

La tente brillait chaleureusement à la lumière des bougies dans le champ enneigé.

เต็นท์ส่องสว่างอย่างอบอุ่นด้วยแสงเทียนในทุ่งหญ้าที่เต็มไปด้วยหิมะ

Buck entra, pensant qu'il pourrait se reposer là comme avant.

บัคเดินเข้าไปข้างใน โดยคิดว่าเขาจะได้พักผ่อนที่นั่นได้เหมือนเดิม

Mais Perrault et François lui criaient dessus et lui jetaient des casseroles.

แต่เปอร์โรลต์และฟรองซัวส์ตะโกนใส่เขาและขว้างกระทะ

Choqué et confus, Buck s'est enfui dans le froid glacial.

บัคตกใจและสับสน จึงวิ่งออกไปท่ามกลางความหนาวเย็น

Un vent glacial piquait son épaule blessée et lui gelait les pattes.

ลมแรงพัดกระทบไหล่ที่บาดเจ็บของเขาและอุ้งเท้าของเขาจนแข็ง

Il s'est allongé dans la neige et a essayé de dormir à la belle étoile.

เขานอนลงบนหิมะและพยายามนอนหลับกลางแจ้ง

Mais le froid l'obligea bientôt à se relever, tremblant terriblement.

แต่ความหนาวเย็นก็บังคับให้เขาต้องลุกขึ้นอีกครั้งในขณะที่ตัวสั่นอย่างหนัก

Il erra dans le camp, essayant de trouver un endroit plus chaud.

เขาเดินไปทั่วค่ายเพื่อพยายามหาจุดที่อบอุ่นกว่านี้

Mais chaque coin était aussi froid que le précédent.

แต่ทุกมุมก็ยังคงหนาวเย็นเช่นเดิม

Parfois, des chiens sauvages sautaient sur lui dans l'obscurité.

บางครั้งสุนัขป่าก็กระโดดเข้ามาหาเขาจากความมืด

Buck hérissa sa fourrure, montra ses dents et grogna en signe d'avertissement.

บัคขยับขน ขู่ฟัน และขู่คำรามด้วยคำเตือน

Il apprenait vite et les autres chiens reculaient rapidement.

เขาเรียนรู้ได้เร็ว ในขณะที่สุนัขตัวอื่น ๆ ก็ถอยหนีอย่างรวดเร็ว

Il n'avait toujours pas d'endroit où dormir et ne savait pas quoi faire.

แต่เขาก็ไม่มีที่นอน และไม่รู้ว่าจะทำอย่างไร

Finalement, une pensée lui vint : aller voir ses coéquipiers.

ในที่สุด ความคิดก็ผุดขึ้นมาในใจเขา—ลองตรวจดูเพื่อนร่วมทีมของเขาสิ

Il est retourné dans leur région et a été surpris de les trouver partis.

เขากลับไปยังพื้นที่ของพวกเขาและประหลาดใจเมื่อพบว่าพวกเขาหายไป

Il chercha à nouveau dans le camp, mais ne parvint toujours pas à les trouver.

เขาค้นหาในค่ายอีกครั้ง แต่ก็ยังไม่พบพวกเขา

Il savait qu'ils ne pouvaient pas être dans la tente, sinon il le serait aussi.

เขารู้ว่าพวกเขาไม่สามารถอยู่ในเต็นท์ได้ หรือเขาก็คงอยู่ในเต็นท์นั้นด้วย

Alors, où étaient passés tous les chiens dans ce camp gelé ?

แล้วสุนัขทั้งหมดหายไปไหนในค่ายน้ำแข็งนี้?

Buck, froid et misérable, tournait lentement autour de la tente.

บัคผู้เย็นชาและน่าสงสาร เดินวนไปรอบเต็นท์อย่างช้าๆ

Soudain, ses pattes avant s'enfoncèrent dans la neige molle et le surprit.

ทันใดนั้น ขาหน้าของเขาจมลงไปในหิมะอ่อนๆ และทำให้เขาตกใจ

Quelque chose se tortilla sous ses pieds et il sursauta en arrière, effrayé.

มีสิ่งบางอย่างดิ้นอยู่ใต้เท้าของเขา และเขาจึงกระโดดถอยหลังด้วยความกลัว

Il grogna et grogna, ne sachant pas ce qui se cachait sous la neige.

เขาขู่และคำรามโดยไม่รู้ว่ามีอะไรอยู่ใต้หิมะ

Puis il entendit un petit aboiement amical qui apaisa sa peur.

แล้วเขาก็ได้ยินเสียงเห่าเล็กๆ เป็นมิตรซึ่งช่วยคลายความกลัวของเขาลง

Il renifla l'air et s'approcha pour voir ce qui était caché.

เขาดมกลิ่นอากาศแล้วเข้ามาใกล้เพื่อดูว่ามีอะไรซ่อนอยู่

Sous la neige, recroquevillée en boule chaude, se trouvait la petite Billee.

ใต้หิมะ มีบิลลี่ตัวน้อยขดตัวเป็นลูกบอลอุ่นๆ

Billee remua la queue et lécha le visage de Buck pour le saluer.

บิลลี่กระดิกหางและเลียหน้าบัคเพื่อทักทายเขา

Buck a vu comment Billee avait fabriqué un endroit pour dormir dans la neige.

บัคเห็นว่าบิลลี่สร้างที่นอนบนหิมะ

Il avait creusé et utilisé sa propre chaleur pour rester au chaud.

เขาได้ขุดลงไปและใช้ความร้อนของตัวเองเพื่อให้ร่างกายอบอุ่น

Buck avait appris une autre leçon : c'est ainsi que les chiens dormaient.

บัคได้เรียนรู้บทเรียนอีกบทหนึ่ง นั่นคือวิธีการนอนหลับของสุนัข

Il a choisi un endroit et a commencé à creuser son propre trou dans la neige.

เขาเลือกจุดแล้วเริ่มขุดหลุมในหิมะของตัวเอง

Au début, il bougeait trop et gaspillait de l'énergie.

ในตอนแรกเขาเคลื่อนไหวมากเกินไปจึงเสียพลังงานโดยเปล่าประโยชน์

Mais bientôt son corps réchauffa l'espace et il se sentit en sécurité.

แต่ไม่นานร่างกายของเขาก็รู้สึกอบอุ่นขึ้น และเขาก็รู้สึกปลอดภัย

Il se recroquevilla étroitement et, peu de temps après, il s'endormit profondément.

เขาขดตัวแน่นและไม่นานเขาก็หลับสนิท

La journée avait été longue et dure, et Buck était épuisé.

วันนั้นเป็นวันอันยาวนานและยากลำบาก และบัคก็เหนื่อยล้ามาก

Il dormait profondément et confortablement, même si ses rêves étaient fous.

เขาหลับได้สนิทและสบายแม้ว่าความฝันของเขาจะเต็มไปด้วย
ความเพ้อฝันก็ตาม

Il grognait et aboyait dans son sommeil, se tordant pendant qu'il rêvait.

เขาขู่และเห่าในขณะหลับ และบิดตัวในขณะที่เขาฝัน

Buck ne s'est réveillé que lorsque le camp était déjà en train de prendre vie.

บัคไม่ได้ตื่นขึ้นจนกว่าค่ายจะเต็มไปด้วยความมีชีวิตชีวา

Au début, il ne savait pas où il était ni ce qui s'était passé.

ในตอนแรกเขาไม่ทราบว่าเขาอยู่ที่ไหนหรือเกิดอะไรขึ้น

La neige était tombée pendant la nuit et avait complètement enseveli son corps.

หิมะได้ตกลงมาในช่วงกลางคืนและฝังร่างของเขาจนหมด

La neige se pressait autour de lui, serrée de tous côtés.

หิมะกดทับรอบตัวเขาแน่นหนาทุกด้าน

Soudain, une vague de peur traversa tout le corps de Buck.

จู่ๆ คลื่นแห่งความกลัวก็พุ่งเข้าท่วมร่างของบัค

C'était la peur d'être piégé, une peur venue d'instincts profonds.

**มันคือความกลัวที่จะถูกกักขัง เป็นความกลัวจากสัญชาตญาณที่ฝัง
ลึก**

Bien qu'il n'ait jamais vu de piège, la peur vivait en lui.

แม้ว่าเขาจะไม่เคยเห็นกับดัก แต่ความกลัวก็ยังคงอยู่ในตัวเขา

C'était un chien apprivoisé, mais maintenant ses vieux instincts sauvages se réveillaient.

แม้เขาจะเป็นสุนัขเชื่อง แต่ตอนนี้สัญชาตญาณป่าเถื่อนเก่าๆ ของ
เขากำลังตื่นขึ้นแล้ว

Les muscles de Buck se tendirent et sa fourrure se dressa sur tout son dos.

กล้ามเนื้อของบัคเกร็งและขนของเขาก็ตั้งขึ้นทั่วหลังของเขา

Il grogna férocement et bondit droit dans la neige.

เขาคำรามอย่างดุร้ายและกระโจนขึ้นไปบนหิมะ

La neige volait dans toutes les directions alors qu'il faisait irruption dans la lumière du jour.

หิมะปลิวไสวไปทุกทิศทุกทางในขณะที่เขาปรากฏตัวออกมา

ท่ามกลางแสงแดด

Avant même d'atterrir, Buck vit le camp s'étendre devant lui.

บัคมองเห็นค่ายที่ขยายออกไปเบื้องหน้าของเขาก่อนที่จะลงจอด

Il se souvenait de tout ce qui s'était passé la veille, d'un seul coup.

เขาจำทุกสิ่งจากวันก่อนได้ในคราวเดียว

Il se souvenait d'avoir flâné avec Manuel et d'avoir fini à cet endroit.

เขาจำได้ว่าเดินเล่นกับมานูเอลและลงเอยที่สถานที่แห่งนี้

Il se souvenait avoir creusé le trou et s'être endormi dans le froid.

เขาจำได้ว่าขุดหลุมแล้วผล็อยหลับไปเพราะอากาศหนาว

Maintenant, il était réveillé et le monde sauvage qui l'entourait était clair.

ตอนนี้เขาตื่นแล้ว และโลกป่ารอบตัวเขาก็แจ่มใส

Un cri de François salua l'apparition soudaine de Buck.

เสียงตะโกนของฟรานซัวส์ดังขึ้นเพื่อแสดงความยินดีที่บัคปรากฏ

ตัวอย่างกะทันหัน

« Qu'est-ce que j'ai dit ? » cria le conducteur du chien à Perrault.

"ฉันพูดอะไรนะ" คนขับสุนัขตะโกนเสียงดังให้เปอร์โรลต์ฟัง

« Ce Buck apprend vraiment très vite », a ajouté François.

"เจ้าบัคนั่นเรียนรู้ได้เร็วมากจริงๆ" ฟรานซัวส์กล่าวเสริม

Perrault hocha gravement la tête, visiblement satisfait du résultat.

เปอร์โรลต์พยักหน้าอย่างจริงจัง แสดงความพึงพอใจอย่างชัดเจนกับผลลัพธ์

En tant que courrier pour le gouvernement canadien, il transportait des dépêches.

เขาทำหน้าที่เป็นผู้ส่งสารให้กับรัฐบาลแคนาดา จึงต้องถือเอกสารต่างๆ

Il était impatient de trouver les meilleurs chiens pour son importante mission.

เขาตั้งใจที่จะค้นหาสุนัขที่ดีที่สุดสำหรับภารกิจสำคัญของเขา

Il se sentait particulièrement heureux maintenant que Buck faisait partie de l'équipe.

ตอนนี้เขารู้สึกยินดีเป็นพิเศษที่บั๊กเป็นส่วนหนึ่งของทีม

Trois autres huskies ont été ajoutés à l'équipe en une heure.

ภายในหนึ่งชั่วโมง มีสุนัขฮัสกี้เพิ่มอีก 3 ตัวเข้ามาในทีม

Cela porte le nombre total de chiens dans l'équipe à neuf.

ทำให้จำนวนสุนัขในทีมมีทั้งหมด 9 ตัว

En quinze minutes, tous les chiens étaient dans leurs harnais.

ภายในเวลาสิบห้านาที สุนัขทั้งหมดก็อยู่ในสายรัดแล้ว

L'équipe de traîneaux remontait le sentier en direction du canyon de Dyea.

ทีมลากเลื่อนกำลังแกว่งไปตามเส้นทางสู่ Dyea Cañon

Buck était heureux de partir, même si le travail à venir était difficile.

บัครู้สึกดีใจที่ได้ออกไป แม้ว่างานข้างหน้าจะยากก็ตาม

Il s'est rendu compte qu'il ne détestait pas particulièrement le travail ou le froid.

เขาพบว่าเขาไม่ได้เกลียดการทำงานหรือความหนาวเย็นเป็นพิเศษ

Il a été surpris par l'empressement qui a rempli toute l'équipe.

เขาประหลาดใจกับความกระตือรือร้นที่เต็มไปทั่วทั้งทีม

Encore plus surprenant fut le changement qui s'était produit chez Dave et Solleks.

สิ่งที่น่าประหลาดใจยิ่งกว่าคือการเปลี่ยนแปลงที่เกิดขึ้นกับ Dave และ Solleks

Ces deux chiens étaient complètement différents lorsqu'ils étaient attelés.

สุนัขสองตัวนี้มีลักษณะที่แตกต่างกันอย่างสิ้นเชิงเมื่อถูกจูง

Leur passivité et leur manque d'intérêt avaient complètement disparu.

ความเฉยเมยและการขาดความห่วงใยของพวกเขาหายไปโดยสิ้นเชิง

Ils étaient alertes et actifs, et désireux de bien faire leur travail.

พวกเขาตื่นตัวและกระตือรือร้นที่จะทำงานของตนให้ดี

Ils s'irritaient violemment à tout ce qui pouvait provoquer un retard ou une confusion.

พวกเขาเริ่มรู้สึกหงุดหงิดอย่างรุนแรงเมื่อทำอะไรก็ตามที่ทำให้เกิดความล่าช้าหรือสับสน

Le travail acharné sur les rênes était le centre de tout leur être.

การทำงานหนักในการบังคับสายบังเหียนคือศูนย์กลางของตัวตนทั้งหมดของพวกเขา

Tirer un traîneau semblait être la seule chose qu'ils appréciaient vraiment.

การลากเลื่อนดูเหมือนจะเป็นสิ่งเดียวที่พวกเขาสนุกจริงๆ

Dave était à l'arrière du groupe, le plus proche du traîneau lui-même.

เดฟอยู่ด้านหลังของกลุ่ม ใกล้กับรถเลื่อนมากที่สุด

Buck a été placé devant Dave, et Solleks a dépassé Buck.

บัคถูกวางไว้ข้างหน้าเดฟ และโซเลกส์ก็เดินไปข้างหน้าบัค

Le reste des chiens était aligné devant eux en file indienne.

สุนัขที่เหลือทั้งหมดยืนเรียงแถวข้างหน้าเป็นแถวเดียว

La position de tête à l'avant était occupée par Spitz.

ตำแหน่งผู้นำที่ด้านหน้าถูกครอบครองโดยสปิทซ์

Buck avait été placé entre Dave et Solleks pour l'instruction.

บัคได้รับการวางไว้ระหว่างเดฟกับโซเลกส์เพื่อรับคำแนะนำ

Il apprenait vite et ils étaient des professeurs fermes et compétents.

เขาเป็นคนเรียนรู้เร็วและพวกเขาก็เป็นครูที่มั่นคงและมี
ความสามารถ

Ils n'ont jamais permis à Buck de rester longtemps dans l'erreur.

พวกเขาไม่เคยอนุญาตให้บัคอยู่ในความผิดพลาดเป็นเวลานาน

Ils ont enseigné leurs leçons avec des dents acérées quand c'était nécessaire.

พวกเขาสอนบทเรียนด้วยฟันที่แหลมคมเมื่อจำเป็น

Dave était juste et faisait preuve d'une sagesse calme et sérieuse.

เดฟเป็นคนยุติธรรมและเป็นคนฉลาดและจริงจัง

Il n'a jamais mordu Buck sans une bonne raison de le faire.

เขาไม่เคยกัดบัคโดยไม่มีเหตุผลที่ดีที่จะทำเช่นนั้น

Mais il n'a jamais manqué de mordre lorsque Buck avait besoin d'être corrigé.

แต่เขาไม่เคยล้มเหลวที่จะกัดเมื่อบัคต้องการการแก้ไข

Le fouet de François était toujours prêt et soutenait leur autorité.

แส้ของฟรานซัวส์พร้อมเสมอและสนับสนุนอำนาจของพวกเขา

Buck a vite compris qu'il valait mieux obéir que riposter.

ในไม่ช้าบัคก็พบว่าการเชื่อฟังนั้นดีกว่าการต่อสู้กลับ

Un jour, lors d'un court repos, Buck s'est emmêlé dans les rênes.

ครั้งหนึ่งในช่วงพักสั้นๆ บัคได้ติดสายบังเหียน

Il a retardé le départ et a perturbé le mouvement de l'équipe.

เขาทำให้การเริ่มต้นล่าช้าและทำให้การเคลื่อนไหวของทีมสับสน

Dave et Solleks se sont jetés sur lui et lui ont donné une raclée.

เดฟและโซเลกส์บินเข้าหาเขาและทุบตีเขาอย่างรุนแรง

L'enchevêtrement n'a fait qu'empirer, mais Buck a bien appris sa leçon.

แม้ปัญหาจะแย่ลง แต่บัคก็เรียนรู้บทเรียนของเขาได้ดี

Dès lors, il garda les rênes tendues et travailla avec soin.

ตั้งแต่นั้นเป็นต้นมาเขาคอยคุมบังเหียนให้ตึงและทำงานอย่างระมัดระวัง

Avant la fin de la journée, Buck avait maîtrisé une grande partie de sa tâche.

ก่อนสิ้นวัน บัคก็ได้ทำภารกิจของเขาสำเร็จไปมากแล้ว

Ses coéquipiers ont presque arrêté de le corriger ou de le mordre.

เพื่อนร่วมทีมของเขาเกือบจะหยุดแก้ไขหรือกัดเขาแล้ว

Le fouet de François claquait de moins en moins souvent dans l'air.

แส้ของฟรานซัวส์ฟาดผ่านอากาศน้อยลงเรื่อยๆ

Perrault a même soulevé les pieds de Buck et a soigneusement examiné chaque patte.

เพอร์โรลต์ยกเท้าของบัคขึ้นและตรวจสอบอุ้งเท้าแต่ละข้างอย่าง
ระมัดระวัง

**Cela avait été une journée de course difficile, longue et
épuisante pour eux tous.**

มันเป็นวันวิ่งที่ยากลำบาก ยาวนาน และเหนื่อยล้าสำหรับพวกเขา
ทุกคน

**Ils remontèrent le Cañon, traversèrent Sheep Camp et
passèrent devant les Scales.**

พวกเขาเดินทางขึ้น Cañon ผ่าน Sheep Camp และผ่าน Scales

**Ils ont traversé la limite des forêts, puis des glaciers et des
congères de plusieurs mètres de profondeur.**

พวกเขาข้ามแนวไม้ จากนั้นก็ผ่านธารน้ำแข็งและหิมะที่สูงถึง
หลายฟุต

**Ils ont escaladé la grande et froide chaîne de montagnes
Chilkoot Divide.**

พวกเขาปีนขึ้นไปบนหุบเขาชิลคูตที่หนาวเหน็บและอันตราย

**Cette haute crête se dressait entre l'eau salée et l'intérieur
gelé.**

สันเขาสูงนั้นตั้งอยู่ระหว่างน้ำเค็มและภายในที่เป็นน้ำแข็ง

**Les montagnes protégeaient le Nord triste et solitaire avec de
la glace et des montées abruptes.**

ภูเขาปกป้องดินแดนทางเหนืออันเศร้าโศกและเปล่าเปลี่ยวด้วย
น้ำแข็งและการไต่เขาที่สูงชัน

**Ils ont parcouru à bon rythme une longue chaîne de lacs en
aval de la ligne de partage des eaux.**

พวกเขาใช้เวลาอย่างดีไปตามห่วงโซ่ทะเลสาบอันยาวที่อยู่ใต้แนว
แบ่ง

Ces lacs remplissaient les anciens cratères de volcans éteints.

ทะเลสาบเหล่านี้เต็มไปด้วยปล่องภูเขาไฟที่ดับสนิทในอดีต

Tard dans la nuit, ils atteignirent un grand camp au bord du lac Bennett.

ดึกคืนนั้น พวกเขาก็มาถึงค่ายใหญ่ที่ทะเลสาบเบนเนตต์

Des milliers de chercheurs d'or étaient là, construisant des bateaux pour le printemps.

มีผู้แสวงหาทองคำนับพันคนมาที่นั่นเพื่อสร้างเรือสำหรับฤดูใบไม้ผลิ

La glace allait bientôt se briser et ils devaient être prêts.

น้ำแข็งกำลังจะแตกในเร็วๆ นี้ และพวกเขาต้องเตรียมพร้อมไว้

Buck creusa son trou dans la neige et tomba dans un profond sommeil.

บัคขุดหลุมในหิมะแล้วหลับไปอย่างสนิท

Il dormait comme un ouvrier, épuisé par une dure journée de travail.

เขาหลับเหมือนคนทำงานที่เหนื่อยล้าจากการตรากตรำทำงานหนักมาตลอดทั้งวัน

Mais trop tôt dans l'obscurité, il fut tiré de son sommeil.

แต่ในความมืดเร็วเกินไป เขาก็ถูกดึงออกมาจากการหลับใหล

Il fut à nouveau attelé avec ses compagnons et attaché au traîneau.

เขาถูกนำกลับมาผูกกับเพื่อนๆ ของเขาอีกครั้งและผูกเข้ากับรถเลื่อน

Ce jour-là, ils ont parcouru quarante milles, car la neige était bien battue.

วันนั้นพวกเขาเดินไปได้ประมาณสี่สิบไมล์ เพราะมีหิมะตกมาก

Le lendemain, et pendant plusieurs jours après, la neige était molle.

วันรุ่งขึ้น และอีกหลายวันต่อจากนั้น หิมะก็เริ่มอ่อนลง

Ils ont dû faire le chemin eux-mêmes, en travaillant plus dur et en avançant plus lentement.

พวกเขาต้องสร้างเส้นทางเอง โดยทำงานหนักขึ้นและเดินช้าลง

Habituellement, Perrault marchait devant l'équipe avec des raquettes palmées.

โดยปกติแล้ว เพอร์โรลต์จะเดินไปข้างหน้าทีม โดยสวมรองเท้าเดินหิมะแบบมีพังผืด

Ses pas ont compacté la neige, facilitant ainsi le déplacement du traîneau.

ขั้นบันไดของเขาทำให้หิมะแน่นเพื่อให้เลื่อนได้สะดวกขึ้น

François, qui dirigeait depuis le mât, prenait parfois le relais.

ฟรานซัวส์ ซึ่งบังคับจากเสาจี ก็เข้ามาควบคุมเป็นบางครั้ง

Mais il était rare que François prenne les devants

แต่การที่ฟรานซัวส์ได้เป็นผู้นำนั้นถือเป็นเรื่องยาก

parce que Perrault était pressé de livrer les lettres et les colis.

เพราะเพอร์โรลต์กำลังเร่งรีบที่จะส่งจดหมายและพัสดุ

Perrault était fier de sa connaissance de la neige, et surtout de la glace.

เปอร์โรลต์ภูมิใจในความรู้ของเขาเกี่ยวกับหิมะ โดยเฉพาะน้ำแข็ง

Cette connaissance était essentielle, car la glace d'automne était dangereusement mince.

ความรู้ดังกล่าวมีความจำเป็น เนื่องจากน้ำแข็งในฤดูใบไม้ร่วงนั้นบางจนเป็นอันตราย

Là où l'eau coulait rapidement sous la surface, il n'y avait pas du tout de glace.

บริเวณที่มีน้ำไหลแรงใต้ผิวดินนั้น ไม่มีน้ำแข็งอยู่เลย

Jour après jour, la même routine se répétait sans fin.

วันแล้ววันเล่า กิจวัตรเดิมๆ จะเกิดขึ้นซ้ำแล้วซ้ำเล่าไม่มีที่สิ้นสุด

Buck travaillait sans relâche sur les rênes, de l'aube jusqu'à la nuit.

บัคทำงานหนักอย่างไม่มีที่สิ้นสุดในบังเหียนจากรุ่งเช้าจรดค่ำ

Ils quittèrent le camp dans l'obscurité, bien avant le lever du soleil.

พวกเขาออกจากค่ายในความมืดนานก่อนพระอาทิตย์จะขึ้น

Au moment où le jour se leva, ils avaient déjà parcouru de nombreux kilomètres.

เมื่อฟ้าสว่างขึ้น ก็พบว่าพวกเขามีระยะทางหลายไมล์แล้ว

Ils ont installé leur campement après la tombée de la nuit, mangeant du poisson et creusant dans la neige.

พวกเขาตั้งค่ายพักหลังจากมืดค่ำ โดยกินปลาและขุดรูในหิมะ

Buck avait toujours faim et n'était jamais vraiment satisfait de sa ration.

บัคหิวตลอดเวลาและไม่เคยพอใจกับอาหารที่เขาได้รับจริงๆ

Il recevait une livre et demie de saumon séché chaque jour.

เขาได้รับปลาแซลมอนแห้งหนึ่งปอนด์ครึ่งทุกวัน

Mais la nourriture semblait disparaître en lui, laissant la faim derrière elle.

แต่ดูเหมือนว่าอาหารจะหายไปจากตัวเขา ทิ้งไว้เพียงความหิว เท่านั้น

Il souffrait constamment de la faim et rêvait de plus de nourriture.

เขาต้องทนทุกข์ทรมานจากความหิวโหยตลอดเวลา และฝันถึง อาหารมื้ออื่นๆ

Les autres chiens n'ont pris qu'une livre, mais ils sont restés forts.

สุนัขตัวอื่นได้รับอาหารเพียงหนึ่งปอนด์เท่านั้น แต่พวกมันก็ยัง แข็งแรงอยู่

Ils étaient plus petits et étaient nés dans le mode de vie du Nord.

พวกเขาตัวเล็กกว่า และเกิดในโลกภาคเหนือ

Il perdit rapidement la méticulosité qui avait marqué son ancienne vie.

เขาสูญเสียความพิถีพิถันที่เคยติดตัวมาตั้งแต่ชีวิตเก่าของเขาไปอย่างรวดเร็ว

Il avait été un mangeur délicat, mais maintenant ce n'était plus possible.

เขาเคยเป็นคนกินอาหารจุมาก แต่ตอนนี้ไม่สามารถเป็นแบบนั้นได้อีกต่อไปแล้ว

Ses camarades ont terminé premiers et lui ont volé sa ration inachevée.

เพื่อนๆ ของเขาเสร็จก่อนและขโมยอาหารที่ยังไม่หมดของเขาไป

Une fois qu'ils ont commencé, il n'y avait aucun moyen de défendre sa nourriture contre eux.

เมื่อพวกเขาเริ่มต้นแล้วไม่มีทางที่จะปกป้องอาหารของเขาจากพวกมันได้

Pendant qu'il combattait deux ou trois chiens, les autres volaient le reste.

ในขณะที่เขาต่อสู้กับสุนัขสองสามตัว ตัวอื่นก็ขโมยตัวที่เหลือไป

Pour résoudre ce problème, il a commencé à manger aussi vite que les autres.

เพื่อแก้ไขปัญหานี้ เขาจึงเริ่มกินเร็วเท่ากับคนอื่น ๆ

La faim le poussait tellement qu'il prenait même de la nourriture qui n'était pas la sienne.

ความหิวทำให้เขาต้องหิวมากจนถึงขั้นต้องกินอาหารที่ไม่ใช่ของตัวเอง

Il observait les autres et apprenait rapidement de leurs actions.

เขาเฝ้าดูคนอื่นๆ และเรียนรู้จากการกระทำของพวกเขาได้อย่าง
รวดเร็ว

Il a vu Pike, un nouveau chien, voler une tranche de bacon à Perrault.

เขาเห็นไพค์ สุนัขตัวใหม่ ขโมยเบคอนจากเพอร์โรลต์

Pike avait attendu que Perrault ait le dos tourné pour voler le bacon.

ไพค์รอจนกระทั่งเพอร์โรลต์หันหลังกลับเพื่อขโมยเบคอน

Le lendemain, Buck a copié Pike et a volé tout le morceau.

วันรุ่งขึ้น บัคก็เลียนแบบไพค์ และขโมยชิ้นส่วนทั้งหมดไป

Un grand tumulte s'ensuivit, mais Buck ne fut pas suspecté.

เกิดความโกลาหลครั้งใหญ่ตามมา แต่บั๊กไม่ได้ถูกสงสัย

Dub, un chien maladroit qui se faisait toujours prendre, a été puni à la place.

ดับ สุนัขขี้เซาที่โดนจับได้ตลอดกลับถูกทำโทษแทน

Ce premier vol a fait de Buck un chien apte à survivre dans le Nord.

การโจรกรรมครั้งแรกนั้นทำให้บั๊กกลายเป็นสุนัขที่เหมาะจะมีชีวิต
รอดในภาคเหนือ

Il a montré qu'il pouvait s'adapter à de nouvelles conditions et apprendre rapidement.

เขาแสดงให้เห็นว่าเขาสามารถปรับตัวเข้ากับเงื่อนไขใหม่ๆ และ
เรียนรู้ได้อย่างรวดเร็ว

Sans une telle adaptabilité, il serait mort rapidement et gravement.

หากขาดความสามารถในการปรับตัวเช่นนี้ เขาคงเสียชีวิตอย่าง
รวดเร็วและทรมาน

Cela a également marqué l'effondrement de sa nature morale et de ses valeurs passées.

นอกจากนี้ยังเป็นเครื่องหมายที่แสดงถึงการเสื่อมสลายของธรรมชาติทางศีลธรรมและค่านิยมในอดีตของเขาด้วย

Dans le Southland, il avait vécu sous la loi de l'amour et de la bonté.

ในดินแดนทางใต้ เขาใช้ชีวิตอยู่ภายใต้กฎแห่งความรักและความเมตตา

Là, il était logique de respecter la propriété et les sentiments des autres chiens.

ตรงนั้นมันสมเหตุสมผลที่จะเคารพทรัพย์สินและความรู้สึกของสุนัขตัวอื่น

Mais le Northland suivait la loi du gourdin et la loi du croc.

แต่ดินแดนเหนือปฏิบัติตามกฎแห่งไม้กระบองและกฎแห่งเขี้ยว

Quiconque respectait les anciennes valeurs ici était stupide et échouerait.

ผู้ใดที่เคารพค่านิยมเก่าแก่ที่นี่เป็นผู้โง่เขลาและจะล้มเหลว

Buck n'a pas réfléchi à tout cela dans son esprit.

บัคไม่ได้คิดเหตุผลทั้งหมดนี้ในใจของเขา

Il était en forme et s'est donc adapté sans avoir besoin de réfléchir.

เข้ามีสุขภาพแข็งแรงและปรับตัวได้โดยไม่ต้องคิดมาก

De toute sa vie, il n'avait jamais fui un combat.

ตลอดชีวิตของเขาเขาไม่เคยหนีจากการต่อสู้เลย

Mais la massue en bois de l'homme au pull rouge a changé cette règle.

แต่ไม้กระบองของชายผู้สวมเสื้อกันหนาวสีแดงได้เปลี่ยนกฎนั้นไป

Il suivait désormais un code plus profond et plus ancien, inscrit dans son être.

ตอนนี้เขาติดตามรหัสที่เก่ากว่าและลึกซึ้งกว่าซึ่งเขียนไว้ในตัวเขา

Il ne volait pas par plaisir, mais par faim.

เขาไม่ได้ขโมยเพราะความสุข แต่ขโมยมาจากความเจ็บปวดของ
ความหิว

Il n'a jamais volé ouvertement, mais il a volé avec ruse et
prudence.

เขาไม่เคยขโมยอย่างเปิดเผยแต่ขโมยด้วยไหวพริบและระมัดระวัง

Il a agi par respect pour la massue en bois et par peur du
croc.

เขากระทำการดังกล่าวเพราะเคารพไม้กระบองและกลัวเขี้ยว

En bref, il a fait ce qui était plus facile et plus sûr que de ne
pas le faire.

โดยสรุปแล้ว เขาทำสิ่งที่ง่ายกว่าและปลอดภัยกว่าการไม่ทำ

Son développement – ou peut-être son retour à ses anciens
instincts – fut rapide.

พัฒนาการของเขา—หรือบางทีการกลับคืนสู่สัญชาตญาณเก่าๆ—
เกิดขึ้นอย่างรวดเร็ว

Ses muscles se durcirent jusqu'à devenir aussi forts que du
fer.

กล้ามเนื้อของเขาแข็งแกร่งขึ้นจนรู้สึกได้ความแข็งแกร่งเทียบเท่า
เหล็ก

Il ne se souciait plus de la douleur, à moins qu'elle ne soit
grave.

เขาไม่สนใจความเจ็บปวดอีกต่อไป เว้นแต่ว่ามันจะร้ายแรง

Il est devenu efficace à l'intérieur comme à l'extérieur, ne
gaspillant rien du tout.

เขาเริ่มมีประสิทธิภาพทั้งภายในและภายนอก โดยไม่สูญเปล่าสิ่ง
ใดเลย

Il pouvait manger des choses viles, pourries ou difficiles à
digérer.

เขาสามารถกินสิ่งที่น่ารังเกียจ เน่าเสีย หรือย่อยยากได้

Quoi qu'il mange, son estomac utilisait jusqu'au dernier
morceau de valeur.

ไม่ว่าเขาจะกินอะไร ท้องของเขาก็จะใช้ของมีค่าจนหมด

Son sang transportait les nutriments loin dans son corps
puissant.

เลือดของเขาพาสารอาหารไปทั่วร่างกายอันทรงพลังของเขา

Cela a créé des tissus solides qui lui ont donné une
endurance incroyable.

สิ่งนี้สร้างเนื้อเยื่อที่แข็งแรงซึ่งทำให้เขามีความอดทนอย่าง

เหลือเชื่อ

Sa vue et son odorat sont devenus beaucoup plus sensibles
qu'avant.

การมองเห็นและการได้กลิ่นของเขามีความละเอียดอ่อนมากขึ้น

กว่าก่อนมาก

Son ouïe est devenue si fine qu'il pouvait détecter des sons
faibles pendant son sommeil.

การได้ยินของเขามีพัฒนาการแหลมคมมากจนสามารถได้ยินเสียง

แผ่วเบาในขณะนอนหลับได้

Il savait dans ses rêves si les sons signifiaient sécurité ou
danger.

เขารู้ในฝันว่าเสียงเหล่านั้นหมายถึงความปลอดภัยหรืออันตราย

Il a appris à mordre la glace entre ses orteils avec ses dents.

เขาเรียนรู้ที่จะกัดน้ำแข็งระหว่างนิ้วเท้าด้วยฟัน

Si un point d'eau gelait, il brisait la glace avec ses jambes.

หากมีหลุมน้ำแข็งขึ้นมา เขาจะทุบน้ำแข็งให้แตกด้วยขาของเขา

Il se cabra et frappa violemment la glace avec ses membres
antérieurs raides.

เขาผงะตัวขึ้นและฟาดน้ำแข็งอย่างแรงด้วยขาหน้าอันแข็งแกร่ง

Sa capacité la plus frappante était de prédire les changements de vent pendant la nuit.

ความสามารถที่โดดเด่นที่สุดของเขาคือการทำนายการ

เปลี่ยนแปลงของลมในช่วงกลางคืน

Même lorsque l'air était calme, il choisissait des endroits abrités du vent.

แม้ว่าอากาศจะนิ่งอยู่ เขาก็เลือกจุดที่ลมไม่พัด

Partout où il creusait son nid, le vent du lendemain le passait à côté de lui.

ไม่ว่าเขาจะขุดรังที่ใด ลมแห่งวันรุ่งขึ้นก็จะพัดผ่านเขาไป

Il finissait toujours par se blottir et se protéger, sous le vent.

เขามักจะจบลงอย่างอบอุ่นและได้รับการปกป้องโดยหลีกเลี่ยงลม

Buck n'a pas seulement appris par l'expérience : son instinct est également revenu.

บัคไม่เพียงแต่เรียนรู้จากประสบการณ์เท่านั้น แต่สัญชาตญาณของ

เขาก็กลับคืนมาด้วยเช่นกัน

Les habitudes des générations domestiquées ont commencé à disparaître.

นิสัยของคนรุ่นก่อนเริ่มลดลง

De manière vague, il se souvenait des temps anciens de sa race.

เขาจำช่วงเวลาโบราณของสายพันธุ์ของเขาได้อย่างคลุมเครือ

Il repensa à l'époque où les chiens sauvages couraient en meute dans les forêts.

เขาคิดย้อนกลับไปถึงเมื่อสุนัขป่าวิ่งเป็นฝูงในป่า

Ils avaient poursuivi et tué leur proie en la poursuivant.

พวกเขาไล่ตามและฆ่าเหยื่อของพวกเขาในขณะที่วิ่งไล่ตามมัน

Il était facile pour Buck d'apprendre à se battre avec force et rapidité.

สำหรับบัคแล้ว มันเป็นเรื่องง่ายที่เขาจะเรียนรู้วิธีต่อสู้ด้วยฟันและ
ความเร็ว

Il utilisait des coupures, des entailles et des coups rapides,
tout comme ses ancêtres.

เขาใช้วิธีการเฉือนและฟันอย่างรวดเร็วเช่นเดียวกับบรรพบุรุษของ
เขา

Ces ancêtres se sont réveillés en lui et ont réveillé sa nature
sauvage.

บรรพบุรุษเหล่านั้นเคลื่อนไหวอยู่ในตัวเขา และปลุกธรรมชาติอัน
ป่าเถื่อนของเขาให้ตื่นขึ้น

Leurs anciennes compétences lui avaient été transmises par
le sang.

ทักษะเก่าๆ ของพวกเขาถูกส่งต่อเข้าสู่เขาโดยทางสายเลือด

Leurs tours étaient désormais à lui, sans besoin de pratique
ni d'effort.

ตอนนี้กลอุบายของพวกเขาเป็นของเขาแล้ว โดยไม่จำเป็นต้อง
ฝึกฝนหรือพยายามใดๆ

Lors des nuits calmes et froides, Buck levait le nez et hurlait.

ในคืนที่ยังคงหนาวเย็น บัคจะยกจมูกขึ้นและหอน

Il hurla longuement et profondément, comme le faisaient les
loups autrefois.

เขาส่งเสียงหอนยาวและลึกเช่นเดียวกับที่หมาป่าเคยทำเมื่อนาน
มาแล้ว

À travers lui, ses ancêtres morts pointaient leur nez et
hurlaient.

บรรพบุรุษที่ตายไปแล้วของเขาชี้จมูกและ โวยวายผ่านเขา

Ils ont hurlé à travers les siècles avec sa voix et sa forme.

พวกมันคำรามมาหลายศตวรรษด้วยเสียงและรูปร่างของเขา

Ses cadences étaient les leurs, de vieux cris qui parlaient de chagrin et de froid.

จังหวะของเขาเป็นของพวกเขา เสียงร้องเก่าๆ ที่บอกถึงความเศร้าโศกและความหนาวเย็น

Ils chantaient l'obscurité, la faim et le sens de l'hiver.

พวกเขาขับขานถึงความมืด ความหิวโหย และความหมายของฤดูหนาว

Buck a prouvé que la vie est façonnée par des forces qui nous dépassent.

บัคพิสูจน์ให้เห็นว่าชีวิตถูกหล่อหลอมโดยพลังที่อยู่เหนือตัวเรา

L'ancienne chanson s'éleva à travers Buck et s'empara de son âme.

บทเพลงโบราณดังขึ้นในจิตใจของบัคและเข้าครอบงำวิญญาณของเขา

Il s'est retrouvé parce que les hommes avaient trouvé de l'or dans le Nord.

เขาค้นพบตัวเองเพราะมนุษย์ค้นพบทองคำในภาคเหนือ

Et il s'est retrouvé parce que Manuel, l'aide du jardinier, avait besoin d'argent.

และเขาพบว่าตัวเองกำลังเดือดร้อนเพราะมานูเอล ผู้ช่วยคนสวนต้องการเงิน

La Bête Primordiale Dominante
สัตว์ร้ายดั้งเดิมที่มีอำนาจเหนือกว่า

La bête primordiale dominante était aussi forte que jamais en Buck.

สัตว์ดึกดำบรรพ์ที่มีอำนาจเหนือกว่าก็ยังคงแข็งแกร่งเช่นเคยในบัค

Mais la bête primordiale dominante sommeillait en lui.

แต่สัตว์ดึกดำบรรพ์ที่มีอำนาจเหนือกว่าได้แฝงตัวอยู่ในตัวเขา

La vie sur le sentier était dure, mais elle renforçait la bête qui sommeillait en Buck.

ชีวิตบนเส้นทางนั้นช่างโหดร้าย แต่มันทำให้สัตว์ร้ายภายในตัวของบั๊กแข็งแกร่งขึ้น

Secrètement, la bête devenait de plus en plus forte chaque jour.

โดยลับๆ สัตว์ร้ายนั้นก็แข็งแกร่งขึ้นเรื่อยๆ ทุกวัน

Mais cette croissance intérieure est restée cachée au monde extérieur.

แต่การเจริญเติบโตภายในนั้นยังคงซ่อนอยู่จากโลกภายนอก

Une force primordiale, calme et tranquille, se construisait à l'intérieur de Buck.

พลังดั้งเดิมอันเงียบสงบกำลังสร้างขึ้นภายในบัค

Une nouvelle ruse a donné à Buck l'équilibre, le calme, le contrôle et l'équilibre.

ความฉลาดแกมโกงแบบใหม่ทำให้บัคมีความสมดุล ควบคุมได้อย่างสงบ และมีสติ

Buck s'est concentré sur son adaptation, sans jamais se sentir complètement détendu.

บัคเน้นการปรับตัวอย่างหนักแต่ไม่เคยรู้สึกผ่อนคลายอย่างเต็มที่

Il évitait les conflits, ne déclenchait jamais de bagarres et ne cherchait jamais les ennuis.

เขาหลีกเลี่ยงความขัดแย้ง ไม่เคยก่อเรื่องทะเลาะ และไม่หาเรื่องเดือดร้อน

Une réflexion lente et constante façonnait chaque mouvement de Buck.

ความรอบคอบที่ช้าและมั่นคงเป็นตัวกำหนดทุกการเคลื่อนไหวของบัค

Il évitait les choix irréfléchis et les décisions soudaines et imprudentes.

เขาหลีกเลี่ยงการเลือกอย่างหุนหันพลันแล่นและการตัดสินใจอย่างฉับพลันและเสี่ยงอันตราย

Bien que Buck détestait profondément Spitz, il ne lui montrait aucune agressivité.

แม้ว่าบัคจะเกลียดสปิทซ์มาก แต่เขาก็ไม่ได้แสดงท่าทีก้าวร้าวต่อสปิทซ์เลย

Buck n'a jamais provoqué Spitz et a gardé ses actions contenues.

บั๊กไม่เคยยั่วสปิทซ์และควบคุมการกระทำของเขาไม่ให้รุนแรงขึ้น

Spitz, de son côté, sentait le danger grandissant chez Buck.

ในทางกลับกัน สปิทซ์สัมผัสได้ถึงความอันตรายที่เพิ่มมากขึ้นในตัวบัค

Il considérait Buck comme une menace et un sérieux défi à son pouvoir.

เขาเห็นบัคเป็นภัยคุกคามและเป็นความท้าทายที่ร้ายแรงต่ออำนาจของเขา

Il profitait de chaque occasion pour grogner et montrer ses dents acérées.

เขาใช้ทุกโอกาสในการขู่คำรามและแสดงฟันอันแหลมคมของเขา

Il essayait de déclencher le combat mortel qui devait avoir lieu.

เขากำลังพยายามเริ่มการต่อสู้อันร้ายแรงที่จะมาถึง

Au début du voyage, une bagarre a failli éclater entre eux.

ในช่วงเริ่มต้นการเดินทาง เกือบเกิดการทะเลาะวิวาทระหว่างพวกเขา

Mais un accident inattendu a empêché le combat d'avoir lieu.

แต่แล้วอุบัติเหตุที่ไม่คาดฝันก็ทำให้การต่อสู้ไม่สามารถเกิดขึ้นได้

Ce soir-là, ils installèrent leur campement sur le lac Le Barge, extrêmement froid.

เย็นวันนั้น พวกเขาตั้งค่ายพักแรมที่ทะเลสาบเลอบาร์จอันหนาวเหน็บ

La neige tombait fort et le vent soufflait comme un couteau.

หิมะกำลังตกลงมาอย่างหนัก และลมก็พัดกรรโชกแรงเหมือนมีด

La nuit était venue trop vite et l'obscurité les entourait.

เมื่อคืนผ่านไปเร็วเกินไป และความมืดก็ปกคลุมพวกเขาไปหมด

Ils n'auraient pas pu choisir un pire endroit pour se reposer.

พวกเขาแทบไม่สามารถเลือกสถานที่พักผ่อนที่แย่ไปกว่านี้อีกแล้ว

Les chiens cherchaient désespérément un endroit où se coucher.

สุนัขค้นหาสถานที่ที่จะนอนอย่างสิ้นหวัง

Un haut mur de roche s'élevait abruptement derrière le petit groupe.

กำแพงหินสูงชันตั้งอยู่ด้านหลังกลุ่มเล็กๆ ของพวกเขา

La tente avait été laissée à Dyea pour alléger la charge.

เต็นท์ดังกล่าวถูกทิ้งไว้ที่ Dyea เพื่อช่วยแบ่งเบาภาระ

Ils n'avaient pas d'autre choix que d'allumer le feu sur la glace elle-même.

พวกเขาไม่มีทางเลือกอื่นนอกจากการก่อไฟบนน้ำแข็งโดยตรง

Ils étendent leurs robes de nuit directement sur le lac gelé.

พวกเขานำชุดนอนไปปูลงบนทะเลสาบที่เป็นน้ำแข็งโดยตรง

Quelques bâtons de bois flotté leur ont donné un peu de feu.

กิ่งไม้ที่พัดมาเกยตื้นเพียงไม่กี่กิ่งก็ทำให้มีไฟลุกโชนขึ้นเล็กน้อย

Mais le feu s'est allumé sur la glace et a fondu à travers elle.

แต่ไฟได้ก่อตัวขึ้นบนน้ำแข็ง และละลายหายไป

Finalement, ils mangeaient leur dîner dans l'obscurité.

ในที่สุดพวกเขาก็รับประทานอาหารเย็นกันในความมืด

Buck s'est recroquevillé près du rocher, à l'abri du vent froid.

บัคนอนขดตัวอยู่ข้างก้อนหินเพื่อหลบลมหนาว

L'endroit était si chaud et sûr que Buck détestait déménager.

สถานที่นั้นอบอุ่นและปลอดภัยมากจนบัคไม่อยากจะย้ายออกไป

Mais François avait réchauffé le poisson et distribuait les rations.

แต่ฟรานซัวส์ได้อุ่นปลาไว้และกำลังแจกอาหารอยู่

Buck finit de manger rapidement et retourna dans son lit.

บัคกินเสร็จอย่างรวดเร็วและกลับไปนอนบนเตียงของเขา

Mais Spitz était maintenant allongé là où Buck avait fait son lit.

แต่ตอนนี้ สปิทซ์กำลังนอนอยู่ที่เดิมที่บัคปูเตียงไว้

Un grognement sourd avertit Buck que Spitz refusait de bouger.

เสียงคำรามต่ำเตือนบัคว่าสปิตซ์ปฏิเสธที่จะเคลื่อนไหว

Jusqu'à présent, Buck avait évité ce combat avec Spitz.

จนถึงตอนนี้ บัคก็หลีกเลี่ยงการต่อสู้กับสปิทซ์ครั้งนี้

Mais au plus profond de Buck, la bête s'est finalement libérée.

แต่ลึกๆ ในตัวของบัค เจ้าสัตว์ร้ายตัวนี้ก็ได้หลุดออกมาในที่สุด

Le vol de son lieu de couchage était trop difficile à tolérer.

การขโมยที่นอนของเขาเป็นเรื่องที่เกินความสามารถที่จะทนได้

Buck se lança sur Spitz, plein de colère et de rage.

บั๊กพุ่งเข้าหาสปิทซ์อย่างเต็มไปด้วยความโกรธและความเดือดดาล

Jusqu'à présent, Spitz pensait que Buck n'était qu'un gros chien.

จนกระทั่งถึงตอนนี้ สปิทซ์คิดว่าบัคเป็นเพียงสุนัขตัวใหญ่เท่านั้น

Il ne pensait pas que Buck avait survécu grâce à son esprit.

เขาไม่คิดว่าบัครอดชีวิตมาได้ด้วยจิตวิญญาณของเขา

Il s'attendait à la peur et à la lâcheté, pas à la fureur et à la vengeance.

เขาคาดหวังถึงความกลัวและความขี้ขลาด ไม่ใช่ความโกรธและการแก้แค้น

François regarda les deux chiens sortir du nid en ruine.

ฟรานซัวส์จ้องมองขณะที่สุนัขทั้งสองตัววิ่งออกมาจากรังที่พังทลาย

Il comprit immédiatement ce qui avait déclenché cette lutte sauvage.

เขาเข้าใจทันทีว่าอะไรเป็นจุดเริ่มต้นของการต่อสู้ดุเดือด

« Aa-ah ! » s'écria François en soutien au chien brun.

"อา-อา!" ฟรานซัวส์ร้องออกมาเพื่อสนับสนุนสุนัขสีน้ำตาล

« Frappez-le ! Par Dieu, punissez ce voleur sournois ! »

"ตีมันซะ! ลงโทษไอ้โจรเจ้าเล่ห์นั่นซะ!"

Spitz a montré une volonté égale et une impatience folle de se battre.

สปิทซ์แสดงให้เห็นถึงความพร้อมและความกระตือรือร้นที่จะต่อสู้อย่างดุเดือดเท่าเทียมกัน

Il cria de rage tout en tournant rapidement en rond, cherchant une ouverture.

เขาตะโกนออกมาด้วยความโกรธขณะบินวนอย่างรวดเร็วเพื่อหาช่องเปิด

Buck a montré la même soif de combat et la même prudence.

บัคแสดงให้เห็นถึงความหิวโหยในการต่อสู้และความระมัดระวังเช่นเดียวกัน

Il a également encerclé son adversaire, essayant de prendre le dessus dans la bataille.

เขายังวนรอบคู่ต่อสู้ของเขาด้วยเช่นกัน พยายามที่จะได้เปรียบในการต่อสู้

Puis quelque chose d'inattendu s'est produit et a tout changé.

จากนั้นมีเหตุการณ์ที่ไม่คาดคิดเกิดขึ้นและทำให้ทุกอย่างเปลี่ยนไป

Ce moment a retardé l'éventuelle lutte pour le leadership.

ช่วงเวลาดังกล่าวทำให้การต่อสู้เพื่อชิงตำแหน่งผู้นำล่าช้าออกไป

De nombreux kilomètres de piste et de lutte attendaient encore avant la fin.

เส้นทางหลายไมล์และการต่อสู้ยังคงรออยู่ก่อนถึงจุดสิ้นสุด

Perrault cria un juron tandis qu'une massue frappait un os.

เพอร์โรลต์ตะโกนคำสาบานในขณะที่กระบองถูกตบเข้ากับกระดูก

Un cri aigu de douleur suivit, puis le chaos explosa tout autour.

มีเสียงร้องโหยหวนด้วยความเจ็บปวดตามมา และจากนั้นความโกลาหลก็ระเบิดขึ้นทั่วบริเวณ

Des formes sombres se déplaçaient dans le camp ; des huskies sauvages, affamés et féroces.

รูปร่างอันดำมืดเคลื่อนตัวเข้ามาในค่าย ฮัสกี้ป่า หิวโหย และดุร้าย

Quatre ou cinq douzaines de huskies avaient reniflé le camp de loin.

สุนัขฮัสกี้สี่ถึงห้าสิบตัวได้ดมกลิ่นค่ายมาจากระยะไกล

Ils s'étaient glissés discrètement pendant que les deux chiens se battaient à proximité.

พวกมันแอบเข้ามาอย่างเงียบๆ ในขณะที่สุนัขทั้งสองตัวกำลังต่อสู้

กันอยู่ใกล้ๆ

François et Perrault chargèrent en brandissant des massues sur les envahisseurs.

ฟรานซัวส์และเพอร์โรลต์โจมตีและฟาดไม้เข้าที่ผู้รุกราน

Les huskies affamés ont montré les dents et ont riposté avec frénésie.

ฮัสกี้ที่อดอยากโชว์เขี้ยวและต่อสู้กลับอย่างบ้าคลั่ง

L'odeur de la viande et du pain les avait chassés de toute peur.

กลิ่นของเนื้อและขนมปังทำให้พวกเขากลัวจนไม่กล้าแตะต้องอีก

ต่อไป

Perrault battait un chien qui avait enfoui sa tête dans la boîte à nourriture.

เพอร์โรลต์ตีสุนัขที่ฝังหัวไว้ในกล่องอาหาร

Le coup a été violent et la boîte s'est retournée, la nourriture s'est répandue.

แรงกระแทกรุนแรงมาก และกล่องก็พลิกคว่ำ อาหารก็หกออกมา

En quelques secondes, une vingtaine de bêtes sauvages déchirèrent le pain et la viande.

ภายในไม่กี่วินาที สัตว์ป่านับสิบตัวก็ฉีกขนมปังและเนื้อออกไป

Les gourdin masculins ont porté coup sur coup, mais aucun chien ne s'est détourné.

สโมสรชายต่างก็โจมตีกันไปมา แต่ไม่มีสุนัขตัวใดหันหนี

Ils hurlaient de douleur, mais se battaient jusqu'à ce qu'il ne reste plus de nourriture.

พวกมันร้องโหยหวนด้วยความเจ็บปวดแต่ก็ต่อสู้จนกระทั่งไม่มีอาหารเหลืออยู่

Pendant ce temps, les chiens de traîneau avaient sauté de leurs lits enneigés.

ในขณะเดียวกัน สุนัขลากเลื่อนก็กระโดดลงมาจากเตียงหิมะ

Ils ont été immédiatement attaqués par les huskies vicieux et affamés.

พวกมันถูกโจมตีโดยสุนัขฮัสกี้หิวโหยดุร้ายทันที

Buck n'avait jamais vu de créatures aussi sauvages et affamées auparavant.

บัคไม่เคยเห็นสัตว์ป่าและอดอาหารขนาดนี้มาก่อน

Leur peau pendait librement, cachant à peine leur squelette.

ผิวหนังของพวกเขาห้อยหลวมแทบไม่สามารถซ่อนโครงกระดูกได้เลย

Il y avait un feu dans leurs yeux, de faim et de folie

มีไฟในดวงตาของพวกเขาจากความหิวโหยและความบ้าคลั่ง

Il n'y avait aucun moyen de les arrêter, aucune résistance à leur ruée sauvage.

ไม่มีอะไรจะหยุดพวกมันได้ ไม่มีการต้านทานการบุกจู่โจมอันโหดร้ายของพวกมัน

Les chiens de traîneau furent repoussés, pressés contre la paroi de la falaise.

สุนัขลากเลื่อนถูกผลักกลับไป กดไว้ที่ผนังหน้าผา

Trois huskies ont attaqué Buck en même temps, déchirant sa chair.

สุนัขฮัสกี้สามตัวโจมตีบั๊กพร้อมๆ กันจนเนื้อของเขาฉีกขาด

Du sang coulait de sa tête et de ses épaules, là où il avait été coupé.

เลือดไหลออกมาจากศีรษะและไหล่ของเขาซึ่งเป็นบริเวณที่เขาถูก
ตัด

Le bruit remplissait le camp : grognements, cris et cris de douleur.

เสียงดังสนั่นไปทั่วค่าย มีทั้งเสียงคำราม เสียงร้องโหยหวน และ
เสียงร้องด้วยความเจ็บปวด

Billee pleurait fort, comme d'habitude, prise dans la mêlée et la panique.

บิลลี่ร้องไห้เสียงดังเหมือนเช่นเคย ท่ามกลางความสับสนวุ่นวาย
และความตื่นตระหนก

Dave et Solleks se tenaient côte à côte, saignant mais provocants.

เดฟและโซเลกส์ยืนเคียงข้างกันโดยมีเลือดไหลแต่ก็ท้าทาย

Joe s'est battu comme un démon, mordant tout ce qui s'approchait.

โจต่อสู้เหมือนปีศาจ กัดทุกสิ่งที่เข้ามาใกล้

Il a écrasé la jambe d'un husky d'un claquement brutal de ses mâchoires.

เขาขย้ำขาของสุนัขไซบีเรียนฮัสกี้ด้วยการกัดเพียงครั้งเดียวอย่าง
โหดร้าย

Pike a sauté sur le husky blessé et lui a brisé le cou instantanément.

ไพค์กระโจนใส่ฮัสกี้ที่บาดเจ็บจนคอหักทันที

Buck a attrapé un husky par la gorge et lui a déchiré la veine.

บัคจับคอสุนัขฮัสกี้แล้วฉีกเส้นเลือดออก

Le sang gicla et le goût chaud poussa Buck dans une frénésie.

เลือดพุ่งกระจาย และรสชาติที่อบอุ่นทำให้บัคเกิดความคลั่งไคล้

Il s'est jeté sur un autre agresseur sans hésitation.

เขาพุ่งเข้าหาผู้จู่โจมอีกคนโดยไม่ลังเล

Au même moment, des dents acérées s'enfoncèrent dans la gorge de Buck.

ขณะเดียวกัน ฟันอันแหลมคมก็จิกเข้าไปในลำคอของบัค

Spitz avait frappé de côté, attaquant sans avertissement.

สปิทซ์ได้โจมตีจากด้านข้างโดยไม่ได้เตือนล่วงหน้า

Perrault et François avaient vaincu les chiens en volant la nourriture.

เปอร์โรลต์และฟรานซัวส์ได้เอาชนะสุนัขที่ขโมยอาหารไปได้

Ils se sont alors précipités pour aider leurs chiens à repousser les attaquants.

ตอนนี้พวกเขารีบเข้าไปช่วยสุนัขของพวกเขาต่อสู้กับผู้โจมตี

Les chiens affamés se retirèrent tandis que les hommes brandissaient leurs gourdins.

สุนัขที่หิวโหยถอยหนีไป ขณะที่ผู้ชายกำลังฟาดไม้กระบองของ

ตน

Buck s'est libéré de l'attaque, mais l'évasion a été brève.

บั๊กสามารถหลบหนีจากการโจมตีได้ แต่ก็สามารถหลบหนีได้เพียง

ระยะสั้นๆ

Les hommes ont couru pour sauver leurs chiens, et les huskies ont de nouveau afflué.

คนเหล่านั้นวิ่งไปช่วยสุนัขของพวกเขา และสุนัขไซบีเรียนฮัสกี้ก็

กลับมารุมกันอีกครั้ง

Billee, effrayé et courageux, sauta dans la meute de chiens.

บิลลี่ตกใจจนต้องกล้าหาญและกระโดดขึ้นไปบนฝูงสุนัข

Mais il s'est alors enfui sur la glace, saisi de terreur et de panique.

แต่แล้วเขาก็วิ่งหนีข้ามน้ำแข็งด้วยความหวาดกลัวและตื่นตระหนก

Pike et Dub suivaient de près, courant pour sauver leur vie.

ไพค์และดับตามมาอย่างกระชั้นชิดและวิ่งหนีเพื่อเอาชีวิตรอด

Le reste de l'équipe s'est séparé et dispersé, les suivant.

ส่วนทีมที่เหลือก็แยกย้ายกันตามไป

Buck rassembla ses forces pour courir, mais vit alors un éclair.

บั๊กรวบรวมพลังเพื่อวิ่ง แต่แล้วก็เห็นแสงวาบ

Spitz s'est jeté sur le côté de Buck, essayant de le faire tomber au sol.

สปิทซ์พุ่งเข้าหาบัค พยายามจะผลักเขาลงพื้น

Sous cette foule de huskies, Buck n'aurait eu aucune échappatoire.

ภายใต้ฝูงฮัสกี้เหล่านั้น บัคคงไม่มีทางหนีรอดไปได้

Mais Buck est resté ferme et s'est préparé au coup de Spitz.

แต่บัคยืนหยัดมั่นคงและเตรียมรับมือกับการโจมตีจากสปิตซ์

Puis il s'est retourné et a couru sur la glace avec l'équipe en fuite.

จากนั้นเขาก็หันหลังแล้ววิ่งออกไปบนน้ำแข็งพร้อมกับทีมที่กำลังหลบหนี

Plus tard, les neuf chiens de traîneau se sont rassemblés à l'abri des bois.

ต่อมาสุนัขลากเลื่อนทั้งเก้าตัวก็มารวมตัวกันที่บริเวณพักพิงกลางป่า

Personne ne les poursuivait plus, mais ils étaient battus et blessés.

ไม่มีใครไล่ตามพวกเขาอีกต่อไป แต่พวกเขากลับถูกทุบตีและได้รับบาดเจ็บ

Chaque chien avait des blessures ; quatre ou cinq coupures profondes sur chaque corps.

สุนัขแต่ละตัวมีบาดแผล มีรอยแผลลึกประมาณสี่ถึงห้ารอยตามตัว

Dub avait une patte arrière blessée et avait du mal à marcher maintenant.

ดับได้รับบาดเจ็บที่ขาหลังและต้องดิ้นรนที่จะเดินตอนนี้

Dolly, le nouveau chien de Dyea, avait la gorge tranchée.

ดอลลี่ สุนัขตัวใหม่ที่สุดจากไดอา มีคอที่ถูกเฉือน

Joe avait perdu un œil et l'oreille de Billee était coupée en morceaux

โจสูญเสียตาข้างหนึ่ง และหูของบิลลี่ก็ถูกตัดเป็นชิ้นเล็กชิ้นน้อย

Tous les chiens ont crié de douleur et de défaite toute la nuit.

สุนัขทุกตัวร้องไห้ด้วยความเจ็บปวดและพ่ายแพ้ตลอดคืน

À l'aube, ils retournèrent au camp, endoloris et brisés.

เมื่อรุ่งสางพวกเขาก็ค่อยๆ คืบคลานกลับค่ายในสภาพเจ็บปวดและแตกหัก

Les huskies avaient disparu, mais le mal était fait.

พวกฮัสกี้หายไปแล้ว แต่ความเสียหายก็เกิดขึ้นแล้ว

Perrault et François étaient de mauvaise humeur à cause de la ruine.

เปอร์โรลต์และฟรานซัวส์ยืนด้วยอารมณ์หงุดหงิดใจเกี่ยวกับซากปรักหักพัง

La moitié de la nourriture avait disparu, volée par les voleurs affamés.

อาหารหายไปครึ่งหนึ่ง ถูกโจรผู้หิวโหยขโมยไป

Les huskies avaient déchiré les fixations et la toile du traîneau.

สุนัขฮัสกี้ฉีกเชือกที่ผูกรถเลื่อนและผ้าใบขาด

Tout ce qui avait une odeur de nourriture avait été complètement dévoré.

ทุกสิ่งทุกอย่างที่มีกลิ่นอาหารถูกกินจนหมดสิ้น

Ils ont mangé une paire de bottes de voyage en peau d'élan
de Perrault.

พวกเขาได้กินรองเท้าบูทเดินทางทำจากหนังมูสของ Perrault หนึ่ง
คู่

Ils ont mâché des reis en cuir et ruiné des sangles au point
de les rendre inutilisables.

พวกมันเคี้ยวหนังวัวและทำลายสายรัดจนไม่สามารถใช้งานได้อีก

François cessa de fixer le fouet déchiré pour vérifier les
chiens.

ฟรานซัวส์หยุดจ้องเชือกที่ขาดเพื่อตรวจสอบสุนัข

« Ah, mes amis », dit-il d'une voix basse et pleine
d'inquiétude.

"โอ้ เพื่อนของฉัน" เขากล่าวด้วยน้ำเสียงต่ำและเต็มไปด้วยความ
กังวล

« Peut-être que toutes ces morsures vous transformeront en
bêtes folles. »

"บางทีการกัดเหล่านี้อาจทำให้คุณกลายเป็นสัตว์บ้าได้"

« Peut-être que ce sont tous des chiens enragés, sacredam !
Qu'en penses-tu, Perrault ? »

"บางทีพวกหมาบ้าทั้งหลายก็อาจจะบ้าเหมือนกันนะ นักบุญ! คุณ
คิดยังไงบ้าง เพอร์โรลต์?"

Perrault secoua la tête, les yeux sombres d'inquiétude et de
peur.

เพอร์โรลต์ส่ายหัว ดวงตามืดมนไปด้วยความกังวลและความกลัว

Il y avait encore quatre cents milles entre eux et Dawson.

ระหว่างพวกเขากับดอว์สันยังมีระยะทางอีกสี่ร้อยไมล์

La folie canine pourrait désormais détruire toute chance de
survie.

ความบ้าคลั่งของสุนัขในตอนนี้อาจทำลายโอกาสในการมีชีวิตรอด
ได้

Ils ont passé deux heures à jurer et à essayer de réparer le matériel.

พวกเขาใช้เวลาสองชั่วโมงในการด่าทอและพยายามซ่อมเกียร์

L'équipe blessée a finalement quitté le camp, brisée et vaincue.

ทีมที่ได้รับบาดเจ็บในที่สุดก็ออกจากค่ายด้วยความพ่ายแพ้และ

แตกสลาย

C'était le sentier le plus difficile jusqu'à présent, et chaque pas était douloureux.

นี่เป็นเส้นทางที่ยากที่สุด และแต่ละก้าวก็เจ็บปวดมาก

La rivière Thirty Mile n'était pas gelée et coulait à flots.

แม่น้ำเธิร์ตี้ไมล์ยังไม่แข็งตัว แต่ไหลเชี่ยวอย่างรุนแรง

Ce n'est que dans les endroits calmes et les tourbillons que la glace parvenait à tenir.

มีเพียงจุดสงบและกระแสน้ำวนเท่านั้นที่น้ำแข็งสามารถจับตัวได้

Six jours de dur labeur se sont écoulés jusqu'à ce que les trente milles soient parcourus.

หกวันแห่งความยากลำบากผ่านไปจนกระทั่งเดินทางได้สามสิบ

ไมล์

Chaque kilomètre parcouru sur le sentier apportait du danger et une menace de mort.

ทุกๆ ไมล์ของเส้นทางเต็มไปด้วยอันตรายและภัยคุกคามแห่งความ

ตาย

Les hommes et les chiens risquaient leur vie à chaque pas douloureux.

คนและสุนัขเสี่ยงชีวิตในทุกย่างก้าวอันเจ็บปวด

Perrault a franchi des ponts de glace minces à une douzaine de reprises.

เปอร์โรลต์ทะลุสะพานน้ำแข็งบางๆ มาแล้วนับสิบครั้ง

Il portait une perche et la laissait tomber sur le trou que son corps avait fait.

เขาถือเสาแล้วปล่อยให้มันตกไปตามรูที่ร่างกายของเขาเจาะไว้

Plus d'une fois, ce poteau a sauvé Perrault de la noyade.

เสาไม้ต้นนั้นสามารถช่วยชีวิตเปอร์โรลต์จากการจมน้ำได้มากกว่าหนึ่งครั้ง

La vague de froid persistait, l'air était à cinquante degrés en dessous de zéro.

คลื่นความหนาวเย็นยังคงรุนแรง อุณหภูมิอยู่ที่ 50 องศาต่ำกว่าศูนย์

Chaque fois qu'il tombait, Perrault devait allumer un feu pour survivre.

ทุกครั้งที่เขาล้มลง เพอร์โรลต์จะต้องจุดไฟเพื่อเอาชีวิตรอด

Les vêtements mouillés gelaient rapidement, alors il les séchait près d'une source de chaleur intense.

เสื้อผ้าเปียกจะแข็งตัวเร็วมาก ดังนั้นเขาจึงต้องทำให้แห้งโดยแทบไม่ต้องตากแดด

Aucune peur n'a jamais touché Perrault, et cela a fait de lui un courrier.

เปอร์โรลต์ไม่เคยเผชิญกับความกลัวใดๆ และนั่นทำให้เขากลายเป็นผู้ส่งสาร

Il a été choisi pour le danger, et il l'a affronté avec une résolution tranquille.

เขาถูกเลือกเพราะความอันตราย และเขารับมือกับมันอย่างมั่นคงและแน่วแน่

Il s'avança face au vent, son visage ratatiné et gelé.

เขาก้าวไปข้างหน้าฝ่าลม ใบหน้าเหี่ยวเฉาของเขาถูกน้ำแข็งกัดกิน

De l'aube naissante à la tombée de la nuit, Perrault les mena en avant.

ตั้งแต่รุ่งสางจนค่ำ เพอร์โรลต์นำพวกเขาเดินหน้าต่อไป

Il marchait sur une étroite bordure de glace qui se fissurait à chaque pas.

เขาเดินบนขอบน้ำแข็งแคบๆ ที่แตกร้าวทุกครั้งที่ก้าวเดิน

Ils n'osaient pas s'arrêter : chaque pause risquait de provoquer un effondrement mortel.

พวกเขาไม่กล้าหยุดเลย—การหยุดแต่ละครั้งเสี่ยงต่อการพังทลายอันร้ายแรง

Un jour, le traîneau s'est brisé, entraînant Dave et Buck à l'intérieur.

ครั้งหนึ่งรถเลื่อนทะลุออกมาและดึงเดฟและบัคเข้ามา

Au moment où ils ont été libérés, tous deux étaient presque gelés.

ตอนที่พวกเขาถูกดึงออกไป ทั้งสองแทบจะแข็งเป็นน้ำแข็งแล้ว

Les hommes ont rapidement allumé un feu pour garder Buck et Dave en vie.

คนเหล่านั้นก่อไฟอย่างรวดเร็วเพื่อให้บัคและเดฟมีชีวิตอยู่

Les chiens étaient recouverts de glace du nez à la queue, raides comme du bois sculpté.

สุนัขมีร่างกายปกคลุมไปด้วยน้ำแข็งตั้งแต่จมูกจรดหาง แข็งราวกับไม้แกะสลัก

Les hommes les faisaient courir en rond près du feu pour décongeler leurs corps.

พวกผู้ชายวิ่งเป็นวงกลมใกล้กองไฟเพื่อละลายร่างกายของพวกเขา

Ils se sont approchés si près des flammes que leur fourrure a été brûlée.

พวกมันเข้ามาใกล้เปลวไฟมากจนขนของพวกมันไหม้เกรียม

Spitz a ensuite brisé la glace, entraînant l'équipe derrière lui.

จากนั้น สปิทซ์ก็ทะลุน้ำแข็งไปและลากทีมที่อยู่ข้างหลังเขาเข้ามา

La cassure s'est étendue jusqu'à l'endroit où Buck tirait.

การแตกหักนั้นเกิดขึ้นถึงบริเวณที่บัคกำลังดึงอยู่

Buck se pencha en arrière, ses pattes glissant et tremblant sur le bord.

บัคเอนตัวไปด้านหลังอย่างแรง อุ้งเท้าลื่นและสั่นอยู่บนขอบ

Dave a également tendu vers l'arrière, juste derrière Buck sur la ligne.

เดฟยังฝืนถอยหลังไปเล็กน้อย ขณะอยู่หลังบัคบนเส้น

François tirait sur le traîneau, ses muscles craquant sous l'effort.

ฟรานซัวส์ลากเลื่อนโดยที่กล้ามเนื้อของเขาตึงเพราะออกแรงมาก

Une autre fois, la glace du bord s'est fissurée devant et derrière le traîneau.

ครั้งหนึ่งขอบน้ำแข็งแตกร้าวทั้งก่อนและหลังรถเลื่อน

Ils n'avaient d'autre issue que d'escalader une paroi rocheuse gelée.

พวกเขาไม่มีทางออกใด ๆ ยกเว้นต้องปีนหน้าผาที่เป็นน้ำแข็ง

Perrault a réussi à escalader le mur, mais un miracle l'a maintenu en vie.

เปอร์โรลต์สามารถปีนกำแพงขึ้นไปได้อย่างไม่น่าเชื่อ แต่ปาฏิหาริย์ทำให้เขารอดชีวิตมาได้

François resta en bas, priant pour avoir le même genre de chance.

ฟรานซัวส์อยู่ข้างล่างเพื่ออธิษฐานให้โชคดีเช่นเดียวกัน

Ils ont attaché chaque sangle, chaque amarrage et chaque traçage en une seule longue corde.

พวกเขาผูกสายรัด เชือกผูก และเชือกตามยาวเข้าด้วยกันเป็นเชือกเส้นเดียว

Les hommes ont hissé chaque chien, un par un, jusqu'au sommet.

คนเหล่านั้นลากสุนัขแต่ละตัวขึ้นไปด้านบนทีละตัว

François est monté en dernier, après le traîneau et toute la charge.

ฟรานซัวส์เป็นคนปีนขึ้นเป็นคนสุดท้าย รองจากเลื่อนและ
สัมภาระทั้งหมด

Commença alors une longue recherche d'un chemin pour descendre des falaises.

จากนั้นจึงเริ่มการค้นหาทางลงจากหน้าผาอันยาวนาน

Ils sont finalement descendus en utilisant la même corde qu'ils avaient fabriquée.

ในที่สุดพวกเขาก็ลงมาโดยใช้เชือกเส้นเดียวกับที่พวกเขาทำไว้

La nuit tombait alors qu'ils retournaient au lit de la rivière, épuisés et endoloris.

เมื่อถึงเวลากลางคืน พวกเขาก็กลับมาที่แม่น้ำด้วยความเหนื่อยล้า
และเจ็บปวด

La journée entière ne leur avait permis de gagner qu'un quart de mile.

พวกเขาใช้เวลาทั้งวันเพื่อเดินทางเพียงแค่หนึ่งในสี่ไมล์

Au moment où ils atteignirent le Hootalinqua, Buck était épuisé.

ตอนที่พวกเขาไปถึงฮูทาลินควา บัคก็เหนื่อยล้าแล้ว

Les autres chiens ont tout autant souffert des conditions du sentier.

สุนัขตัวอื่นๆ ก็ได้รับความทุกข์ทรมานจากสภาพเส้นทางเช่นกัน

Mais Perrault avait besoin de récupérer du temps et les poussait chaque jour.

แต่เปอร์โรลต์จำเป็นต้องคืนเวลาและผลักดันพวกเขาต่อไปในแต่
ละวัน

Le premier jour, ils ont parcouru trente miles jusqu'à Big Salmon.

วันที่แรกพวกเขาเดินทางสามสิบไมล์ไปยังบิ๊กแซลมอน

Le lendemain, ils parcoururent trente-cinq milles jusqu'à Little Salmon.

วันรุ่งขึ้น พวกเขาเดินทางได้ประมาณ 35 ไมล์จนถึงลิตเติล

แซลมอน

Le troisième jour, ils ont parcouru quarante longs kilomètres gelés.

ในวันที่สาม พวกเขาต้องเดินทางผ่านเส้นทางอันหนาวเหน็บ

ยาวนานถึงสี่สิบไมล์

À ce moment-là, ils approchaient de la colonie de Five Fingers.

ในเวลานั้น พวกเขาใกล้จะถึงถิ่นฐานของ Five Fingers แล้ว

Les pieds de Buck étaient plus doux que les pieds durs des huskies indigènes.

เท้าของบัคมีความนุ่มนวลกว่าเท้าที่แข็งของสุนัขฮัสกี้พื้นเมือง

Ses pattes étaient devenues plus fragiles au fil des générations civilisées.

อุ้งเท้าของเขามีความอ่อนนุ่มมาหลายชั่วรุ่นแล้ว

Il y a longtemps, ses ancêtres avaient été apprivoisés par des hommes de la rivière ou des chasseurs.

เมื่อนานมาแล้ว บรรพบุรุษของเขาถูกฝึกให้เชื่อง โดยชาวแม่น้ำ

หรือพรานล่าสัตว์

Chaque jour, Buck boitait de douleur, marchant sur des pattes à vif et douloureuses.

ทุกวันบัคจะต้องเดินกะเผลกเพราะความเจ็บปวด อุ้งเท้าเจ็บและ

ปวด

Au camp, Buck tomba comme une forme sans vie sur la neige.

เมื่อถึงค่าย บัคก็ล้มลงเหมือนร่างไร้ชีวิตบนหิมะ

Bien qu'affamé, Buck ne s'est pas levé pour manger son repas du soir.

แม้ว่าจะหิวโหย บัคก็ไม่ยอมลุกขึ้นมาทานมื้อเย็น

François apporta sa ration à Buck, en déposant du poisson près de son museau.

ฟรานซัวส์นำอาหารมาให้บัคโดยวางปลาไว้ตรงปากกระบอกปืน

Chaque nuit, le chauffeur frottait les pieds de Buck pendant une demi-heure.

ทุกคืนคนขับจะนวดเท้าบัคเป็นเวลาครึ่งชั่วโมง

François a même découpé ses propres mocassins pour en faire des chaussures pour chiens.

ฟรานซัวส์ยังตัดรองเท้าโมคาซินของตัวเองเพื่อทำเป็นรองเท้าสุนัขอีกด้วย

Quatre chaussures chaudes ont apporté à Buck un grand et bienvenu soulagement.

รองเท้าที่อบอุ่นสี่คู่ทำให้บัครู้สึกโล่งใจอย่างมาก

Un matin, François oublia ses chaussures et Buck refusa de se lever.

เช้าวันหนึ่ง ฟรานซัวส์ลืมรองเท้ามา และบัคก็ไม่ยอมลุกขึ้น

Buck était allongé sur le dos, les pieds en l'air, les agitant pitoyablement.

บัคนอนหงายโดยยกเท้าขึ้นและโบกมืออย่างน่าสงสาร

Même Perrault sourit à la vue de l'appel dramatique de Buck.

แม้แต่เพอร์โรลต์ยังยิ้มเมื่อเห็นคำวิงวอนอันน่าตื่นเต้นของบัค

Bientôt, les pieds de Buck devinrent durs et les chaussures purent être jetées.

ในไม่ช้าเท้าของบัคก็แข็งขึ้น และรองเท้าก็ถูกทิ้งไปได้

À Pelly, pendant le temps du harnais, Dolly laissait échapper un hurlement épouvantable.

ระหว่างเวลาที่เพลลี่รัดคอ ดอลลี่ก็ส่งเสียงหอนอย่างน่ากลัว

Le cri était long et rempli de folie, secouant chaque chien.

เสียงร้องนั้นยาวและเต็มไปด้วยความบ้าคลั่ง ทำให้สุนัขทุกตัวสั่น

Chaque chien se hérissait de peur sans en connaître la raison.

สุนัขแต่ละตัวขนลุกซู่ด้วยความกลัวโดยไม่ทราบสาเหตุ

Dolly était devenue folle et s'était jetée directement sur Buck.

ดอลลี่คลั่งและพุ่งตัวเข้าหาบัคโดยตรง

Buck n'avait jamais vu la folie, mais l'horreur remplissait son cœur.

บัคไม่เคยเห็นความบ้าคลั่ง แต่ความสยองขวัญก็เข้าครอบงำหัวใจ

ของเขา

Sans réfléchir, il se retourna et s'enfuit, complètement paniqué.

โดยไม่คิดอะไร เขาหันหลังแล้ววิ่งหนีไปด้วยความตื่นตระหนก

อย่างยิ่ง

Dolly le poursuivit, les yeux fous, la salive s'échappant de ses mâchoires.

ดอลลี่ไล่ตามเขา ดวงตาของเธอดุร้าย น้ำลายไหลออกมาจากปาก

ของเธอ

Elle est restée juste derrière Buck, sans jamais gagner ni reculer.

เธอเดินตามหลังบัคมาตลอด ไม่เคยได้อะไรกลับมา และไม่เคย

ถอยกลับ

Buck courut à travers les bois, le long de l'île, sur de la glace déchiquetée.

บัควิ่งผ่านป่า ลงไปตามเกาะ และข้ามน้ำแข็งที่ขรุขระ

Il traversa vers une île, puis une autre, revenant vers la rivière.

เขาข้ามไปยังเกาะหนึ่งแล้วข้ามไปอีกเกาะหนึ่งแล้ววนกลับมาที่
แม่น้ำ

Dolly le poursuivait toujours, son grognement le suivant de près à chaque pas.

ดอลลี่ยังคงไล่ตามเขาโดยส่งเสียงคำรามตามติดทุกก้าวย่าง

Buck pouvait entendre son souffle et sa rage, même s'il n'osait pas regarder en arrière.

บัคได้ยินเสียงหายใจและความโกรธของเธอ แม้ว่าเขาจะไม่กล้า
มองกลับไปก็ตาม

François cria de loin, et Buck se tourna vers la voix.

ฟรานซัวส์ตะโกนมาจากที่ไกล และบัคก็หันไปทางเสียงนั้น

Encore à bout de souffle, Buck courut, plaçant tout espoir en François.

บัควิ่งผ่านไปโดยยังหายใจไม่ออก โดยฝากความหวังไว้ที่ฟราน
ซัวส์

Le conducteur du chien leva une hache et attendit que Buck passe à toute vitesse.

คนขับสุนัขยกขวานขึ้นและรอขณะที่บั๊กบินผ่านไป

La hache s'abattit rapidement et frappa la tête de Dolly avec une force mortelle.

ขวานลงมาอย่างรวดเร็วและฟาดศีรษะของดอลลี่ด้วยพลังอัน
ร้ายแรง

Buck s'est effondré près du traîneau, essoufflé et incapable de bouger.

บัคล้มลงใกล้กับรถเลื่อน หายใจมีเสียงหวีดและไม่สามารถขยับตัว
ได้

Ce moment a donné à Spitz l'occasion de frapper un ennemi
épuisé.

ช่วงเวลานั้นทำให้ Spitz มีโอกาสที่จะโจมตีศัตรูที่เหนื่อยล้า

Il a mordu Buck à deux reprises, déchirant la chair jusqu'à
l'os blanc.

เขาได้กัดบั๊กสองครั้ง จนเนื้อถูกฉีกออกถึงกระดูกสีขาว

Le fouet de François claqua, frappant Spitz avec toute sa
force et sa fureur.

แส้ของฟรานซัวส์ฟาดอย่างดังและโจมตีสปิทซ์อย่างรุนแรง

Buck regarda avec joie Spitz recevoir sa raclée la plus dure
jusqu'à présent.

บัคเฝ้าดูด้วยความดีใจขณะที่สปิทซ์โดนตีอย่างรุนแรงที่สุดเท่าที่

เคยมีมา

« C'est un diable, ce Spitz », murmura sombrement Perrault
pour lui-même.

"เขาเป็นปีศาจนะ สปิทซ์" เพอร์โรลต์พึมพำกับตัวเองอย่าง

หม่นหมอง

« Un jour prochain, ce maudit chien tuera Buck, je le jure. »

"สักวันหนึ่งในไม่ช้านี้ สุนัขคำสาปตัวนั้นจะฆ่าบัค ฉันสาบาน"

« Ce Buck a deux démons en lui », répondit François en
hochant la tête.

"บัคนั้นมีปีศาจสองตัวอยู่ในตัว" ฟรานซัวส์ตอบด้วยการพยักหน้า

« Quand je regarde Buck, je sais que quelque chose de féroce
l'attend. »

เมื่อผมดูบัค ผมรู้ว่ามีบางอย่างที่ดุร้ายรออยู่ในตัวเขา

« Un jour, il deviendra fou comme le feu et mettra Spitz en
pièces. »

“สักวันหนึ่ง เขาจะโกรธจัดเหมือนไฟและฉีกสปิทซ์เป็นชิ้นเล็กชิ้นน้อย”

« Il va mâcher ce chien et le recracher sur la neige gelée. »

“เขาจะเคี้ยวสุนัขตัวนั้นแล้วถุยมันลงบนหิมะที่แข็งตัว”

« Bien sûr que non, je le sais au plus profond de moi. »

“แน่นอนว่าฉันรู้เรื่องนี้ลึกๆ อยู่ในกระดูกของฉัน”

À partir de ce moment-là, les deux chiens étaient engagés dans une guerre.

ตั้งแต่นั้นเป็นต้นมาสุนัขทั้งสองก็กลายเป็นคู่ต่อสู้กัน

Spitz a dirigé l'équipe et a conservé le pouvoir, mais Buck a contesté cela.

สปิทซ์เป็นผู้นำทีมและรักษาอำนาจไว้ได้ แต่บัคท้าทายในเรื่องนั้น

Spitz a vu son rang menacé par cet étrange étranger du Sud.

สปิทซ์เห็นว่าตำแหน่งของเขาถูกคุกคามโดยชายแปลกหน้าจากดินแดนใต้ผู้นี้

Buck ne ressemblait à aucun autre chien du sud que Spitz avait connu auparavant.

บัคเป็นสุนัขพันธุ์ทางใต้ที่สปิตซ์เคยรู้จักมาก่อน

La plupart d’entre eux ont échoué, trop faibles pour survivre au froid et à la faim.

พวกเขาส่วนใหญ่ล้มเหลว อ่อนแอเกินกว่าจะทนอยู่ท่ามกลางความหนาวและความหิวโหยได้

Ils sont morts rapidement à cause du travail, du gel et de la lenteur de la famine.

พวกเขาตายอย่างรวดเร็วภายใต้แรงงาน ความเย็นยะเยือก และความอดอยากที่ค่อยๆ ทวีความรุนแรงขึ้น

Buck se démarquait : plus fort, plus intelligent et plus sauvage chaque jour.

บัคโดดเด่นกว่าคนอื่น แข็งแกร่งกว่า ฉลาดกว่า และดุร้ายกว่าทุกวัน

Il a prospéré dans les difficultés, grandissant jusqu'à égaler les huskies du Nord.

เขาเจริญเติบโตท่ามกลางความยากลำบาก และเติบโตจนทัดเทียมกับสุนัขพันธุ์ฮัสกี้ทางเหนือ

Buck avait de la force, une habileté sauvage et un instinct patient et mortel.

บัคมีพละกำลัง ทักษะอันดุเดือด และสัญชาตญาณอันอดทนและอันตราย

L'homme avec la massue avait fait perdre à Buck toute témérité.

ชายที่ถือไม้กระบองได้ทุบตีความความหุนหันพลันแล่นของบั๊ก

La fureur aveugle avait disparu, remplacée par une ruse silencieuse et un contrôle.

ความโกรธอย่างโง่เขลาได้หายไป ถูกแทนที่ด้วยความฉลาดแกมโกงและการควบคุมอันเงียบสงบ

Il attendait, calme et primitif, guettant le bon moment.

เขาคอยอย่างสงบและดั้งเดิมเพื่อเฝ้าสังเกตหาจังหวะที่เหมาะสม

Leur lutte pour le commandement est devenue inévitable et claire.

การต่อสู้เพื่อแย่งชิงคำสั่งของพวกเขากลายเป็นสิ่งที่หลีกเลี่ยงไม่ได้และชัดเจน

Buck désirait être un leader parce que son esprit l'exigeait.

บัคต้องการความเป็นผู้นำเพราะจิตวิญญาณของเขาต้องการมัน

Il était poussé par l'étrange fierté née du sentier et du harnais.

เขาถูกขับเคลื่อนโดยความภาคภูมิใจที่แปลกประหลาดซึ่งเกิดจาก
การเดินบนเส้นทางและบังเหียน

Cette fierté a poussé les chiens à tirer jusqu'à ce qu'ils
s'effondrent sur la neige.

ความภาคภูมิใจนั้นทำให้สุนัขดึงจนล้มลงบนหิมะ

L'orgueil les a poussés à donner toute la force qu'ils avaient.

ความภาคภูมิใจล่อลวงพวกเขาให้ยอมทุ่มกำลังทั้งหมดที่พวกเขามี

L'orgueil peut attirer un chien de traîneau jusqu'à la mort.

ความภาคภูมิใจสามารถล่อลวงสุนัขลากเลื่อนได้แม้กระทั่งเมื่อใกล้

จะตาย

La perte du harnais a laissé les chiens brisés et sans but.

การทำสายรัดหายทำให้สุนัขหักและไม่มีจุดหมาย

Le cœur d'un chien de traîneau peut être brisé par la honte
lorsqu'il prend sa retraite.

หัวใจของสุนัขลากเลื่อนอาจจะถูกทำลายด้วยความอับอายเมื่อมัน

เกษียณ

Dave vivait avec cette fierté alors qu'il tirait le traîneau par
derrière.

เดฟใช้ชีวิตด้วยความภาคภูมิใจในขณะที่เขาลากเลื่อนจากด้านหลัง

Solleks, lui aussi, a tout donné avec une force et une loyauté
redoutables.

โซลเลกส์เองก็ทุ่มเทอย่างเต็มที่ด้วยความแข็งแกร่งและความภักดี

Chaque matin, l'orgueil les faisait passer de l'amertume à la
détermination.

ในแต่ละเช้า ความภูมิใจเปลี่ยนจากความขมขื่นให้กลายเป็นความ

มุ่งมั่น

Ils ont poussé toute la journée, puis sont restés silencieux à
la fin du camp.

พวกเขาผลักดันกันตลอดทั้งวัน จากนั้นก็เงียบหายไปที่ปลายค่าย

Cette fierté a donné à Spitz la force de battre les tire-au-flanc.

ความภาคภูมิใจนั้นทำให้ Spitz มีความแข็งแกร่งในการเอาชนะผู้หลบเลี่ยงให้เข้าแถว

Spitz craignait Buck parce que Buck portait cette même fierté profonde.

สปิทซ์กลัวบัค เนื่องจากบัคก็มีความภาคภูมิใจอย่างลึกซึ้งเช่นเดียวกัน

L'orgueil de Buck s'est alors retourné contre Spitz, et il ne s'est pas arrêté.

ตอนนี้ความภูมิใจของบัคเริ่มต่อต้านสปิทซ์ และเขาก็ไม่ได้หยุด

Buck a défié le pouvoir de Spitz et l'a empêché de punir les chiens.

บัคขัดขืนพลังของสปิทซ์และขัดขวางไม่ให้เขาลงโทษสุนัข

Lorsque les autres échouaient, Buck s'interposait entre eux et leur chef.

เมื่อคนอื่นๆ ล้มเหลว บัคก็เข้ามาขวางระหว่างพวกเขากับผู้นำของพวกเขา

Il l'a fait intentionnellement, en rendant son défi ouvert et clair.

เขาทำสิ่งนี้ด้วยเจตนาเพื่อท้าทายอย่างเปิดเผยและชัดเจน

Une nuit, une forte neige a recouvert le monde d'un profond silence.

คืนหนึ่ง หิมะที่ตกหนักปกคลุมโลกด้วยความเงียบสงบ

Le lendemain matin, Pike, paresseux comme toujours, ne se leva pas pour aller travailler.

เช้าวันรุ่งขึ้น ไพค์ยังคงขี้เกียจเช่นเคย และ ไม่ลุกขึ้นไปทำงาน

Il est resté caché dans son nid sous une épaisse couche de neige.

เขาซ่อนตัวอยู่ในรังของเขาใต้ชั้นหิมะหนาทึบ

François a appelé et cherché, mais n'a pas pu trouver le chien.

ฟรานซัวส์ตะโกนออกไปและค้นหาแต่ไม่พบสุนัข

Spitz devint furieux et se précipita à travers le camp couvert de neige.

สปิทซ์โกรธมากและบุกฝ่าค่ายที่ปกคลุมไปด้วยหิมะ

Il grogna et renifla, creusant frénétiquement avec des yeux flamboyants.

เขาขู่และดมกลิ่นอย่างบ้าคลั่งด้วยดวงตาที่ลุกโชน

Sa rage était si féroce que Pike tremblait sous la neige de peur.

ความโกรธของเขารุนแรงมากจนทำให้ไพค์สั่นเทาด้วยความกลัว

Lorsque Pike fut finalement retrouvé, Spitz se précipita pour punir le chien qui se cachait.

เมื่อพบไพค์ในที่สุด สปิทซ์ก็พุ่งเข้าลงโทษสุนัขที่ซ่อนอยู่

Mais Buck s'est précipité entre eux avec une fureur égale à celle de Spitz.

แต่บัคก็กระโจนเข้ามาระหว่างพวกเขาด้วยความโกรธไม่แพ้สปิตซ์เลย

L'attaque fut si soudaine et intelligente que Spitz tomba.

การโจมตีนั้นกะทันหันและชาญฉลาดมากจนสปิทซ์ล้มลง

Pike, qui tremblait, puisa du courage dans ce défi.

ไพค์ที่กำลังสั่นอยู่รู้สึกมีกำลังใจจากการท้าทายครั้งนี้

Il sauta sur le Spitz tombé, suivant l'exemple audacieux de Buck.

เขากระโจนใส่สุนัขพันธุ์สปิทซ์ที่ล้มลง โดยทำตามตัวอย่างอันกล้าหาญของบัค

Buck, n'étant plus tenu par l'équité, a rejoint la grève contre Spitz.

บัคซึ่งไม่ผูกพันด้วยความยุติธรรมอีกต่อไป จึงเข้าร่วมการประท้วงสปิตซ์

François, amusé mais ferme dans sa discipline, balançait son lourd fouet.

ฟรานซัวส์รู้สึกขบขันแต่ก็มั่นคงในระเบียบวินัย และฟาดแส้อันหนักหน่วงของเขา

Il frappa Buck de toutes ses forces pour mettre fin au combat.

เขาโจมตีบัคด้วยพละกำลังทั้งหมดของเขาเพื่อยุติการต่อสู้

Buck a refusé de bouger et est resté au sommet du chef tombé.

บั๊กปฏิเสธที่จะเคลื่อนไหวและอยู่เหนือผู้นำที่ล้มลง

François a ensuite utilisé le manche du fouet, frappant Buck durement.

จากนั้นฟรานซัวส์ก็ใช้ด้ามแส้ตีบั๊กอย่างแรง

Titubant sous le coup, Buck recula sous l'assaut.

บัคเซไปเซมาหลังจากโดนโจมตี และล้มลงอีกครั้ง

François frappait encore et encore tandis que Spitz punissait Pike.

ฟรานซัวส์โจมตีซ้ำแล้วซ้ำเล่าในขณะที่สปิทซ์ลงโทษไพค์

Les jours passèrent et Dawson City se rapprocha de plus en plus.

วันเวลาผ่านไป และเมือง Dawson City ก็ใกล้เข้ามาเรื่อยๆ

Buck n'arrêtait pas d'intervenir, se glissant entre le Spitz et les autres chiens.

บัคคอยเข้าไปแทรกแซง โดยลอดระหว่างสปิทซ์กับสุนัขตัวอื่นๆ

Il choisissait bien ses moments, attendant toujours que François parte.

เขาเลือกช่วงเวลาได้ดีมาก โดยคอยรอให้ฟรานซัวส์จากไปเสมอ

La rébellion silencieuse de Buck s'est propagée et le désordre a pris racine dans l'équipe.

การกบฏอันเงียบงันของบัคแพร่กระจาย และความวุ่นวายก็หยั่งรากลึกในทีม

Dave et Solleks sont restés fidèles, mais d'autres sont devenus indisciplinés.

เดฟและโซเลกส์ยังคงภักดี แต่บางคนกลับดื้อรั้น

L'équipe est devenue de plus en plus agitée, querelleuse et hors de propos.

ทีมแย่ลงเรื่อยๆ ไม่สงบ ทะเลาะเบาะแว้ง และไร้ระเบียบ

Plus rien ne fonctionnait correctement et les bagarres devenaient courantes.

ไม่มีอะไรทำงานราบรื่นอีกต่อไป และการต่อสู้ก็กลายเป็นเรื่องปกติ

Buck est resté au cœur des troubles, provoquant toujours des troubles.

บัคอยู่ที่ใจกลางปัญหาและคอยกระตุ้นให้เกิดความไม่สงบอยู่เสมอ

François restait vigilant, effrayé par le combat entre Buck et Spitz.

ฟรานซัวส์ยังคงระมัดระวัง เพราะกลัวการต่อสู้ระหว่างบั๊กกับสปิทซ์

Chaque nuit, des bagarres le réveillaient, craignant que le commencement n'arrive enfin.

ในแต่ละคืน การทะเลาะวิวาทจะปลุกเขาให้ตื่น เพราะกลัวว่าจุดเริ่มต้นจะมาถึงในที่สุด

Il sauta de sa robe, prêt à mettre fin au combat.

เขาถอดเสื้อคลุมออกพร้อมที่จะหยุดการต่อสู้

Mais le moment n'arriva jamais et ils atteignirent finalement Dawson.

แต่เวลานั้นไม่เคยมาถึง และพวกเขาก็ไปถึงเมืองดอว์สันในที่สุด

L'équipe est entrée dans la ville un après-midi sombre, tendu et calme.

ทีมมาถึงเมืองในบ่ายวันหนึ่งอันมืดหม่น เงียบสงบ และตึงเครียด

La grande bataille pour le leadership était encore en suspens dans l'air glacial.

การต่อสู้อันยิ่งใหญ่เพื่อชิงความเป็นผู้นำยังคงแขวนลอยอยู่ใน

อากาศอันหนาวเหน็บ

Dawson était rempli d'hommes et de chiens de traîneau, tous occupés à travailler.

Dawson เต็มไปด้วยคนและสุนัขลากเลื่อน ซึ่งทุกคนต่างก็ยุ่งกับ

งาน

Buck regardait les chiens tirer des charges du matin au soir.

บัคเฝ้าดูสุนัขลากของจากเช้าจรดค่ำ

Ils transportaient des bûches et du bois de chauffage et acheminaient des fournitures vers les mines.

พวกเขาลากท่อนไม้และไม้ฟืน และขนเสบียงไปที่เหมืองแร่

Là où les chevaux travaillaient autrefois dans le Southland, les chiens travaillent désormais.

ในบริเวณตอนใต้ของทวีปอเมริกา เคยมีม้าทำงาน แต่ปัจจุบัน

สุนัขกลับทำงานหนัก

Buck a vu quelques chiens du Sud, mais la plupart étaient des huskies ressemblant à des loups.

บั๊กเห็นสุนัขบางตัวจากทางใต้ แต่ส่วนใหญ่เป็นสุนัขพันธุ์ฮัสกี้ที่มี

ลักษณะคล้ายหมาป่า

La nuit, comme une horloge, les chiens élevaient la voix pour chanter.

ในเวลากลางคืน สุนัขก็จะส่งเสียงร้องตามอย่างไม่หยุดหย่อน

À neuf heures, à minuit et à nouveau à trois heures, les chants ont commencé.

เวลาเก้าโมง เวลาเที่ยงคืน และเวลาสามโมงอีกครั้ง การร้องเพลงก็เริ่มขึ้น

Buck aimait se joindre à leur chant étrange, au son sauvage et ancien.

บั๊กชอบร่วมร้องเพลงสวดอันน่าขนลุกของพวกเขา ซึ่งมีเสียงที่ดุร้ายและเก่าแก่

Les aurores boréales flamboyaient, les étoiles dansaient et la neige recouvrait le pays.

แสงเหนือเปล่งประกาย ดวงดาวเต้นรำ และหิมะปกคลุมไปทั่วแผ่นดิน

Le chant des chiens s'éleva comme un cri contre le silence et le froid glacial.

เสียงร้องของสุนัขดังขึ้นท่ามกลางความเงียบและความหนาวเหน็บ

Mais leur hurlement contenait de la tristesse, et non du défi, dans chaque longue note.

แต่เสียงคร่ำครวญของพวกเขาเต็มไปด้วยความเศร้าโศก ไม่ใช่การท้าทายในทุก ๆ โน้ตยาว ๆ

Chaque cri plaintif était plein de supplications, le fardeau de la vie elle-même.

เสียงคร่ำครวญแต่ละเสียงเต็มไปด้วยการวิงวอนซึ่งเป็นภาระของชีวิตเอง

Cette chanson était vieille, plus vieille que les villes et plus vieille que les incendies.

เพลงนั้นเก่ามาก—เก่ากว่าเมือง และเก่ากว่าไฟ

Cette chanson était encore plus ancienne que les voix des hommes.

เพลงนั้นเก่าแก่ยิ่งกว่าเสียงมนุษย์เสียอีก

C'était une chanson du monde des jeunes, quand toutes les chansons étaient tristes.

เป็นเพลงจากโลกวัยรุ่นที่เพลงทุกเพลงล้วนเศร้า

La chanson portait la tristesse d'innombrables générations de chiens.

บทเพลงนี้ถ่ายทอดความโศกเศร้าของสุนัขนับไม่ถ้วนรุ่น

Buck ressentait profondément la mélodie, gémissant de douleur enracinée dans les âges.

บัครู้สึกถึงทำนองเพลงได้อย่างลึกซึ้ง คร่ำครวญถึงความเจ็บปวดที่หยั่งรากลึกในยุคสมัยต่างๆ

Il sanglotait d'un chagrin aussi vieux que le sang sauvage dans ses veines.

เขาสะอื้นไห้ด้วยความเศร้าโศกเท่ากับเลือดป่าที่อยู่ในเส้นเลือดของเขา

Le froid, l'obscurité et le mystère ont touché l'âme de Buck.

ความหนาวเย็น ความมืด และความลึกลับ สัมผัสจิตวิญญาณของบัค

Cette chanson prouvait à quel point Buck était revenu à ses origines.

เพลงนั้นพิสูจน์ให้เห็นว่าบัคได้ย้อนกลับไปยังต้นกำเนิดของเขาไกลแค่ไหน

À travers la neige et les hurlements, il avait trouvé le début de sa propre vie.

ท่ามกลางหิมะและเสียงหอน เขาได้พบจุดเริ่มต้นของชีวิตของเขาเอง

Sept jours après leur arrivée à Dawson, ils repartent.

หลังจากมาถึงเมืองดอว์สันได้เจ็ดวัน พวกเขาก็ออกเดินทางอีกครั้ง

L'équipe est descendue de la caserne jusqu'au sentier du Yukon.

ทีมได้ออกเดินทางจากค่ายทหารมายังเส้นทางยูคอน

Ils ont commencé le voyage de retour vers Dyea et Salt Water.

พวกเขาเริ่มเดินทางกลับไปยัง Dyea และ Salt Water

Perrault portait des dépêches encore plus urgentes qu'auparavant.

เปอร์โรลต์ส่งข่าวสารที่มีความเร่งด่วนมากกว่าเดิม

Il était également saisi par la fierté du sentier et avait pour objectif d'établir un record.

เขายังรู้สึกภาคภูมิใจในเส้นทางและตั้งเป้าที่จะสร้างสถิติ

Cette fois, plusieurs avantages étaient du côté de Perrault.

ครั้งนี้ มีข้อได้เปรียบหลายประการอยู่ฝ่ายของเพอร์โรลต์

Les chiens s'étaient reposés pendant une semaine entière et avaient repris des forces.

สุนัขได้พักผ่อนมาหนึ่งสัปดาห์เต็ม และกลับมามีกำลังอีกครั้ง

Le sentier qu'ils avaient ouvert était maintenant damé par d'autres.

เส้นทางที่พวกเขาเดินก่อนหน้านี้ ตอนนี้ถูกคนอื่นเหยียบจนแน่น แล้ว

À certains endroits, la police avait stocké de la nourriture pour les chiens et les hommes.

ในสถานที่ต่างๆ ตำรวจได้เก็บอาหารไว้สำหรับทั้งสุนัขและผู้ชาย

Perrault voyageait léger, se déplaçait rapidement et n'avait pas grand-chose pour l'alourdir.

เพอร์โรลต์เดินทางเบาๆ และเคลื่อนที่เร็วโดยไม่มีอะไรถ่วง น้ำหนักเขาไว้

Ils ont atteint Sixty-Mile, une course de cinquante milles, dès la première nuit.

พวกเขาวิ่งถึงระยะทาง 60 ไมล์ในคืนแรก

Le deuxième jour, ils se sont précipités sur le Yukon en direction de Pelly.

ในวันที่สอง พวกเขารีบเร่งไปตามแม่น้ำยูคอนเข้าหาเพลลี

Mais ces beaux progrès ont été accompagnés de beaucoup de difficultés pour François.

แต่ความก้าวหน้าที่ดีเช่นนี้มาพร้อมกับแรงกดดันอย่างมาก

สำหรับฟรานซัวส์

La rébellion silencieuse de Buck avait brisé la discipline de l'équipe.

การกบฏอันเงียบงันของบัคทำให้วินัยของทีมพังทลาย

Ils ne se rassemblaient plus comme une seule bête dans les rênes.

พวกเขาไม่ดึงกันเข้าด้วยกันเหมือนสัตว์ตัวเดียวในบังเหียนอีก

ต่อไป

Buck avait conduit d'autres personnes à la défiance par son exemple audacieux.

บัคได้นำคนอื่นๆ ให้ท้าทายด้วยตัวอย่างที่กล้าหาญของเขา

L'ordre de Spitz n'a plus été accueilli avec crainte ou respect.

คำสั่งของสปิทซ์ไม่ได้รับการตอบรับด้วยความกลัวหรือความ

เคารพอีกต่อไป

Les autres ont perdu leur respect pour lui et ont osé résister à son règne.

คนอื่นๆ สูญเสียความเกรงขามต่อเขา และกล้าต่อต้านการปกครอง

ของเขา

Une nuit, Pike a volé la moitié d'un poisson et l'a mangé sous les yeux de Buck.

คืนหนึ่ง ไพค์ขโมยปลาไปครึ่งตัวแล้วกินใต้ตาของบัค

Une autre nuit, Dub et Joe se sont battus contre Spitz et sont restés impunis.

อีกคืนหนึ่ง ดับและโจสู้กับสปิทซ์และไม่ได้รับการลงโทษ

Même Billee gémissait moins doucement et montrait une nouvelle vivacité.

แม้แต่บิลลี่ก็ยังครางหวานน้อยลงและแสดงความเฉียบคมใหม่

Buck grognait sur Spitz à chaque fois qu'ils se croisaient.

บัคขู่สปิทซ์ทุกครั้งที่พวกเขาเดินผ่านกัน

L'attitude de Buck devint audacieuse et menaçante, presque comme celle d'un tyran.

ทัศนคติของบัคกลายเป็นกล้าหาญและคุกคาม เหมือนกับคนรังแกคนอื่น

Il marchait devant Spitz avec une démarche assurée, pleine de menace moqueuse.

เขาเดินไปมาต่อหน้าสปิทซ์ด้วยท่าทางทะนงตนและเต็มไปด้วยการเยาะเย้ยคุกคาม

Cet effondrement de l'ordre s'est également propagé parmi les chiens de traîneau.

การล่มสลายของระเบียบดังกล่าวยังแพร่กระจายไปสู่พวกสุนัขลากเลื่อนด้วย

Ils se battaient et se disputaient plus que jamais, remplissant le camp de bruit.

พวกเขาต่อสู้และโต้เถียงกันมากขึ้นกว่าเดิม จนทำให้ค่ายเต็มไปด้วยเสียงดัง

La vie au camp se transformait chaque nuit en un chaos sauvage et hurlant.

ชีวิตในค่ายกลายเป็นความโกลาหลวุ่นวายทุกคืน

Seuls Dave et Solleks sont restés stables et concentrés.

มีเพียงเดฟและโซเลกส์เท่านั้นที่ยังคงมั่นคงและมีสมาธิ

Mais même eux sont devenus colériques à cause des bagarres incessantes.

แต่ถึงกระนั้นพวกเขาก็ยังมีอารมณ์ฉุนเฉียวจากการทะเลาะวิวาท

อย่างต่อเนื่อง

François jurait dans des langues étranges et piétinait de frustration.

ฟรานซัวส์สาปแช่งด้วยภาษาแปลกๆ และกระทืบเท้าด้วยความ

หงุดหงิด

Il s'arrachait les cheveux et criait tandis que la neige volait sous ses pieds.

เขาฉีกผมของตัวเองและตะโกนขณะที่หิมะปลิวว่อนใต้เท้า

Son fouet claqua sur le groupe, mais parvint à peine à les maintenir en ligne.

แส้ของเขาฟาดข้ามฝูงศัตรูแต่แทบจะควบคุมพวกมันไว้ไม่ได้

Chaque fois qu'il tournait le dos, les combats reprenaient.

เมื่อใดก็ตามที่เขาหันหลังกลับ การต่อสู้ก็เกิดขึ้นอีกครั้ง

François a utilisé le fouet pour Spitz, tandis que Buck a dirigé les rebelles.

ฟรานซัวส์ใช้แส้กับสปิทซ์ ในขณะที่บัคเป็นผู้นำกลุ่มกบฏ

Chacun connaissait le rôle de l'autre, mais Buck évitait tout blâme.

แต่ละคนรู้บทบาทของอีกฝ่าย แต่บัคเลี่ยงที่จะตำหนิใคร

François n'a jamais surpris Buck en train de provoquer une bagarre ou de se dérober à son travail.

ฟรานซัวส์ไม่เคยจับได้ว่าบัคเริ่มการต่อสู้หรือหลบเลี่ยงงานของ

เขา

Buck travaillait dur sous le harnais – le travail lui faisait désormais vibrer l'esprit.

บั๊กทำงานหนักมากในการฝึกม้า—ความเหนื่อยเหนื่อยนี้ทำให้จิตวิญญาณของเขาตื่นเต้น

Mais il trouvait encore plus de joie à provoquer des bagarres et du chaos dans le camp.

แต่เขาพบความสุขมากกว่าในการยุยงปลุกปั่นและความวุ่นวายในค่าย

Un soir, à l'embouchure du Tahkeena, Dub fit sursauter un lapin.

เย็นวันหนึ่งที่ปากของ Tahkeena ดับทำให้กระต่ายตกใจ

Il a raté la prise et le lièvre d'Amérique s'est enfui.

เขาพลาดการจับและกระต่ายหิมะก็กระโจนหนีไป

En quelques secondes, toute l'équipe de traîneau s'est lancée à sa poursuite en poussant des cris sauvages.

ภายในไม่กี่วินาที ทีมลากเลื่อนทั้งทีมก็ไล่ตามด้วยเสียงร้องลั่น

À proximité, un camp de la police du Nord-Ouest abritait une cinquantaine de chiens huskys.

ใกล้ๆ กันมีค่ายตำรวจทางตะวันตกเฉียงเหนือที่เลี้ยงสุนัขพันธุ์ไซบีเรียนฮัสกี้ไว้ 50 ตัว

Ils se sont joints à la chasse, descendant ensemble la rivière gelée.

พวกเขาร่วมออกตามล่าและล่องลงมาในแม่น้ำที่เป็นน้ำแข็งด้วยกัน

Le lapin a quitté la rivière et s'est enfui dans le lit d'un ruisseau gelé.

กระต่ายเดินออกจากแม่น้ำแล้ววิ่งหนีขึ้นไปตามลำธารที่เป็นน้ำแข็ง

Le lapin sautait légèrement sur la neige tandis que les chiens peinaient à se frayer un chemin.

กระต่ายกระโดดเบา ๆ บนหิมะ ขณะที่สุนัขดิ้นรนฝ่าไป

Buck menait l'énorme meute de soixante chiens dans chaque virage sinueux.

บั๊กนำฝูงสุนัขจำนวนมากถึง 60 ตัวผ่านโค้งที่คดเคี้ยวแต่ละแห่ง

Il avança, bas et impatient, mais ne put gagner du terrain.

เขาก้าวไปข้างหน้าอย่างต่ำและกระตือรือร้นแต่ไม่สามารถได้พื้นที่คืนมา

Son corps brillait sous la lune pâle à chaque saut puissant.

ร่างของเขาเปล่งประกายภายใต้แสงจันทร์สีซีดจากการกระโดดอันทรงพลังในแต่ละครั้ง

Devant, le lapin se déplaçait comme un fantôme, silencieux et trop rapide pour être attrapé.

ข้างหน้ากระต่ายเคลื่อนไหวราวกับผี เงียบงัน และเร็วเกินกว่าจะจับได้

Tous ces vieux instincts – la faim, le frisson – envahirent Buck.

สัญชาตญาณเก่าๆ ทั้งหมด ทั้งความหิว ความตื่นเต้น พุ่งพล่านในตัวบัค

Les humains ressentent parfois cet instinct et sont poussés à chasser avec une arme à feu et des balles.

มนุษย์รู้สึกถึงสัญชาตญาณนี้บางครั้ง ซึ่งถูกผลักดันให้ล่าสัตว์ด้วยปืนและกระสุน

Mais Buck ressentait ce sentiment à un niveau plus profond et plus personnel.

แต่บัครู้สึกถึงความรู้สึกนี้ในระดับที่ลึกซึ้งและเป็นส่วนตัวมากขึ้น

Ils ne pouvaient pas ressentir la nature sauvage dans leur sang comme Buck pouvait la ressentir.

พวกเขาไม่รู้สึกถึงความป่าเถื่อนในเลือดของพวกเขาในแบบที่บัค
รู้สึกได้

Il chassait la viande vivante, prêt à tuer avec ses dents et à goûter le sang.

เขาไล่ตามเนื้อที่มีชีวิตพร้อมที่จะฆ่าด้วยฟันและลิ้มรสเลือด

Son corps se tendait de joie, voulant se baigner dans la vie rouge et chaude.

ร่างกายของเขาตึงเครียดด้วยความสุข อยากอาบน้ำในชีวิตสีแดง

อันอบอุ่น

Une joie étrange marque le point le plus élevé que la vie puisse atteindre.

ความยินดีที่แปลกประหลาดเป็นจุดสูงสุดที่ชีวิตสามารถไปถึงได้

La sensation d'un pic où les vivants oublient même qu'ils sont en vie.

ความรู้สึกของจุดสูงสุดที่คนเป็นลืมไปด้วยซ้ำว่าตนยังมีชีวิตอยู่

Cette joie profonde touche l'artiste perdu dans une inspiration fulgurante.

ความสุขลึกๆ นี้สัมผัสได้ถึงศิลปินที่จมอยู่กับแรงบันดาลใจอัน

ร้อนแรง

Cette joie saisit le soldat qui se bat avec acharnement et n'épargne aucun ennemi.

ความยินดีนี้จะเข้าครอบงำทหารที่ต่อสู้ดุเดือดและ ไม่ละเว้นศัตรู

Cette joie s'empara alors de Buck alors qu'il menait la meute dans une faim primitive.

ความสุขนี้ครอบครองบัคไปแล้ว ขณะที่เขาเป็นผู้นำฝูงในการหิว

โหยดั้งเดิม

Il hurla avec le cri ancien du loup, ravi par la chasse vivante.

เขาส่งเสียงหอนดังเหมือนหมาป่าโบราณ รู้สึกตื่นเต้นกับการไล่
ตามอย่างมีชีวิต

Buck a puisé dans la partie la plus ancienne de lui-même,
perdue dans la nature.

บัคได้สัมผัสกับส่วนที่เก่าแก่ที่สุดในตัวเอง ซึ่งหลงอยู่ในป่า

Il a puisé au plus profond de lui-même, au-delà de la
mémoire, dans le temps brut et ancien.

เขาเข้าถึงส่วนลึกภายในความทรงจำในอดีต สู่กาลเวลาอันดิบและ
โบราณ

Une vague de vie pure a traversé chaque muscle et chaque
tendon.

คลื่นแห่งชีวิตอันบริสุทธิ์พุ่งผ่านกล้ามเนื้อและเส้นเอ็นทุกส่วน

Chaque saut criait qu'il vivait, qu'il traversait la mort.

การกระโดดแต่ละครั้งเป็นการตะโกนว่าเขายังมีชีวิตอยู่ และเขาได้
ก้าวผ่านความตายมาแล้ว

Son corps s'élevait joyeusement au-dessus d'une terre calme
et froide qui ne bougeait jamais.

ร่างของเขาทะยานขึ้นไปอย่างมีความสุขบนดินแดนอันนิ่งสงบ
และหนาวเย็นที่ไม่เคยเคลื่อนไหวเลย

Spitz est resté froid et rusé, même dans ses moments les plus
fous.

สปิทซ์ยังคงเย็นชาและเจ้าเล่ห์ แม้กระทั่งในช่วงเวลาที่ดุร้ายที่สุด

Il quitta le sentier et traversa un terrain où le ruisseau
formait une large courbe.

เขาออกจากเส้นทางแล้วเดินข้ามดินแดนที่ลำธารโค้งกว้าง

Buck, inconscient de cela, resta sur le chemin sinueux du
lapin.

บัคไม่รู้เรื่องนี้และเดินต่อไปตามทางคดเคี้ยวของกระต่าย

Puis, alors que Buck tournait un virage, le lapin fantomatique était devant lui.

เมื่อบัคเลี้ยวโค้ง กระต่ายที่ดูเหมือนผีก็อยู่ตรงหน้าเขา

Il vit une deuxième silhouette sauter de la berge devant la proie.

เขาเห็นร่างที่สองกระโดดลงมาจากฝั่งเพื่อรอเหยื่อ

La silhouette était celle d'un Spitz, atterrissant juste sur le chemin du lapin en fuite.

ร่างนั้นคือสปิทซ์ ที่กำลังลงจอดตรงทางของกระต่ายที่กำลังวิ่งหนี

Le lapin ne pouvait pas se retourner et a rencontré les mâchoires de Spitz en plein vol.

กระต่ายไม่สามารถหันตัวได้และพุ่งเข้าโจมตีขากรรไกรของสปิทซ์ในกลางอากาศ

La colonne vertébrale du lapin se brisa avec un cri aussi aigu que le cri d'un humain mourant.

กระดูกสันหลังของกระต่ายหักด้วยเสียงกรี๊ดที่แหลมคมเท่ากับเสียงร้องของมนุษย์ที่กำลังจะตาย

À ce bruit – la chute de la vie à la mort – la meute hurla fort.

เมื่อได้ยินเสียงนั้น—การตกจากชีวิตสู่ความตาย—ฝูงสัตว์ก็หอนดัง

Un chœur sauvage s'éleva derrière Buck, plein de joie sombre.

เสียงร้องประสานเสียงอันดุร้ายดังขึ้นจากด้านหลังของบัค ซึ่งเต็มไปด้วยความสุขอันมืดมน

Buck n'a émis aucun cri, aucun son, et a chargé directement Spitz.

บัคไม่ส่งเสียงร้องหรือส่งเสียงใดๆ และพุ่งเข้าใส่สปิทซ์โดยตรง

Il a visé la gorge, mais a touché l'épaule à la place.

เขาเล็งไปที่ลำคอแต่กลับถูกไหล่แทน

Ils dégringolèrent dans la neige molle, leurs corps bloqués dans le combat.

พวกเขาล้มลงไปในหิมะที่อ่อนนุ่ม ร่างกายของพวกเขาล็อคกันเพื่อ
ต่อสู้

Spitz se releva rapidement, comme s'il n'avait jamais été renversé.

สปิทซ์กระโจนขึ้นอย่างรวดเร็ว ราวกับว่าไม่เคยถูกกระแทกล้มเลย

Il a entaillé l'épaule de Buck, puis s'est éloigné du combat.

เขาฟันไหล่ของบัค จากนั้นก็กระโจนหนีจากการต่อสู้

À deux reprises, ses dents claquèrent comme des pièges en acier, ses lèvres se retroussèrent et devinrent féroces.

ฟันของเขาหักสองครั้งเหมือนกับดักเหล็ก ริมฝีปากของเขาโค้งงอ
และดุร้าย

Il recula lentement, cherchant un sol ferme sous ses pieds.

เขาก้าวถอยออกไปอย่างช้าๆ เพื่อหาจุดที่มั่นคงใต้เท้า

Buck a compris le moment instantanément et pleinement.

บัคเข้าใจช่วงเวลานั้นทันทีและอย่างสมบูรณ์

Le moment était venu ; le combat allait être un combat à mort.

ถึงเวลาแล้ว การต่อสู้จะต้องเป็นการต่อสู้จนตาย

Les deux chiens tournaient en rond, grognant, les oreilles plates, les yeux plissés.

สุนัขทั้งสองตัวเดินวนไปมาพร้อมกับคำราม หูตั้งชัน และตาหรี่ลง

Chaque chien attendait que l'autre montre une faiblesse ou fasse un faux pas.

สุนัขแต่ละตัวต่างรอให้สุนัขตัวอื่นแสดงจุดอ่อนหรือก้าวพลาด

Pour Buck, la scène semblait étrangement connue et profondément ancrée dans ses souvenirs.

สำหรับบัค ฉากนั้นดูเหมือนคุ้นเคยและจดจำได้อย่างลึกซึ้ง

Les bois blancs, la terre froide, la bataille au clair de lune.

ป่าสีขาว พื้นดินอันหนาวเย็น การต่อสู้ใต้แสงจันทร์

Un silence pesant emplissait le pays, profond et contre nature.

ความเงียบอันหนักหน่วงแผ่ปกคลุมไปทั่วแผ่นดิน ลึกล้ำและดูผิด ธรรมชาติ

Aucun vent ne soufflait, aucune feuille ne bougeait, aucun bruit ne brisait le silence.

ไม่มีลมพัด ไม่มีใบไม้เคลื่อนไหว ไม่มีเสียงใดมาทำลายความเงียบ สงบ

Le souffle des chiens s'élevait comme de la fumée dans l'air glacial et calme.

ลมหายใจของสุนัขพวยพุ่งขึ้นเหมือนควันในอากาศอันเงียบสงบ และเย็นยะเยือก

Le lapin a été depuis longtemps oublié par la meute de bêtes sauvages.

กระต่ายนั้นถูกลืมโดยฝูงสัตว์ป่ามานานแล้ว

Ces loups à moitié apprivoisés se tenaient maintenant immobiles dans un large cercle.

หมาป่าที่เชื่องเพียงครึ่งเดียวเหล่านี้ยืนนิ่งเป็นวงกลมกว้าง

Ils étaient silencieux, seuls leurs yeux brillants révélaient leur faim.

พวกเขาเงียบงัน มีเพียงดวงตาที่เปล่งประกายเผยให้เห็นความหิว โหยของพวกเขา

Leur souffle s'éleva, regardant le combat final commencer.

ลมหายใจของพวกเขาลอยขึ้นไปเพื่อเฝ้าดูการต่อสู้ครั้งสุดท้าย เริ่มต้นขึ้น

Pour Buck, cette bataille était ancienne et attendue, pas du tout étrange.

สำหรับบัค การต่อสู้ครั้งนี้เป็นเรื่องเก่าและเป็นที่คาดเดาได้ ไม่ใช่เรื่องแปลกเลย

C'était comme un souvenir de quelque chose qui devait arriver depuis toujours.

มันรู้สึกเหมือนเป็นความทรงจำถึงสิ่งที่มักจะเกิดขึ้นเสมอ

Le Spitz était un chien de combat entraîné, affiné par d'innombrables bagarres sauvages.

สปิทซ์เป็นสุนัขต่อสู้ที่ผ่านการฝึกฝนมาเพื่อต่อสู้อย่างดุเดือดนับไม่ถ้วน

Du Spitzberg au Canada, il a vaincu de nombreux ennemis.

ตั้งแต่สปิทซ์เบอร์เกนไปจนถึงแคนาดา เขาได้ฝึกฝนศัตรูมาแล้วมากมาย

Il était rempli de fureur, mais n'a jamais cédé au contrôle de la rage.

เขาเต็มไปด้วยความโกรธ แต่ไม่เคยควบคุมความโมโหได้เลย

Sa passion était vive, mais toujours tempérée par un instinct dur.

ความหลงใหลของเขารุนแรง แต่ก็ถูกควบคุมโดยสัญชาตญาณที่รุนแรงอยู่เสมอ

Il n'a jamais attaqué jusqu'à ce que sa propre défense soit en place.

เขาไม่เคยโจมตีจนกว่าการป้องกันของตนเองจะพร้อม

Buck a essayé encore et encore d'atteindre le cou vulnérable de Spitz.

บัคพยายามซ้ำแล้วซ้ำเล่าที่จะเอื้อมถึงคอที่เปราะบางของสปิทซ์

Mais chaque coup était accueilli par un coup des dents acérées de Spitz.

แต่การโจมตีทุกครั้งจะต้องเจอกับฟันอันแหลมคมของสปิทซ์

Leurs crocs se sont heurtés et les deux chiens ont saigné de leurs lèvres déchirées.

เขี้ยวของพวกมันปะทะกัน และสุนัขทั้งสองตัวมีเลือดออกจากริม ฝีปากที่ฉีกขาด

Peu importe comment Buck s'est lancé, il n'a pas pu briser la défense.

ไม่ว่าบัคจะพุ่งทะยานอย่างไร เขาก็ไม่สามารถทำลายการป้องกัน ได้

Il devint de plus en plus furieux, se précipitant avec des explosions de puissance sauvages.

เขายิ่งโกรธมากขึ้น รีบพุ่งพลังเข้ามาอย่างดุเดือด

À maintes reprises, Buck frappait la gorge blanche du Spitz.

บัคโจมตีลำคอสีขาวของสปิทซ์ซ้ำแล้วซ้ำเล่า

À chaque fois, Spitz esquivait et riposta avec une morsure tranchante.

แต่ละครั้งที่สปิทซ์หลบเลี่ยงและตอบโต้ด้วยการกัดแบบเฉือน

Buck changea alors de tactique, se précipitant à nouveau comme pour atteindre la gorge.

จากนั้น บั๊กก็เปลี่ยนกลยุทธ์ รีบเข้ามาเหมือนจะโจมตีที่ลำคออีก ครั้ง

Mais il s'est retiré au milieu de l'attaque, se tournant pour frapper sur le côté.

แต่เขากลับถอยกลับระหว่างการโจมตี และหันกลับมาโจมตีจาก ด้านข้าง

Il a lancé son épaule sur Spitz, dans le but de le faire tomber.

เขาเหวี่ยงไหล่ไปที่สปิทซ์ ตั้งใจที่จะล้มเขาลง

À chaque fois qu'il essayait, Spitz esquivait et ripostait avec une frappe.

ทุกครั้งที่เขาพยายาม สปิทซ์จะหลบและโต้ตอบด้วยการฟัน

L'épaule de Buck était à vif alors que Spitz s'écartait après chaque coup.

ไหล่ของบัคปวดร้าวเมื่อสปิทซ์กระโดดหนีหลังจากโดนตีทุกครั้ง

Spitz n'avait pas été touché, tandis que Buck saignait de nombreuses blessures.

สปิทซ์ไม่ได้ถูกแตะต้อง ในขณะที่บัคมีเลือดไหลจากบาดแผล
หลายแห่ง

La respiration de Buck était rapide et lourde, son corps était couvert de sang.

ลมหายใจของบัคเร็วและหนัก ร่างกายของเขาเปื้อนเลือด

Le combat devenait plus brutal à chaque morsure et à chaque charge.

การต่อสู้กลายเป็นเรื่องโหดร้ายมากขึ้นเมื่อถูกกัดและโจมตีแต่ละ
ครั้ง

Autour d'eux, soixante chiens silencieux attendaient le premier à tomber.

รอบๆ ตัวพวกเขามีสุนัขเงียบๆ หกสิบตัวที่รอให้ตัวแรกตกลงมา

Si un chien tombait, la meute allait mettre fin au combat.

หากสุนัขตัวใดตัวหนึ่งหลุดออกไป ฝูงสุนัขจะต้องยุติการต่อสู้

Spitz vit Buck faiblir et commença à attaquer.

สปิทซ์เห็นว่าบัคเริ่มอ่อนแรง และเริ่มกดดันโจมตี

Il a maintenu Buck en déséquilibre, le forçant à lutter pour garder pied.

เขาทำให้บัคเสียสมดุล ทำให้เขาต้องสู้เพื่อทรงตัว

Un jour, Buck trébucha et tomba, et tous les chiens se relevèrent.

ครั้งหนึ่งบัคสะดุดและล้ม สุนัขทุกตัวก็ลุกขึ้น

Mais Buck s'est redressé au milieu de sa chute, et tout le monde s'est affalé.

แต่บัคก็ลุกขึ้นมาได้ในขณะที่ล้มลง และทุกคนก็ล้มลงไปอีกครั้ง

Buck avait quelque chose de rare : une imagination née d'un instinct profond.

บัคมีสิ่งที่หายาก นั่นก็คือจินตนาการที่เกิดจากสัญชาตญาณส่วนลึก

Il combattait par instinct naturel, mais aussi par ruse.

เขาต่อสู้โดยใช้แรงขับเคลื่อนตามธรรมชาติ แต่เขาก็ต่อสู้ด้วยความฉลาดแกมโกงด้วยเช่นกัน

Il chargea à nouveau comme s'il répétait son tour d'attaque à l'épaule.

เขาชาร์จอีกครั้งราวกับว่ากำลังทำท่าโจมตีไหล่ซ้ำๆ

Mais à la dernière seconde, il s'est laissé tomber et a balayé Spitz.

แต่ในวินาทีสุดท้าย เขาได้ลดตัวลงมาและกวาดไปใต้สปิทซ์

Ses dents se sont bloquées sur la patte avant gauche de Spitz avec un claquement.

ฟันของเขาล็อคเข้าที่ขาหน้าซ้ายของสปิทซ์อย่างรวดเร็ว

Spitz était maintenant instable, son poids reposant sur seulement trois pattes.

ขณะนี้ สปิทซ์ยืนไม่มั่นคง โดยมีน้ำหนักอยู่บนขาเพียงสามขา

Buck frappa à nouveau, essaya trois fois de le faire tomber.

บัคโจมตีอีกครั้ง พยายามสามครั้งที่จะล้มเขาลง

À la quatrième tentative, il a utilisé le même mouvement avec succès.

ในความพยายามครั้งที่สี่ เขาใช้การเคลื่อนไหวเดียวกันและประสบความสำเร็จ

Cette fois, Buck a réussi à mordre la jambe droite du Spitz.

คราวนี้บัคสามารถกัดขาขวาของสปิทซ์ได้สำเร็จ

Spitz, bien que paralysé et souffrant, continuait à lutter pour survivre.

แม้ว่าสปิทซ์จะพิการและทรมาน แต่ก็ยังคงดิ้นรนเพื่อเอาชีวิตรอด

Il vit le cercle de huskies se resserrer, la langue tirée, les yeux brillants.

เขามองเห็นสุนัขฮัสกี้ตัวหนึ่งขดตัวแน่น แลบลิ้นและดวงตาเป็นประกาย

Ils attendaient de le dévorer, comme ils l'avaient fait pour les autres.

พวกมันคอยที่จะกลืนกินเขาเหมือนอย่างที่พวกเขาทำกับผู้อื่น

Cette fois, il se tenait au centre, vaincu et condamné.

คราวนี้เขามายืนอยู่ตรงกลาง พ่ายแพ้และพินาศ

Le chien blanc n'avait désormais plus aucune possibilité de s'échapper.

ตอนนี้ไม่มีทางเลือกอื่นนอกจากต้องหลบหนีสำหรับสุนัขสีขาวแล้ว

Buck n'a montré aucune pitié, car la pitié n'avait pas sa place dans la nature.

บัคไม่แสดงความเมตตา เพราะความเมตตาไม่ควรมีอยู่ในป่า

Buck se déplaçait prudemment, se préparant à la charge finale.

บัคเคลื่อนไหวอย่างระมัดระวังเพื่อเตรียมพร้อมสำหรับการชาร์จครั้งสุดท้าย

Le cercle des huskies se referma ; il sentit leur souffle chaud.

ฝูงสุนัขไซบีเรียนฮัสกี้เดินเข้ามาใกล้ เขาสัมผัสได้ถึงลมหายใจอุ่น ๆ ของพวกมัน

Ils s'accroupirent, prêts à bondir lorsque le moment viendrait.

พวกมันหมอบตัวต่ำเตรียมที่จะกระโจนเมื่อถึงเวลา

Spitz tremblait dans la neige, grognant et changeant de position.

สปิทซ์ตัวสั่นในหิมะ ส่งเสียงขู่คำรามและเปลี่ยนท่าทาง

Ses yeux brillaient, ses lèvres se courbaient, ses dents brillaient dans une menace désespérée.

เขาจ้องมองด้วยดวงตาที่ดุร้าย ริมฝีปากที่โค้งงอ ฟันที่กระพริบเป็นสัญญาณคุกคามอย่างสิ้นหวัง

Il tituba, essayant toujours de résister à la morsure froide de la mort.

เขาเซไปข้างหน้า พยายามต้านทานความหนาวเหน็บแห่งความตายเอาไว้

Il avait déjà vu cela auparavant, mais toujours du côté des gagnants.

เขาเคยเห็นแบบนี้มาก่อนแต่เป็นฝ่ายชนะเสมอ

Il était désormais du côté des perdants, des vaincus, de la proie, de la mort.

บัดนี้เขาอยู่ในฝ่ายที่แพ้ ฝ่ายพ่ายแพ้ ฝ่ายตกเป็นเหยื่อ ฝ่ายความตาย

Buck tourna en rond pour porter le coup final, le cercle de chiens se rapprochant.

บั๊กเดินวนเพื่อโจมตีครั้งสุดท้าย วงแหวนของสุนัขก็เข้ามาใกล้มากขึ้น

Il pouvait sentir leur souffle chaud, prêt à tuer.

เขาสัมผัสได้ถึงลมหายใจร้อนๆ ของพวกมัน พร้อมที่จะสังหาร

Un silence s'installa ; tout était à sa place ; le temps s'était arrêté.

ความเงียบสงบเริ่มเข้ามาแทนที่ ทุกสิ่งอยู่ในที่ของมัน เวลาหยุดนิ่งไป

Même l'air froid entre eux se figea un dernier instant.

แม้แต่ลมเย็นระหว่างพวกเขาก็ยังแข็งตัวเป็นวินาทีสุดท้าย

Seul Spitz bougea, essayant de retenir sa fin amère.

มีเพียงสปิทซ์เท่านั้นที่เคลื่อนไหว เพื่อพยายามระงับอารมณ์ที่ขม
ขื่นของเขาเอาไว้

Le cercle des chiens se refermait autour de lui, comme l'était
son destin.

วงสุนัขกำลังปิดล้อมเขาเช่นเดียวกับชะตากรรมของเขา

Il était désespéré maintenant, sachant ce qui allait se passer.

ตอนนี้เขาหมดหวังแล้ว เพราะรู้ว่ากำลังจะเกิดอะไรขึ้น

Buck bondit, épaule contre épaule une dernière fois.

บัคกระโจนเข้ามา ไหล่ชนไหล่เป็นครั้งสุดท้าย

Les chiens se sont précipités en avant, couvrant Spitz dans
l'obscurité neigeuse.

สุนัขวิ่งไปข้างหน้า ปกคลุมสปิทซ์ด้วยความมืดมิดที่เต็มไปด้วย
หิมะ

Buck regardait, debout, le vainqueur dans un monde
sauvage.

บัคเฝ้าดูอย่างยืนหยัดอย่างสง่า เขาเป็นผู้ชนะในโลกที่โหดร้าย

La bête primordiale dominante avait fait sa proie, et c'était
bien.

สัตว์ดึกดำบรรพ์ที่มีอำนาจเหนือกว่าได้สังหารมันแล้ว และมันก็
เป็นเรื่องดี

Celui qui a gagné la maîtrise
ผู้ที่ได้ชัยชนะสู่ความเป็นเจ้านาย

« Hein ? Qu'est-ce que j'ai dit ? Je dis vrai quand je dis que Buck est un démon. »

"เอ๊ะ ฉันพูดอะไรนะ ฉันพูดจริงนะที่บอกว่าบัคเป็นปีศาจ"

François a dit cela le lendemain matin après avoir constaté la disparition de Spitz.

ฟรานซัวส์พูดเช่นนี้ในเช้าวันรุ่งขึ้นหลังจากพบว่าสปิทซ์หายไป

Buck se tenait là, couvert de blessures dues au combat acharné.

บัคยืนอยู่ที่นั่น ร่างกายเต็มไปด้วยบาดแผลจากการต่อสู้อัน

โหดร้าย

François tira Buck près du feu et lui montra les blessures.

ฟรานซัวส์ดึงบั๊กเข้ามาใกล้กองไฟแล้วชี้ไปที่บาดแผล

« Ce Spitz s'est battu comme le Devik », dit Perrault en observant les profondes entailles.

"สปิทซ์ตัวนั้นต่อสู้เหมือนกับเดวิค" เพอร์โรลต์กล่าวขณะจ้องมอง

บาดแผลลึก

« Et ce Buck s'est battu comme deux diables », répondit aussitôt François.

"และบัคก็ต่อสู้ราวกับเป็นปีศาจสองตัว" ฟรานซัวส์ตอบทันที

« Maintenant, nous allons faire du bon temps ; plus de Spitz, plus de problèmes. »

"ตอนนี้เราจะใช้เวลาให้คุ้มค่า ไม่มี Spitz อีกต่อไป ไม่มีปัญหาอีก

ต่อไป"

Perrault préparait le matériel et chargeait le traîneau avec soin.

เพอร์โรลต์กำลังบรรจุอุปกรณ์และบรรทุกเลื่อนอย่างระมัดระวัง

François a attelé les chiens en prévision de la course du jour.

ฟรานซัวส์เตรียมสุนัขให้พร้อมสำหรับการวิ่งในแต่ละวัน

Buck a trotté directement vers la position de tête autrefois détenue par Spitz.

บัควิ่งตรงไปสู่ตำแหน่งผู้นำที่เคยครองโดยสปิทซ์

Mais François, sans s'en apercevoir, conduisit Solleks vers l'avant.

แต่ฟรานซัวส์ไม่ทันสังเกต เขาก็พาโซเลกส์ไปข้างหน้า

Aux yeux de François, Solleks était désormais le meilleur chien de tête.

ในความเห็นของ François Solleks เป็นสุนัขนำทางที่ดีที่สุดใน
ขณะนี้

Buck se jeta sur Solleks avec fureur et le repoussa en signe de protestation.

บัคกระโจนเข้าหาโซเลกส์ด้วยความโกรธและขับไล่เขากลับไป
เพื่อประท้วง

Il se tenait là où Spitz s'était autrefois tenu, revendiquant la position de leader.

เขายืนอยู่ที่เดิมที่สปิทซ์เคยยืน โดยอ้างตำแหน่งผู้นำ

« Hein ? Hein ? » s'écria François en se frappant les cuisses d'un air amusé.

"เอ๊ะ? เอ๊ะ?" ฟรานซัวส์ร้องขึ้นพร้อมตบต้นขาตัวเองด้วยความ
ขบขัน

« Regardez Buck, il a tué Spitz, et maintenant il veut prendre le poste ! »

"ดูบัคสิ เขาฆ่าสปิตซ์ ตอนนี้เขาอยากจะรับงานนี้!"

« Va-t'en, Chook ! » cria-t-il, essayant de chasser Buck.

"ไปให้พ้นนะ นก!" เขาตะโกนพยายามไล่บั๊กออกไป

Mais Buck refusa de bouger et resta ferme dans la neige.

แต่บัคปฏิเสธที่จะเคลื่อนไหวและยืนหยัดมั่นคงท่ามกลางหิมะ

François attrapa Buck par la peau du cou et le tira sur le côté.

ฟรานซัวส์คว้าคอของบัคแล้วลากเขาออกไป

Buck grogna bas et menaçant mais n'attaqua pas.

บัคคำรามต่ำและคุกคามแต่ไม่ได้โจมตี

François a remis Solleks en tête, tentant de régler le différend

ฟรานซัวส์พาโซลเลกส์กลับมาเป็นผู้นำอีกครั้งและพยายามยุติข้อ

พิพาท

Le vieux chien avait peur de Buck et ne voulait pas rester.

สุนัขแก่ตัวนี้แสดงอาการกลัวบัคและไม่อยากอยู่ต่อ

Quand François lui tourna le dos, Buck chassa à nouveau Solleks.

เมื่อฟรานซัวส์หันหลัง บัคก็ไล่โซเลกส์ออกไปอีกครั้ง

Solleks n'a pas résisté et s'est discrètement écarté une fois de plus.

โซลเลกส์ไม่ได้ต่อต้านและก้าวถอยไปอย่างเงียบๆ อีกครั้ง

François s'est mis en colère et a crié : « Par Dieu, je te répare ! »

ฟรานซัวส์โกรธมากและตะโกนว่า "ด้วยพระเจ้า ฉันจะรักษาคุณ!"

Il s'approcha de Buck en tenant une lourde massue à la main.

เขาเดินเข้ามาหาบัคโดยถือไม้กระบองหนักๆ ไว้ในมือ

Buck se souvenait bien de l'homme au pull rouge.

บัคจำชายผู้สวมเสื้อกันหนาวสีแดงได้ดี

Il recula lentement, observant François, mais grognant profondément.

เขาถอยกลับอย่างช้าๆ พลางมองฟรานซัวส์ แต่คำรามอย่างหนัก

แน่น

Il ne s'est pas précipité en arrière, même lorsque Solleks s'est levé à sa place.

เขาไม่รีบกลับแม้ว่าโซเลคส์จะยืนอยู่ในตำแหน่งของเขาก็ตาม

Buck tourna en rond juste hors de portée, grognant de fureur et de protestation.

บั๊กเดินวนไปจนสุดระยะแล้วขู่คำรามด้วยความโกรธและประท้วง

Il gardait les yeux fixés sur le gourdin, prêt à esquiver si François lançait.

เขาเฝ้าจับตาดูสโมสรเพื่อเตรียมพร้อมหลบหากฟรานซัวส์ขว้าง

Il était devenu sage et prudent quant aux manières des hommes armés.

เขาเริ่มฉลาดและระมัดระวังในวิถีทางของชายผู้ถืออาวุธ

François abandonna et rappela Buck à son ancienne place.

ฟรานซัวส์ยอมแพ้และเรียกบัคกลับไปที่เดิมของเขาอีกครั้ง

Mais Buck recula prudemment, refusant d'obéir à l'ordre.

แต่บัคกลับก้าวถอยกลับด้วยความระมัดระวัง ปฏิเสธที่จะปฏิบัติตามคำสั่ง

François le suivit, mais Buck ne recula que de quelques pas supplémentaires.

ฟรานซัวส์เดินตามไป แต่บัคเพียงถอยกลับไปอีกไม่กี่ก้าว

Après un certain temps, François jeta l'arme par frustration.

หลังจากนั้นไม่นาน ฟรานซัวส์ก็โยนอาวุธลงด้วยความหงุดหงิด

Il pensait que Buck craignait d'être battu et qu'il allait venir tranquillement.

เขาคิดว่าบัคกลัวโดนตีจึงจะมาอย่างเงียบๆ

Mais Buck n'évitait pas la punition : il se battait pour son rang.

แต่บัคไม่ได้หลบเลี่ยงการลงโทษ เขากำลังต่อสู้เพื่อยศศักดิ์

Il avait gagné la place de chien de tête grâce à un combat à mort.

เขาได้รับตำแหน่งสุนัขนำทางจากการต่อสู้จนตาย

il n'allait pas se contenter de moins que d'être le leader.

เขาจะไม่ยอมตกลงกับอะไรที่น้อยกว่าการเป็นผู้นำ

Perrault a participé à la poursuite pour aider à attraper le Buck rebelle.

เพอร์โรลต์ร่วมไล่ตามเพื่อช่วยจับบัคผู้ก่อกบฏ

Ensemble, ils l'ont fait courir dans le camp pendant près d'une heure.

พวกเขาพาเขาเดินรอบค่ายด้วยกันเกือบหนึ่งชั่วโมง

Ils lui lancèrent des coups de massue, mais Buck les esquiva habilement.

พวกมันขว้างกระบองใส่เขา แต่บั๊กก็หลบแต่ละกระบองได้อย่างชำนาญ

Ils l'ont maudit, lui, ses ancêtres, ses descendants et chaque cheveu de sa personne.

พวกเขาสาปแช่งเขา บรรพบุรุษของเขา ลูกหลานของเขา และผมทุกเส้นบนตัวเขา

Mais Buck se contenta de gronder en retour et resta hors de leur portée.

แต่บัคกลับขู่คำรามและอยู่ให้พ้นจากการเอื้อมถึงของพวกเขา

Il n'a jamais essayé de s'enfuir mais a délibérément tourné autour du camp.

เขาไม่เคยพยายามที่จะวิ่งหนีแต่เดินวนรอบค่ายอย่างจงใจ

Il a clairement fait savoir qu'il obéirait une fois qu'ils lui auraient donné ce qu'il voulait.

เขาชี้แจงให้ชัดเจนว่าเขาจะเชื่อฟังเมื่อพวกเขาให้สิ่งที่เขาต้องการ

François s'est finalement assis et s'est gratté la tête avec frustration.

ในที่สุดฟรานซัวส์ก็นั่งลงและเกาหัวด้วยความหงุดหงิด

Perrault consulta sa montre, jura et marmonna à propos du temps perdu.

เพอร์โรลต์ตรวจสอบนาฬิกาของเขา สาบาน และบ่นพึมพำถึงเวลาที่หายไป

Une heure s'était déjà écoulée alors qu'ils auraient dû être sur la piste.

เวลาผ่านไปหนึ่งชั่วโมงแล้วเมื่อพวกเขาควรออกเดินตามเส้นทาง

François haussa les épaules d'un air penaud en direction du coursier, qui soupira de défaite.

ฟรานซัวส์ยักไหล่อย่างเขินอายให้กับคนส่งสารที่ถอนหายใจด้วยความพ่ายแพ้

François se dirigea alors vers Solleks et appela Buck une fois de plus.

จากนั้น ฟรานซัวส์ก็เดินไปหาโซเลกส์และเรียกบัคอีกครั้ง

Buck rit comme rit un chien, mais garda une distance prudente.

บัคหัวเราะเหมือนสุนัข แต่ยังคงรักษาระยะห่างอย่างระมัดระวัง

François retira le harnais de Solleks et le remit à sa place.

ฟรานซัวส์ถอดสายรัดของโซเลกส์และนำเขากลับไปไว้ที่เดิม

L'équipe de traîneau était entièrement harnachée, avec seulement une place libre.

ทีมรถเลื่อนยืนโดยมีสายรัดครบ เหลือที่ว่างเพียงจุดเดียว

La position de tête est restée vide, clairement destinée à Buck seul.

ตำแหน่งผู้นำยังคงว่างอยู่ ชัดเจนว่าเป็นของบัคเพียงคนเดียว

François appela à nouveau, et à nouveau Buck rit et tint bon.

ฟรานซัวส์เรียกอีกครั้ง และบัคก็หัวเราะและยืนหยัดต่อไปอีกครั้ง

« Jetez le gourdin», ordonna Perrault sans hésitation.

"โยนไม้กระบองลง" เปอร์โรลต์สั่งโดยไม่ลังเล

François obéit et Buck trotta immédiatement en avant, fièrement.

ฟรานซัวส์เชื่อฟัง และบัคก็เดินเร็วไปข้างหน้าด้วยความภาคภูมิใจ ทันที

Il rit triomphalement et prit la tête.

เขาหัวเราะอย่างชัยชนะและก้าวขึ้นเป็นผู้นำ

François a sécurisé ses traces et le traîneau a été détaché.

ฟรานซัวส์รักษาร่องรอยของเขาไว้ และเลื่อนก็หลุดออก

Les deux hommes couraient côte à côte tandis que l'équipe s'engageait sur le sentier de la rivière.

ชายทั้งสองวิ่งไปพร้อม ๆ กันในขณะที่ทีมกำลังแข่งขันกันบน เส้นทางริมแม่น้ำ

François avait une haute opinion des « deux diables » de Buck,

ฟรานซัวส์มีความคิดเห็นที่ดีเกี่ยวกับ "ปีศาจสองตน" ของบัค

mais il s'est vite rendu compte qu'il avait en fait sous-estimé le chien.

แต่ไม่นานเขาก็ตระหนักได้ว่าที่จริงแล้วเขาประเมินสุนัขตัวนี้ต่ำ ไป

Buck a rapidement pris le leadership et a fait preuve d'excellence.

บัครับตำแหน่งผู้นำอย่างรวดเร็วและมีผลงานที่ยอดเยี่ยม

En termes de jugement, de réflexion rapide et d'action, Buck a surpassé Spitz.

ในเรื่องของการตัดสินใจ การคิดอย่างรวดเร็ว และการกระทำที่ รวดเร็ว บัคก็แซงหน้าสปิตซ์ไป

François n'avait jamais vu un chien égal à celui que Buck présentait maintenant.

ฟรานซัวส์ไม่เคยเห็นสุนัขที่ทัดเทียมกับสิ่งที่บัคแสดงให้เห็น
ตอนนี้มาก่อน

Mais Buck excellait vraiment dans l'art de faire respecter
l'ordre et d'imposer le respect.

แต่บัคมีความโดดเด่นในด้านการรักษาความสงบเรียบร้อยและการ
สั่งให้คนอื่นเคารพ

Dave et Solleks ont accepté le changement sans inquiétude
ni protestation.

เดฟและโซเลกส์ยอมรับการเปลี่ยนแปลงโดยปราศจากความกังวล
หรือการประท้วง

Ils se concentraient uniquement sur le travail et tiraient fort
sur les rênes.

พวกเขาเน้นแต่เรื่องการทำงานและการดึงบังเหียนอย่างหนัก

Peu leur importait de savoir qui menait, tant que le traîneau
continuait d'avancer.

พวกเขาไม่สนใจว่าใครจะเป็นผู้นำตราบใดที่รถเลื่อนยังคง
เคลื่อนที่ต่อไป

Billee, la joyeuse, aurait pu diriger pour autant qu'ils s'en
soucient.

บิลลี่ผู้ร่าเริงสามารถนำได้เท่าที่พวกเขาสนใจ

Ce qui comptait pour eux, c'était la paix et l'ordre dans les
rangs.

สิ่งที่สำคัญสำหรับพวกเขาคือสันติภาพและความสงบเรียบร้อยใน
หมู่ทหาร

Le reste de l'équipe était devenu indiscipliné pendant le
déclin de Spitz.

ส่วนที่เหลือของทีมเติบโตขึ้นอย่างไม่เป็นระเบียบในช่วงที่ Spitz เสื่อมถอย

Ils furent choqués lorsque Buck les ramena immédiatement à l'ordre.

พวกเขาตกตะลึงเมื่อบัคนำพวกมันมาสั่งทันที

Pike avait toujours été paresseux et traînait les pieds derrière Buck.

ไพค์เป็นคนขี้เกียจและชอบลากเท้าตามหลังบัคอยู่เสมอ

Mais maintenant, il a été sévèrement discipliné par la nouvelle direction.

แต่ตอนนี้ได้รับการฝึกฝนอย่างเข้มงวดจากผู้นำคนใหม่

Et il a rapidement appris à faire sa part dans l'équipe.

และเขาเรียนรู้ที่จะดึงน้ำหนักของเขาในทีมได้อย่างรวดเร็ว

À la fin de la journée, Pike avait travaillé plus dur que jamais.

เมื่อสิ้นสุดวัน ไพค์ก็ทำงานหนักมากกว่าที่เคย

Cette nuit-là, au camp, Joe, le chien aigri, fut finalement maîtrisé.

คืนนั้นในค่าย โจ เจ้าหมาเปรี้ยว ได้ถูกปราบลงในที่สุด

Spitz n'avait pas réussi à le discipliner, mais Buck n'avait pas échoué.

สปิทซ์ล้มเหลวในการลงโทษเขา แต่บัคไม่ล้มเหลว

Grâce à son poids plus important, Buck a vaincu Joe en quelques secondes.

บัคใช้พลังน้ำหนักที่มากขึ้นเอาชนะโจได้ภายในไม่กี่วินาที

Il a mordu et battu Joe jusqu'à ce qu'il gémisse et cesse de résister.

เขาขบและทุบตีโจจนกระทั่งเขาครางและหยุดต่อต้าน

Toute l'équipe s'est améliorée à partir de ce moment-là.

ทั้งทีมได้รับการปรับปรุงนับตั้งแต่วินาทีนั้นเป็นต้นมา

Les chiens ont retrouvé leur ancienne unité et leur discipline.

สุนัขกลับมามีความสามัคคีและมีวินัยเหมือนเช่นเคย

À Rink Rapids, deux nouveaux huskies indigènes, Teek et Koona, nous ont rejoint.

ที่ Rink Rapids สุนัขฮัสกี้พื้นเมือง 2 ตัวใหม่ชื่อ Teek และ Koona ได้เข้าร่วมด้วย

La rapidité avec laquelle Buck les dressa étonna même François.

การฝึกอย่างรวดเร็วของบัคทำให้แม้แต่ฟรานซัวส์ก็ประหลาดใจ

« Il n'y a jamais eu de chien comme ce Buck ! » s'écria-t-il avec stupéfaction.

"ไม่เคยมีหมาตัวไหนเหมือนบัคตัวนั้นเลย!" เขาร้องด้วยความประหลาดใจ

« Non, jamais ! Il vaut mille dollars, bon sang ! »

"ไม่หรอก ไม่มีวัน! เขามีค่าหนึ่งพันเหรียญแน่ พระเจ้า!"

« Hein ? Qu'en dis-tu, Perrault ? » demanda-t-il avec fierté.

"เอ๊ะ คุณว่ายังไงบ้าง เปอร์โรลต์" เขาถามด้วยความภาคภูมิใจ

Perrault hocha la tête en signe d'accord et vérifia ses notes.

เพอร์โรลต์พยักหน้าเห็นด้วยและตรวจสอบบันทึกของเขา

Nous sommes déjà en avance sur le calendrier et gagnons chaque jour davantage.

เราก้าวหน้ากว่ากำหนดแล้วและได้รับมากขึ้นทุกวัน

Le sentier était dur et lisse, sans neige fraîche.

เส้นทางเป็นพื้นแข็งและเรียบ ไม่มีหิมะตกใหม่

Le froid était constant, oscillant autour de cinquante degrés en dessous de zéro.

อากาศหนาวเย็นคงที่ อยู่ที่ประมาณ 50 องศาต่ำกว่าศูนย์ตลอด

Les hommes montaient et couraient à tour de rôle pour se réchauffer et gagner du temps.

ผู้ชายขี่และวิ่งสลับกันเพื่อให้ร่างกายอบอุ่นและเพื่อประหยัดเวลา

Les chiens couraient vite avec peu d'arrêts, poussant toujours vers l'avant.

สุนัขวิ่งเร็วมากโดยมีการหยุดเพียงไม่กี่ครั้ง และพยายามวิ่งไปข้างหน้าเสมอ

La rivière Thirty Mile était en grande partie gelée et facile à traverser.

แม่น้ำเธิร์ตี้ไมล์ส่วนใหญ่เป็นน้ำแข็งและสามารถสัญจรข้ามได้ง่าย

Ils sont sortis en un jour, ce qui leur avait pris dix jours pour venir.

พวกเขาออกไปภายในหนึ่งวัน แต่ใช้เวลาเดินทางถึงสิบวัน

Ils ont parcouru une distance de soixante milles du lac Le Barge jusqu'à White Horse.

พวกเขาวิ่งระยะทาง 60 ไมล์จากทะเลสาบเลอบาร์จไปยังไวท์ฮอร์ส

À travers les lacs Marsh, Tagish et Bennett, ils se déplaçaient incroyablement vite.

เมื่อข้ามทะเลสาบ Marsh, Tagish และ Bennett พวกมันก็เคลื่อนที่เร็วมาก

L'homme qui courait était tiré derrière le traîneau par une corde.

ชายที่กำลังวิ่งอยู่ถูกดึงไปด้านหลังรถเลื่อนด้วยเชือก

La dernière nuit de la deuxième semaine, ils sont arrivés à destination.

ในคืนสุดท้ายของสัปดาห์ที่สองพวกเขาก็มาถึงจุดหมายปลายทาง

Ils avaient atteint ensemble le sommet du col White.

พวกเขามาถึงยอด ไวท์พาสพร้อมกัน

Ils sont descendus au niveau de la mer avec les lumières de Skaguay en dessous d'eux.

พวกเขาดำดิ่งลงสู่ระดับน้ำทะเล โดยมีแสงไฟ Skaguay อยู่
ด้านล่าง

Il s'agissait d'une course record à travers des kilomètres de
nature froide et sauvage.

เป็นการวิ่งที่สร้างสถิติใหม่ผ่านป่าดงดิบอันหนาวเหน็บเป็น

ระยะทางหลายไมล์

Pendant quatorze jours d'affilée, ils ont parcouru en
moyenne quarante miles.

พวกเขาวิ่งได้เฉลี่ยระยะทาง 40 ไมล์ติดต่อกันเป็นเวลา 14 วัน

À Skaguay, Perrault et François transportaient des
marchandises à travers la ville.

ในเมืองสเกกวัย เปอร์โรลต์และฟรานซัวส์ขนส่งสินค้าผ่านเมือง

Ils ont été acclamés et ont reçu de nombreuses boissons de la
part d'une foule admirative.

พวกเขาได้รับเสียงเชียร์และเสนอเครื่องดื่มมากมายจากฝูงชนที่ชื่น

ชม

Les chasseurs de chiens et les ouvriers se sont rassemblés
autour du célèbre attelage de chiens.

บรรดาผู้ปราบปรามสุนัขและคนงานมารวมตัวกันรอบ ๆ ทีมสุนัข
ชื่อดัง

Puis les hors-la-loi de l'Ouest arrivèrent en ville et subirent
une violente défaite.

จากนั้นพวกนอกกฎหมายชาวตะวันตกก็เข้ามาในเมืองและพบกับ

ความพ่ายแพ้อย่างรุนแรง

Les gens ont vite oublié l'équipe et se sont concentrés sur un
nouveau drame.

ผู้คนลืมทีมงานไปในไม่ช้าและหันไปสนใจละครใหม่

Puis sont arrivées les nouvelles commandes qui ont tout
changé d'un coup.

จากนั้นก็มาถึงคำสั่งใหม่ที่เข้ามาเปลี่ยนแปลงทุกสิ่งทุกอย่างทันที

François appela Buck à lui et le serra dans ses bras avec une fierté larmoyante.

ฟรานซัวส์เรียกบัคมาหาเขาและกอดเขาด้วยน้ำตาแห่งความภูมิใจ

Ce moment fut la dernière fois que Buck revit François.

ช่วงเวลานั้นเป็นครั้งสุดท้ายที่บัคได้พบกับฟรานซัวส์อีกครั้ง

Comme beaucoup d'hommes avant eux, François et Perrault étaient tous deux partis.

เช่นเดียวกับผู้ชายหลายคนก่อนหน้านี้ ทั้งฟรานซัวส์และแปร์โรลต์

ต่างก็จากไป

Un métis écossais a pris en charge Buck et ses coéquipiers de chiens de traîneau.

สุนัขพันธุ์ผสมสก็อตรับหน้าที่ดูแลบัคและเพื่อนร่วมทีมสุนัขลาก

เลื่อนของเขา

Avec une douzaine d'autres équipes de chiens, ils sont retournés par le sentier jusqu'à Dawson.

พวกมันพร้อมสุนัขอีกหลายฝูงเดินทางกลับมาตามเส้นทางสู่เมือ

งดอว์สัน

Ce n'était plus une course rapide, juste un travail pénible avec une lourde charge chaque jour.

ตอนนี้มันไม่ได้เป็นการวิ่งเร็วอีกต่อไป แต่เป็นเพียงงานหนักที่

ต้องแบกรับภาระมากมายในแต่ละวัน

C'était le train postal qui apportait des nouvelles aux chercheurs d'or près du pôle.

นี่คือรถไฟไปรษณีย์ที่นำข่าวไปยังนักล่าทองคำใกล้ขั้วโลก

Buck n'aimait pas le travail mais le supportait bien, étant fier de ses efforts.

บัคไม่ชอบงานชิ้นนี้แต่ก็ทนมันได้ดี และภูมิใจในความพยายาม
ของเขา

Comme Dave et Solleks, Buck a fait preuve de dévouement
dans chaque tâche quotidienne.

เช่นเดียวกับเดฟและโซเลกส์ บัคแสดงให้เห็นถึงความทุ่มเทในการ
ทำงานแต่ละวัน

Il s'est assuré que chacun de ses coéquipiers fasse sa part du
travail.

เขาทำให้แน่ใจว่าเพื่อนร่วมทีมของเขาแต่ละคนดึงน้ำหนักที่
ยุติธรรมของพวกเขา

La vie sur les sentiers est devenue ennuyeuse, répétée avec
la précision d'une machine.

ชีวิตบนเส้นทางนั้นน่าเบื่อหน่าย ซ้ำแล้วซ้ำเล่าด้วยความแม่นยำ
เหมือนเครื่องจักร

Chaque jour était le même, un matin se fondant dans le
suivant.

แต่ละวันรู้สึกเหมือนกัน เช้าวันหนึ่งค่อยๆ กลายเป็นเช้าวันใหม่

À la même heure, les cuisiniers se levèrent pour allumer des
feux et préparer la nourriture.

ในเวลาเดียวกัน พ่อครัวก็ลุกขึ้นก่อไฟและปรุงอาหาร

Après le petit-déjeuner, certains quittèrent le camp tandis
que d'autres attelèrent les chiens.

หลังจากรับประทานอาหารเช้าแล้ว บางคนก็ออกจากค่าย ในขณะ
ที่บางคนก็จูงสุนัข

Ils ont pris la route avant que le faible avertissement de
l'aube ne touche le ciel.

พวกเขาออกเดินทางก่อนที่เสียงเตือนรุ่งอรุณจะดังขึ้นบนท้องฟ้า

La nuit, ils s'arrêtaient pour camper, chaque homme ayant
une tâche précise.

เมื่อถึงกลางคืนพวกเขาก็หยุดพักเพื่อตั้งค่าย โดยแต่ละคนมีหน้าที่
ที่แตกต่างกันออกไป

Certains ont monté les tentes, d'autres ont coupé du bois de chauffage et ramassé des branches de pin.

บางคนก็กางเต็นท์ บางคนก็ตัดฟืนและเก็บกิ่งสน

De l'eau ou de la glace étaient ramenées aux cuisiniers pour le repas du soir.

น้ำและน้ำแข็งถูกนำกลับไปให้พ่อครัวเพื่อรับประทานมื้อเย็น

Les chiens ont été nourris et c'était le meilleur moment de la journée pour eux.

สุนัขได้กินอาหารแล้ว และนี่คือช่วงเวลาที่ดีที่สุดของวันสำหรับ
พวกมัน

Après avoir mangé du poisson, les chiens se sont détendus et se sont allongés près du feu.

หลังจากกินปลาแล้ว สุนัขก็พักผ่อนและนอนเล่นใกล้กองไฟ

Il y avait une centaine d'autres chiens dans le convoi avec lesquels se mêler.

มีสุนัขอีกนับร้อยตัวในขบวนที่ต้องเข้าร่วมด้วย

Beaucoup de ces chiens étaient féroces et prompts à se battre sans prévenir.

สุนัขหลายตัวเหล่านี้ดุร้ายและต่อสู้อย่างรวดเร็วโดยไม่ทันตั้งตัว

Mais après trois victoires, Buck a maîtrisé même les combattants les plus féroces.

แต่หลังจากได้รับชัยชนะสามครั้ง บัคก็สามารถเอาชนะแม้แต่ผู้
ต่อสู้ที่ดุร้ายที่สุดได้

Maintenant, quand Buck grogna et montra ses dents, ils s'écartèrent.

เมื่อบัคขู่และแสดงฟัน พวกมันก็ถอยไปข้างๆ

Mais le plus beau dans tout ça, c'est que Buck aimait s'allonger près du feu de camp vacillant.

สิ่งที่ดีที่สุดก็คือ บัคชอบนอนใกล้กองไฟที่กำลังสั่นไหว

Il s'accroupit, les pattes arrière repliées et les pattes avant tendues vers l'avant.

เขานอนหมอบ โดยพับขาหลังไว้และเหยียดขาหน้าไปข้างหน้า

Sa tête était levée tandis qu'il cligna doucement des yeux devant les flammes rougeoyantes.

ศีรษะของเขาเงยขึ้นขณะที่เขากระพริบตาเบาๆ ไปที่เปลวไฟที่

เรืองแสง

Parfois, il se souvenait de la grande maison du juge Miller à Santa Clara.

บางครั้งเขาก็นึกถึงบ้านหลังใหญ่ของผู้พิพากษามิลเลอร์ในซานตา

คลารา

Il pensait à la piscine en ciment, à Ysabel et au carlin appelé Toots.

เขาคิดถึงสระซีเมนต์ของอิซาเบลและสุนัขพันธุ์ปั๊กที่ชื่อทูทส์

Mais le plus souvent, il se souvenait du gourdin de l'homme au pull rouge.

แต่บ่อยครั้งที่เขาจำสโมสรของชายที่สวมเสื้อสเวตเตอร์สีแดงได้

มากกว่า

Il se souvenait de la mort de Curly et de sa bataille acharnée contre Spitz.

เขาจดจำการตายของเคอร์ลี่และการต่อสู้อันดุเดือดของเขา

กับสปิทซ์ได้

Il se souvenait aussi des bons plats qu'il avait mangés ou dont il rêvait encore.

เขายังนึกถึงอาหารดีๆ ที่เขาเคยกินหรือยังคงฝันถึงอีกด้วย

Buck n'avait pas le mal du pays : la vallée chaude était lointaine et irréelle.

บัคไม่ได้คิดถึงบ้าน—หุบเขาอันอบอุ่นอยู่ห่างไกลและ ไม่จริง

Les souvenirs de Californie n'avaient plus vraiment d'influence sur lui.

ความทรงจำเกี่ยวกับแคลิฟอร์เนียไม่ได้ดึงดูดเขาอีกต่อไป

Plus forts que la mémoire étaient les instincts profondément ancrés dans sa lignée.

แข็งแกร่งยิ่งกว่าความทรงจำคือสัญชาตญาณที่ฝังลึกอยู่ใน

สายเลือดของเขา

Les habitudes autrefois perdues étaient revenues, ravivées par le sentier et la nature sauvage.

นิสัยที่เคยหายไปก็กลับคืนมา โดยได้รับการฟื้นคืนมาจากเส้นทาง

และความเป็นธรรมชาติ

Tandis que Buck regardait la lumière du feu, cela devenait parfois autre chose.

เมื่อบัคมองดูแสงไฟ บางครั้งก็กลายเป็นสิ่งอื่น

Il vit à la lueur du feu un autre feu, plus vieux et plus profond que celui-ci.

เขาเห็นไฟอีกดวงหนึ่งในแสงไฟ ซึ่งเก่ากว่าและเข้มกว่าดวง

ปัจจุบัน

À côté de cet autre feu se tenait accroupi un homme qui ne ressemblait pas au cuisinier métis.

ข้างๆ ไฟอีกกองหนึ่งมีชายคนหนึ่งหมอบอยู่ ไม่เหมือนพ่อครัว

ลูกครึ่ง

Cette figurine avait des jambes courtes, de longs bras et des muscles durs et noués.

รูปร่างนี้มีขาที่สั้น แขนยาว และกล้ามเนื้อที่แข็งเป็นปม

Ses cheveux étaient longs et emmêlés, tombant en arrière à partir des yeux.

ผมของเขายาวและยุ่งเหยิงลาดลงมาด้านหลังจากดวงตา

Il émit des sons étranges et regarda l'obscurité avec peur.

เขาส่งเสียงแปลกๆ และจ้องมองออกไปด้วยความกลัวในความมืด

Il tenait une massue en pierre basse, fermement serrée dans sa
longue main rugueuse.

เขาถือกระบองหินไว้ต่ำโดยกำไว้แน่นด้วยมือที่ยาวและหยาบของ

เขา

L'homme portait peu de vêtements ; juste une peau
carbonisée qui pendait dans son dos.

ชายผู้นั้นสวมเสื้อผ้าเพียงน้อยชิ้น มีเพียงผิวหนังที่ไหม้เกรียมห้อย

ลงมาตามหลังของเขา

Son corps était couvert de poils épais sur les bras, la poitrine
et les cuisses.

ร่างกายของเขาปกคลุมไปด้วยขนหนาตามแขน หน้าอก และต้นขา

Certaines parties des cheveux étaient emmêlées en plaques
de fourrure rugueuse.

เส้นผมบางส่วนพันกันเป็นปื้นๆ เหมือนขนหยาบๆ

Il ne se tenait pas droit mais penché en avant des hanches
jusqu'aux genoux.

เขาไม่ได้ยืนตัวตรง แต่โน้มตัวไปข้างหน้าตั้งแต่สะโพกถึงเข่า

Ses pas étaient élastiques et félins, comme s'il était toujours
prêt à bondir.

ก้าวเดินของเขามีความยืดหยุ่นเหมือนแมว ราวกับว่าเขาพร้อมที่จะ

กระโดดอยู่เสมอ

Il y avait une vive vigilance, comme s'il vivait dans une peur
constante.

มีอารมณ์ตื่นตัวอย่างรุนแรง เหมือนกับว่าเขามีชีวิตอยู่ด้วยความ

หวาดกลัวตลอดเวลา

Cet homme ancien semblait s'attendre au danger, que le
danger soit perçu ou non.

ชายในสมัยก่อนผู้นี้ดูเหมือนจะคาดหวังถึงอันตราย ไม่ว่าจะ
มองเห็นอันตรายนั้นหรือไม่ก็ตาม

Parfois, l'homme poilu dormait près du feu, la tête entre les jambes.

บางครั้งชายที่มีขนดกจะนอนหลับอยู่ข้างกองไฟ โดยเอาหัวซุกไว้
ระหว่างขา

Ses coudes reposaient sur ses genoux, ses mains jointes au-dessus de sa tête.

ข้อศอกของเขาวางอยู่บนเข่าและมือของเขาประสานกันไว้เหนือ
ศีรษะ

Comme un chien, il utilisait ses bras velus pour se débarrasser de la pluie qui tombait.

เขาใช้แขนที่มีขนดกปัดน้ำฝนออกไปเหมือนกับสุนัข

Au-delà de la lumière du feu, Buck vit deux charbons jumeaux briller dans l'obscurité.

เหนือแสงไฟ บัคมองเห็นถ่านแฝดเรืองแสงในความมืด

Toujours deux par deux, ils étaient les yeux des bêtes de proie traquantes.

พวกมันเป็นดวงตาของสัตว์ร้ายที่กำลังล่าเหยื่ออยู่เสมอ โดยจ้องมา
ที่สองต่อสองเสมอ

Il entendit des corps s'écraser à travers les broussailles et des bruits se faire entendre dans la nuit.

เขาได้ยินเสียงร่างกายกระแทกเข้ากับพุ่มไม้และเสียงดังที่เกิดขึ้น
ในยามค่ำคืน

Allongé sur la rive du Yukon, clignant des yeux, Buck rêvait près du feu.

บัคนอนอยู่ริมฝั่งแม่น้ำยูคอน กระพริบตาและฝันถึงกองไฟ

Les images et les sons de ce monde sauvage lui faisaient dresser les cheveux sur la tête.

ภาพและเสียงของโลกอันดุร้ายนั้นทำเอาผมของเขาลุกตั้งขึ้น

La fourrure s'élevait le long de son dos, de ses épaules et de son cou.

ขนลุกไปตามหลัง ไหล่ และคอของเขา

Il gémissait doucement ou émettait un grognement sourd au plus profond de sa poitrine.

เขาครางเบาๆ หรือส่งเสียงคำรามลึกๆ ลงในอกของเขา

Alors le cuisinier métis cria : « Hé, toi Buck, réveille-toi ! »

จากนั้นพ่อครัวลูกครึ่งก็ตะโกนว่า "เฮ้ คุณบัค ตื่นได้แล้ว!"

Le monde des rêves a disparu et la vraie vie est revenue aux yeux de Buck.

โลกแห่งความฝันหายไป และชีวิตจริงกลับคืนสู่ดวงตาของบัคอีกครั้ง

Il allait se lever, s'étirer et bâiller, comme s'il venait de se réveiller d'une sieste.

เขาจะลุกขึ้น ยืดตัว และหาว เหมือนกับตื่นจากการงีบหลับ

Le voyage était difficile, avec le traîneau postal qui traînait derrière eux.

การเดินทางเป็นเรื่องยาก เพราะมีรถเลื่อนไปรษณีย์ลากตามหลังมาด้วย

Les lourdes charges et le travail pénible épuisaient les chiens à chaque longue journée.

การทำงานหนักและการทำงานหนักทำให้สุนัขเหนื่อยล้าในแต่ละวัน

Ils arrivèrent à Dawson maigres, fatigués et ayant besoin de plus d'une semaine de repos.

พวกเขามาถึงเมืองดอว์สันในสภาพที่ผอมแห้ง เหนื่อยล้า และต้องการพักผ่อนนานกว่าหนึ่งสัปดาห์

Mais seulement deux jours plus tard, ils repartaient sur le Yukon.

แต่เพียงสองวันต่อมาพวกเขาก็ออกเดินทางตามแม่น้ำยูคอนอีกครั้ง

Ils étaient chargés de lettres supplémentaires destinées au monde extérieur.

พวกเขาบรรจุจดหมายอีกมากมายซึ่งมุ่งหน้าไปยังโลกภายนอก

Les chiens étaient épuisés et les hommes se plaignaient constamment.

สุนัขเหนื่อยมาก และผู้ชายก็บ่นอยู่ตลอดเวลา

La neige tombait tous les jours, ramollissant le sentier et ralentissant les traîneaux.

หิมะตกทุกวัน ทำให้เส้นทางนุ่มนวลขึ้นและรถเลื่อนหิมะเคลื่อนที่ได้ช้าลง

Cela a rendu la traction plus difficile et a entraîné plus de traînée sur les patins.

ทำให้การดึงยากขึ้นและแรงต้านต่อผู้วิ่งมากขึ้น

Malgré cela, les pilotes étaient justes et se souciaient de leurs équipes.

แม้จะเป็นเช่นนั้น แต่คนขับก็ยังคงยุติธรรมและใส่ใจทีมของพวกเขา

Chaque nuit, les chiens étaient nourris avant que les hommes ne puissent manger.

ในแต่ละคืน สุนัขจะได้รับอาหารก่อนที่ผู้ชายจะได้กินอาหาร

Aucun homme ne dormait avant de vérifier les pattes de son propre chien.

ไม่มีใครนอนหลับโดยไม่ตรวจดูเท้าสุนัขของตัวเอง

Cependant, les chiens s'affaiblissaient à mesure que les kilomètres s'écoulaient sur leur corps.

อย่างไรก็ตาม สุนัขกลับอ่อนแอลงเมื่อร่างกายของพวกมันต้องทำงานหนักขึ้น

Ils avaient parcouru mille huit cents kilomètres pendant l'hiver.

พวกเขาเดินทางได้หนึ่งพันแปดร้อยไมล์ในช่วงฤดูหนาว

Ils ont tiré des traîneaux sur chaque kilomètre de cette distance brutale.

พวกเขาลากเลื่อนข้ามทุกไมล์ในระยะทางอันโหดร้ายนั้น

Même les chiens de traîneau les plus robustes ressentent de la tension après tant de kilomètres.

แม้แต่สุนัขลากเลื่อนที่แข็งแกร่งที่สุดก็ยังรู้สึกถึงความเครียด

หลังจากเดินทางเป็นระยะทางหลายไมล์

Buck a tenu bon, a permis à son équipe de travailler et a maintenu la discipline.

บัคยึดมั่นทำให้ทีมของเขาทำงานและรักษาวินัยไว้

Mais Buck était fatigué, tout comme les autres pendant le long voyage.

แต่บัคก็เหนื่อยเช่นเดียวกับคนอื่นๆ ในการเดินทางอันยาวไกล

Billee gémissait et pleurait dans son sommeil chaque nuit sans faute.

บิลลี่คร่ำครวญและร้องไห้ในขณะหลับทุกคืนโดยไม่พลาด

Joe devint encore plus amer et Solleks resta froid et distant.

โจยิ่งรู้สึกขมขื่นมากขึ้น และโซเลกส์ก็ยังคงเย็นชาและห่างเหิน

Mais c'est Dave qui a le plus souffert de toute l'équipe.

แต่เดฟคือคนที่ต้องทนทุกข์ทรมานมากที่สุดในทีม

Quelque chose n'allait pas en lui, même si personne ne savait quoi.

มีบางสิ่งบางอย่างผิดปกติภายในตัวเขา แม้จะไม่มีใครรู้ว่าคืออะไร

ก็ตาม

Il est devenu de plus en plus maussade et s'en est pris aux autres avec une colère croissante.

เขาเริ่มอารมณ์แปรปรวนมากขึ้น และโกรธคนอื่นมากขึ้น

Chaque nuit, il se rendait directement à son nid, attendant d'être nourri.

ในแต่ละคืนมันจะตรงไปยังรังของมันเพื่อรอรับอาหาร

Une fois tombé, Dave ne s'est pas relevé avant le matin.

เมื่อเขาลงมาแล้ว เดฟก็ไม่ลุกขึ้นอีกเลยจนกระทั่งเช้า

Sur les rênes, des secousses ou des sursauts brusques le faisaient crier de douleur.

เมื่อบังคับม้าให้กระตุกหรือเริ่มกระทันหัน เขาจะร้องออกมาด้วยความเจ็บปวด

Son chauffeur a recherché la cause du sinistre, mais n'a constaté aucune blessure.

คนขับรถของเขาพยายามค้นหาสาเหตุ แต่ไม่พบผู้ได้รับบาดเจ็บ

Tous les conducteurs ont commencé à regarder Dave et ont discuté de son cas.

คนขับรถทุกคนเริ่มมองดูเดฟและพูดคุยเกี่ยวกับกรณีของเขา

Ils ont discuté pendant les repas et pendant leur dernière cigarette de la journée.

พวกเขาคุยกันระหว่างมื้ออาหารและระหว่างสูบบุหรี่ครั้งสุดท้ายของวัน

Une nuit, ils ont tenu une réunion et ont amené Dave au feu.

คืนหนึ่งพวกเขาประชุมกันและพาเดฟไปที่กองไฟ

Ils pressèrent et sondèrent son corps, et il cria souvent.

พวกเขาพยายามบีบบังคับและตรวจค้นร่างกายของเขาจนเขาต้องร้องตะโกนบ่อยครั้ง

De toute évidence, quelque chose n'allait pas, même si aucun os ne semblait cassé.

เห็นได้ชัดว่ามีบางอย่างผิดปกติ แม้ว่าจะไม่มีกระดูกใดที่ดูเหมือนจะหักก็ตาม

Au moment où ils atteignirent Cassiar Bar, Dave était en train de tomber.

ตอนที่พวกเขาไปถึงคาสเซียร์ บาร์ เดฟก็ล้มลงแล้ว

Le métis écossais a appelé à la fin et a retiré Dave de l'équipe.

ลูกครึ่งสก็อตแลนด์สั่งหยุดและไล่เดฟออกจากทีม

Il a attaché Solleks à la place de Dave, le plus près de l'avant du traîneau.

เขายึด Solleks ไว้แทน Dave ซึ่งอยู่ใกล้กับด้านหน้าของรถเลื่อน

มากที่สุด

Il avait l'intention de laisser Dave se reposer et courir librement derrière le traîneau en mouvement.

เขาตั้งใจจะปล่อยให้เดฟได้พักผ่อนและวิ่งเล่นตามเลื่อนที่กำลัง

เคลื่อนที่

Mais même malade, Dave détestait être privé du travail qu'il avait occupé.

แต่ถึงแม้จะป่วย เดฟก็ยังเกลียดที่จะถูกหักออกจากงานที่เขาเคยทำ

Il grogna et gémit tandis que les rênes étaient retirées de son corps.

เขาขู่และครางครวญขณะที่สายบังเหียนถูกดึงออกจากตัวของเขา

Quand il vit Solleks à sa place, il pleura de douleur.

เมื่อเห็นโซเลคส์อยู่ในสถานที่ของเขา เขาก็ร้องไห้ด้วยความ

เจ็บปวดใจสลาย

La fierté du travail sur les sentiers était profonde chez Dave, même à l'approche de la mort.

ความภาคภูมิใจในการทำงานเส้นทางยังคงอยู่ในตัวเดฟ แม้ว่า

ความตายจะใกล้เข้ามา

Alors que le traîneau se déplaçait, Dave pataugeait dans la neige molle près du sentier.

ขณะที่รถเลื่อนเคลื่อนที่ เดฟก็ดิ้นรนไปในหิมะที่อ่อนนุ่มใกล้
เส้นทาง

Il a attaqué Solleks, le mordant et le poussant du côté du
traîneau.

เขาโจมตีโซเลกส์โดยกัดและผลักเขาจากด้านข้างของรถเลื่อน

Dave a essayé de sauter dans le harnais et de récupérer sa
place de travail.

เดฟพยายามกระโดดเข้าไปในสายรัดและกลับมายืนที่เดิมเพื่อ

ทำงาน

Il hurlait, gémissait et pleurait, déchiré entre la douleur et la
fierté du travail.

เขาส่งเสียงร้องโหยหวน คร่ำครวญ และร้องไห้ สับสนระหว่าง

ความเจ็บปวดและความภาคภูมิใจในการทำงานหนัก

Le métis a utilisé son fouet pour essayer de chasser Dave de
l'équipe.

ลูกครึ่งใช้แส้ของเขาเพื่อพยายามไล่เดฟออกไปจากทีม

Mais Dave ignora le coup de fouet, et l'homme ne put pas le
frapper plus fort.

แต่เดฟไม่สนใจการเฆี่ยนตี และชายคนนั้นก็ไม่สามารถตีเขาได้
แรงกว่านี้

Dave a refusé le chemin le plus facile derrière le traîneau, où
la neige était tassée.

เดฟปฏิเสธเส้นทางที่ง่ายกว่าด้านหลังรถเลื่อนซึ่งมีหิมะปกคลุมอยู่

Au lieu de cela, il se débattait dans la neige profonde à côté
du sentier, dans la misère.

แต่เขาต้องดิ้นรนต่อสู้ในหิมะลึกข้างเส้นทางอย่างทุกข์ทรมาน

Finalement, Dave s'est effondré, allongé dans la neige et
hurlant de douleur.

ในที่สุด เดฟก็ล้มลง นอนอยู่บนหิมะ และร้องโหยหวนด้วยความ
เจ็บปวด

Il cria tandis que le long train de traîneaux le dépassait un
par un.

เขาร้องตะโกนในขณะที่ขบวนรถเลื่อนยาววิ่งผ่านเขาไปทีละคัน

Pourtant, avec ce qu'il lui restait de force, il se leva et
trébucha après eux.

แม้ว่าเขาจะยังมีพละกำลังเหลืออยู่ แต่เขาก็ยังคงลุกขึ้นและเดินตาม
พวกเขาไป

Il l'a rattrapé lorsque le train s'est arrêté à nouveau et a
retrouvé son vieux traîneau.

เขาตามทันเมื่อรถไฟหยุดอีกครั้งและพบเลื่อนเก่าของเขา

Il a dépassé les autres équipes et s'est retrouvé à nouveau
aux côtés de Solleks.

เขาดิ้นรนแซงทีมอื่นๆ ไปและมายืนอยู่ข้างโซเลกส์อีกครั้ง

Alors que le conducteur s'arrêtait pour allumer sa pipe, Dave
saisit sa dernière chance.

ในขณะที่คนขับหยุดเพื่อจุดไปป์ เดฟก็คว้าโอกาสสุดท้ายของเขา

Lorsque le chauffeur est revenu et a crié, l'équipe n'a pas
avancé.

เมื่อคนขับรถกลับมาและตะโกน ทีมก็ไม่ยอมเดินหน้าต่อ

Les chiens avaient tourné la tête, déconcertés par l'arrêt
soudain.

สุนัขหันหัวไปมาเพราะสับสนจากการหยุดกะทันหัน

Le conducteur était également choqué : le traîneau n'avait
pas avancé d'un pouce.

คนขับก็ตกใจเช่นกัน เพราะรถเลื่อนไม่ได้ขยับไปข้างหน้าแม้แต่
น้อย

Il a appelé les autres pour qu'ils viennent voir ce qui s'était
passé.

เขาเรียกคนอื่นๆ ให้มาดูว่าเกิดอะไรขึ้น

Dave avait mâché les rênes de Solleks, les brisant toutes les deux.

เดฟได้กัดสายบังเหียนของโซเลกส์จนขาดทั้งสองข้าง

Il se tenait maintenant devant le traîneau, de retour à sa position légitime.

ตอนนี้เขายืนอยู่ข้างหน้ารถเลื่อน กลับสู่ตำแหน่งที่ถูกต้องของเขา

Dave leva les yeux vers le conducteur, le suppliant silencieusement de rester dans les traces.

เดฟเงยหน้าขึ้นมองคนขับ พร้อมกับอ้อนวอนอย่างเงียบๆ ว่าอย่าให้ต้องจอดตาม

Le conducteur était perplexe, ne sachant pas quoi faire pour le chien en difficulté.

คนขับรู้สึกงุนงง ไม่รู้ว่าจะต้องทำอย่างไรกับสุนัขที่กำลังดิ้นรนอยู่

Les autres hommes parlaient de chiens qui étaient morts après avoir été emmenés dehors.

ผู้ชายคนอื่นๆ พูดถึงสุนัขที่ตายจากการถูกพาออกไป

Ils ont parlé de chiens âgés ou blessés dont le cœur se brisait lorsqu'ils étaient abandonnés.

พวกเขาเล่าถึงสุนัขแก่หรือสุนัขที่ได้รับบาดเจ็บที่หัวใจจะแตกสลายเมื่อถูกทิ้งไว้ข้างหลัง

Ils ont convenu que c'était une preuve de miséricorde de laisser Dave mourir alors qu'il était encore dans son harnais.

พวกเขาตกลงกันว่าเป็นความเมตตาที่จะปล่อยให้เดฟตายในขณะที่ยังอยู่ภายใต้การควบคุมของเขา

Il était attaché au traîneau et Dave tirait avec fierté.

เขาถูกมัดกลับเข้ากับรถเลื่อน และเดฟก็ดึงรถด้วยความภาคภูมิใจ

Même s'il criait parfois, il travaillait comme si la douleur pouvait être ignorée.

แม้ว่าบางครั้งเขาจะร้องไห้ แต่เขาก็ทำเหมือนกับว่าความเจ็บปวด
นั้นไม่สามารถถูกละเลยได้

Plus d'une fois, il est tombé et a été traîné avant de se relever.

มีหลายครั้งที่เขาล้มและถูกฉุดดึงก่อนจะลุกขึ้นมาอีกครั้ง

Un jour, le traîneau l'a écrasé et il a boité à partir de ce moment-là.

ครั้งหนึ่ง รถเลื่อนกลิ้งทับเขา และเขาก็เดินกะเผลกตั้งแต่นั้นเป็น
ต้นมา

Il travailla néanmoins jusqu'à ce qu'il atteigne le camp, puis s'allongea près du feu.

**อย่างไรก็ตามเขายังคงทำงานจนกระทั่งถึงค่าย แล้วจึงนอนอยู่ใกล้
กองไฟ**

Le matin, Dave était trop faible pour voyager ou même se tenir debout.

เมื่อถึงเช้า เดฟก็อ่อนแรงเกินกว่าจะเดินทางหรือแม้แต่จะยืนตรง
ได้

Au moment de l'attelage, il essaya d'atteindre son conducteur avec un effort tremblant.

เมื่อถึงเวลารัดเข็มขัดนิรภัย เขาพยายามจะเอื้อมถึงคนขับด้วยแรง
อันสั่นเทา

Il se força à se relever, tituba et s'effondra sur le sol enneigé.

เขาฝืนตัวเองลุกขึ้น เซ และล้มลงบนพื้นที่เต็มไปด้วยหิมะ

À l'aide de ses pattes avant, il a traîné son corps vers la zone de harnais.

เขาใช้ขาหน้าลากร่างไปยังบริเวณสายรัด

Il s'avança, pouce par pouce, vers les chiens de travail.

เขาค่อย ๆ ขยับตัวไปข้างหน้าทีละน้อยเพื่อเข้าหาสุนัขทำงาน

Ses forces l'abandonnèrent, mais il continua d'avancer dans sa dernière poussée désespérée.

กำลังของเขาหมดลง แต่เขายังคงเดินหน้าต่อไปในการผลักดันครั้งสุดท้ายอย่างสิ้นหวัง

Ses coéquipiers l'ont vu haleter dans la neige, impatients de les rejoindre.

เพื่อนร่วมทีมของเขาเห็นเขาหายใจแรงในหิมะ และยังคงปรารถนาที่จะเข้าร่วมกับพวกเขา

Ils l'entendirent hurler de tristesse alors qu'ils quittaient le camp.

พวกเขาได้ยินเขาคร่ำครวญด้วยความเศร้าโศกขณะที่พวกเขาออกจากค่าย

Alors que l'équipe disparaissait dans les arbres, le cri de Dave résonna derrière eux.

ในขณะที่ทีมหายลับเข้าไปในป่า เสียงร้องของเดฟก็ดังสะท้อนอยู่ข้างหลังพวกเขา

Le train de traîneaux s'est brièvement arrêté après avoir traversé un tronçon de forêt fluviale.

รถไฟเลื่อนหยุดชั่วครู่หลังจากข้ามท่อนไม้ริมแม่น้ำ

Le métis écossais retourna lentement vers le camp situé derrière lui.

ลูกครึ่งสก็อตเดินช้าๆ กลับไปที่ค่ายด้านหลัง

Les hommes ont arrêté de parler quand ils l'ont vu quitter le train de traîneaux.

คนเหล่านั้นหยุดพูดคุยกันเมื่อเห็นเขาออกจากรถไฟเลื่อน

Puis un coup de feu retentit clairement et distinctement de l'autre côté du sentier.

จากนั้นก็มีเสียงปืนดังขึ้นชัดเจนและคมชัดข้ามเส้นทาง

L'homme revint rapidement et reprit sa place sans un mot.

ชายผู้นั้นกลับมาอย่างรวดเร็วและไปยืนในตำแหน่งของเขาโดยไม่
พูดอะไรสักคำ

**Les fouets claquaient, les cloches tintaient et les traîneaux
roulaient dans la neige.**

เสียงแส้สะบัดดัง ระฆังดังกริ๊ง และรถเลื่อนแล่นไปบนหิมะ

**Mais Buck savait ce qui s'était passé, et tous les autres chiens
aussi.**

แต่บัครู้ว่าเกิดอะไรขึ้น และสุนัขตัวอื่นๆ ก็รู้เช่นกัน

Le travail des rênes et du sentier
ความเหน็ดเหนื่อยของบังเหียนและเส้นทาง

Trente jours après avoir quitté Dawson, le Salt Water Mail atteignit Skaguay.

สามสิบวันหลังจากออกจาก Dawson จดหมาย Salt Water Mail ก็มาถึง Skaguay

Buck et ses coéquipiers ont pris la tête, arrivant dans un état pitoyable.

บั๊กและเพื่อนร่วมทีมขึ้นนำ แต่มาในสภาพที่น่าสมเพช

Buck était passé de cent quarante à cent quinze livres.

น้ำหนักบัคลดลงจากหนึ่งร้อยสี่สิบปอนด์เหลือหนึ่งร้อยสิบห้าปอนด์

Les autres chiens, bien que plus petits, avaient perdu encore plus de poids.

สุนัขตัวอื่นๆ แม้จะมีขนาดเล็กกว่า แต่ก็สูญเสียน้ำหนักตัวมากกว่า

Pike, autrefois un faux boiteux, traînait désormais derrière lui une jambe véritablement blessée.

ไพค์ที่เคยเป็นขาพิการปลอมๆ ตอนนี้ต้องลากขาที่บาดเจ็บจริงๆ ไว้ข้างหลัง

Solleks boitait beaucoup et Dub avait une omoplate déchirée.

โซลเลกส์เดินกะเผลกอย่างหนัก และดับก็มีกระดูกสะบักที่ได้รับบาดเจ็บ

Tous les chiens de l'équipe avaient mal aux pieds après des semaines passées sur le sentier gelé.

สุนัขในทีมทุกตัวมีแผลที่เท้าจากการเดินบนเส้นทางที่เป็นน้ำแข็งมาเป็นเวลาหลายสัปดาห์

Ils n'avaient plus aucun ressort dans leurs pas, seulement un mouvement lent et traînant.

พวกเขาไม่มีแรงเดินเหลืออยู่เลย มีเพียงการเคลื่อนไหวช้าๆ และลากยาว

Leurs pieds heurtent durement le sentier, chaque pas ajoutant plus de tension à leur corps.

เท้าของพวกเขาเหยียบลงบนเส้นทางอย่างแรง โดยแต่ละก้าวก็ยิ่งทำให้ร่างกายต้องรับแรงกดดันมากขึ้น

Ils n'étaient pas malades, seulement épuisés au-delà de toute guérison naturelle.

พวกเขาไม่ได้ป่วย เพียงแค่หมดเรี่ยวแรงจนไม่สามารถรักษาตัวเองได้อีกต่อไป

Ce n'était pas la fatigue d'une dure journée, guérie par une nuit de repos.

นี่ไม่ใช่ความเหนื่อยล้าจากการทำงานหนักเพียงวันเดียว แต่ก็หายได้ด้วยการพักผ่อนเพียงคืนเดียว

C'était un épuisement qui s'était construit lentement au fil de mois d'efforts épuisants.

มันเป็นความเหนื่อยล้าที่ค่อยๆ สะสมจากความพยายามอย่างหนักเป็นเวลานานหลายเดือน

Il ne leur restait plus aucune force de réserve : ils avaient épuisé toutes leurs forces.

ไม่มีกำลังสำรองเหลืออยู่เลย พวกเขาใช้ไปหมดทุกหน่วยที่มีแล้ว

Chaque muscle, chaque fibre et chaque cellule de leur corps étaient épuisés et usés.

กล้ามเนื้อ เส้นใย และเซลล์ทุกเซลล์ในร่างกายล้วนถูกใช้และสึกหรอไป

Et il y avait une raison : ils avaient parcouru deux mille cinq cents kilomètres.

และมีเหตุผล—พวกเขาได้เดินทางมาแล้วกว่าสองพันห้าร้อยไมล์

Ils ne s'étaient reposés que cinq jours au cours des mille huit cents derniers kilomètres.

พวกเขาได้พักผ่อนเพียงห้าวันเท่านั้นในช่วงหนึ่งพันแปดร้อยไมล์ที่ผ่านมา

Lorsqu'ils arrivèrent à Skaguay, ils semblaient à peine capables de se tenir debout.

เมื่อพวกเขามาถึงสเกกวัย พวกเขาแทบจะยืนตัวตรงไม่ได้เลย

Ils ont lutté pour garder les rênes serrées et rester devant le traîneau.

พวกเขาพยายามดิ้นรนที่จะบังคับสายบังเหียนให้แน่นและอยู่ข้างหน้ารถเลื่อน

Dans les descentes, ils ont tout juste réussi à éviter d'être écrasés.

บนทางลาดลงพวกเขาทำได้เพียงหลีกเลี่ยงการถูกชนเท่านั้น

« Continuez, pauvres pieds endoloris », dit le chauffeur tandis qu'ils boitaient.

"เดินต่อไปเถอะ เท้าที่เจ็บ" คนขับรถพูดขณะที่พวกเขาเดินกะเผลกไปเรื่อยๆ

« C'est la dernière ligne droite, après quoi nous aurons tous droit à un long repos, c'est sûr. »

"นี่คือช่วงสุดท้ายแล้ว จากนั้นเราทุกคนจะได้พักผ่อนยาวๆ อย่างแน่นอน"

« Un très long repos », promit-il en les regardant avancer en titubant.

"การพักผ่อนอันยาวนานจริงๆ" เขาสัญญาขณะมองดูพวกเขาเดินโซเซไปข้างหน้า

Les pilotes s'attendaient à bénéficier d'une longue pause bien méritée.

ผู้ขับขี่คาดหวังว่าพวกเขาจะได้พักเป็นเวลานานตามที่จำเป็น

Ils avaient parcouru douze cents milles avec seulement deux jours de repos.

พวกเขาเดินทางไปไกลถึงหนึ่งพันสองร้อยไมล์โดยมีเวลาพักผ่อนเพียงสองวัน

Par souci d'équité et de raison, ils estimaient avoir mérité un temps de détente.

ด้วยความยุติธรรมและเหตุผล พวกเขารู้สึกว่าตนสมควรได้รับเวลาพักผ่อน

Mais trop de gens étaient venus au Klondike et trop peu étaient restés chez eux.

แต่มีคนจำนวนมากเกินไปที่ไปที่คลอนไดค์ และมีเพียงไม่กี่คนที่อยู่บ้าน

Les lettres des familles ont afflué, créant des piles de courrier en retard.

จดหมายจากครอบครัวต่างๆ หลั่งไหลเข้ามา ทำให้เกิดจดหมายล่าช้าเป็นกอง

Les ordres officiels sont arrivés : de nouveaux chiens de la Baie d'Hudson allaient prendre le relais.

คำสั่งอย่างเป็นทางการมาถึงแล้ว—สุนัขฮัดสันเบย์ตัวใหม่กำลังจะเข้ามารับหน้าที่แทน

Les chiens épuisés, désormais considérés comme sans valeur, devaient être éliminés.

สุนัขที่เหนื่อยล้าซึ่งปัจจุบันเรียกว่าไร้ค่าจะต้องถูกกำจัดทิ้ง

Comme l'argent comptait plus que les chiens, ils allaient être vendus à bas prix.

เนื่องจากเงินสำคัญกว่าสุนัข จึงขายได้ในราคาถูก

Trois jours supplémentaires passèrent avant que les chiens ne ressentent à quel point ils étaient faibles.

ผ่านไปอีกสามวันก่อนที่สุนัขจะรู้สึกว่ามันอ่อนแอแค่ไหน

Le quatrième matin, deux hommes venus des États-Unis ont acheté toute l'équipe.

เช้าวันที่สี่ ผู้ชายสองคนจากอเมริกาซื้อทีมทั้งหมด

La vente comprenait tous les chiens, ainsi que leur harnais usagé.

การขายนี้รวมสุนัขทุกตัวพร้อมทั้งอุปกรณ์รัดตัวที่สึกหรอของ

สุนัขด้วย

Les hommes s'appelaient mutuellement « Hal » et « Charles » lorsqu'ils concluaient l'affaire.

ชายทั้งสองเรียกกันว่า "ฮาล" และ "ชาร์ลส์" ในขณะที่พวกเขาทำ

ข้อตกลงเสร็จสิ้น

Charles était d'âge moyen, pâle, avec des lèvres molles et des pointes de moustache féroces.

ชาร์ลส์เป็นคนวัยกลางคน ผิวซีด มีริมฝีปากเหี่ยวและมีหนวดที่

แหลมคม

Hal était un jeune homme, peut-être âgé de dix-neuf ans, portant une ceinture bourrée de cartouches.

ฮาลเป็นชายหนุ่มอายุน่าจะประมาณสิบเก้าปีที่สวมเข็มขัดที่ยัด

ด้วยกระสุนปืน

La ceinture contenait un gros revolver et un couteau de chasse, tous deux inutilisés.

เข็มขัดมีปืนลูกโม่ขนาดใหญ่และมีดล่าสัตว์ซึ่งไม่ได้ใช้งานอยู่

Cela a montré à quel point il était inexpérimenté et inapte à la vie dans le Nord.

มันแสดงให้เห็นว่าเขาขาดประสบการณ์และไม่เหมาะกับชีวิตใน

ภาคเหนือ

Aucun des deux hommes n'appartenait à la nature sauvage ; leur présence défiait toute raison.

ทั้งสองมนุษย์ไม่ควรอยู่ในป่า การมีอยู่ของพวกเขาขัดต่อเหตุผล
ใดๆ ทั้งสิ้น

Buck a regardé l'argent échanger des mains entre l'acheteur
et l'agent.

บั๊กเฝ้าดูขณะที่เงินถูกแลกเปลี่ยนระหว่างผู้ซื้อและตัวแทน

Il savait que les conducteurs du train postal allaient le
quitter comme les autres.

เขารู้ว่าพนักงานขับรถไฟไปรษณีย์กำลังจะทิ้งชีวิตเขาไป
เช่นเดียวกับคนอื่นๆ

Ils suivirent Perrault et François, désormais irrévocables.

พวกเขาติดตาม Perrault และ François จนไม่มีใครจำได้อีกต่อไป
แล้ว

Buck et l'équipe ont été conduits dans le camp négligé de
leurs nouveaux propriétaires.

บั๊กและทีมถูกนำไปยังค่ายทรุดโทรมของเจ้าของใหม่

La tente s'affaissait, la vaisselle était sale et tout était en
désordre.

เต็นท์ทรุดโทรม จานชามสกปรก และทุกสิ่งทุกอย่างไม่เป็น
ระเบียบ

Buck remarqua également une femme : Mercedes, la femme
de Charles et la sœur de Hal.

บัคสังเกตเห็นผู้หญิงคนหนึ่งตรงนั้นด้วย—เมอร์เซเดส ภรรยาของ
ชาร์ลส์ และน้องสาวของฮาล

Ils formaient une famille complète, bien que loin d'être
adaptée au sentier.

พวกเขาสร้างครอบครัวที่สมบูรณ์แบบ ถึงแม้จะไม่เหมาะกับ
เส้นทางก็ตาม

Buck regarda nerveusement le trio commencer à emballer les fournitures.

บัคเฝ้าดูอย่างกังวลขณะที่ทั้งสามคนเริ่มเก็บสิ่งของ

Ils ont travaillé dur mais sans ordre, juste du grabuge et des efforts gaspillés.

พวกเขาทำงานหนักแต่ไม่มีระเบียบ มีแต่เรื่องวุ่นวายและความพยายามที่สูญเปล่า

La tente a été roulée dans une forme volumineuse, beaucoup trop grande pour le traîneau.

เต็นท์ถูกม้วนเป็นรูปร่างใหญ่เทอะทะ ใหญ่เกินกว่าที่จะบรรทุกเลื่อนได้

La vaisselle sale a été emballée sans avoir été nettoyée ni séchée du tout.

จานสกปรกถูกบรรจุโดยไม่ได้ทำความสะอาดหรือทำให้แห้งเลย

Mercedes voltigeait, parlant constamment, corrigeant et intervenant.

เมอร์เซเดสกระพือปีกอยู่ตลอดเวลา พูดคุย แก้ไข และแทรกแซงอยู่ตลอดเวลา

Lorsqu'un sac était placé à l'avant, elle insistait pour qu'il soit placé à l'arrière.

เมื่อวางกระสอบไว้ด้านหน้า เธอก็ยืนกรานให้วางไว้ด้านหลัง

Elle a mis le sac au fond, et l'instant d'après, elle en avait besoin.

เธอบรรจุกระสอบไว้ที่ด้านล่างและวินาทีถัดไปเธอก็ต้องการมัน

Le traîneau a donc été déballé à nouveau pour atteindre le sac spécifique.

จากนั้นจึงนำเลื่อนออกมาอีกครั้งเพื่อไปหยิบถุงใบหนึ่งที่ต้องการ

À proximité, trois hommes se tenaient devant une tente, observant la scène se dérouler.

ใกล้ๆ กัน มีชายสามคนยืนอยู่หน้าเต็นท์ มองดูเหตุการณ์ที่เกิดขึ้น

Ils souriaient, faisaient des clins d'œil et souriaient à la confusion évidente des nouveaux arrivants.

พวกเขายิ้ม กระพริบตา และยิ้มกริ่มให้กับความสับสนที่ชัดเจนของผู้มาใหม่

« Vous avez déjà une charge très lourde », dit l'un des hommes.

"คุณมีน้ำหนักมากจริงๆ นะ" ชายคนหนึ่งกล่าว

« Je ne pense pas que tu devrais porter cette tente, mais c'est ton choix. »

"ฉันไม่คิดว่าคุณควรจะถือเต็นท์นั้นไป แต่เป็นทางเลือกของคุณ"

« Inimaginable ! » s'écria Mercedes en levant les mains de désespoir.

"ไม่ฝันเลย!" เมอร์เซเดสร้องออกมาพร้อมยกมือขึ้นด้วยความสิ้นหวัง

« Comment pourrais-je voyager sans une tente sous laquelle dormir ? »

"ฉันจะเดินทางได้อย่างไรหากไม่มีเต็นท์ให้พักใต้หลังคา?"

« C'est le printemps, vous ne verrez plus jamais de froid », répondit l'homme.

"ตอนนี้เป็นฤดูใบไม้ผลิแล้ว คุณจะไม่เห็นอากาศหนาวเย็นอีกแล้ว" ชายคนนั้นตอบ

Mais elle secoua la tête et ils continuèrent à empiler des objets sur le traîneau.

แต่เธอส่ายหัว และพวกเขาก็ยังคงวางสิ่งของต่างๆ ไว้บนเลื่อน

La charge s'élevait dangereusement alors qu'ils ajoutaient les dernières choses.

โหลดสูงจนเป็นอันตรายเมื่อพวกเขาเพิ่มสิ่งสุดท้ายเข้าไป

« Tu penses que le traîneau va rouler ? » demanda l'un des hommes avec un regard sceptique.

"คิดว่ารถเลื่อนจะขี่ได้เหรอ?" ชายคนหนึ่งถามด้วยท่าทางไม่เชื่อ

« Pourquoi pas ? » rétorqua Charles, vivement agacé.

"ทำไมจะไม่ได้ล่ะ" ชาร์ลสสวนกลับด้วยความรำคาญอย่างรุนแรง

« Oh, ce n'est pas grave », dit rapidement l'homme, s'éloignant de l'offense.

"โอ้ ไม่เป็นไร" ชายคนนั้นพูดอย่างรวดเร็ว และถอยห่างจากสิ่งที่กำลังทำอยู่

« Je me demandais juste – ça me semblait un peu trop lourd. »

"ฉันแค่สงสัยว่ามันดูหนักไปนิดสำหรับฉัน"

Charles se détourna et attacha la charge du mieux qu'il put.

ชาร์ลส์หันกลับไปและผูกภาระให้ดีที่สุดเท่าที่จะทำได้

Mais les attaches étaient lâches et l'emballage mal fait dans l'ensemble.

แต่การผูกนั้นหลวมและการบรรจุโดยรวมก็ทำได้ไม่ดี

« Bien sûr, les chiens tireront ça toute la journée », a dit un autre homme avec sarcasme.

"แน่นอน สุนัขจะทำแบบนั้นตลอดทั้งวัน" ชายอีกคนพูดอย่างประชดประชัน

« Bien sûr », répondit froidement Hal en saisissant le long mât du traîneau.

"แน่นอน" ฮาลตอบอย่างเย็นชาขณะคว้าเสาค้ำที่ยาวของรถเลื่อน

D'une main sur le poteau, il faisait tournoyer le fouet dans l'autre.

เขาใช้มือข้างหนึ่งจับเสา และใช้มืออีกข้างฟาดแส้

« Allons-y ! » cria-t-il. « Allez ! » exhortant les chiens à démarrer.

"ไปกันเถอะ!" เขาร้องตะโกน "ขยับตัวหน่อย!" เร่งเร้าให้สุนัขเริ่ม

Les chiens se sont penchés sur le harnais et ont tendu pendant quelques instants.

สุนัขเอนตัวเข้าไปในสายรัดและเกร็งอยู่ครู่หนึ่ง

Puis ils s'arrêtèrent, incapables de déplacer d'un pouce le traîneau surchargé.

แล้วพวกเขาก็หยุดลง โดยไม่สามารถขยับเลื่อนที่บรรทุกของเกิน

ขนาดได้แม้แต่น้อย

« Ces brutes paresseuses ! » hurla Hal en levant le fouet pour les frapper.

"พวกสัตว์ขี้เกียจ!" ฮาลตะโกนพร้อมกับยกแส้ขึ้นเพื่อโจมตีพวก

มัน

Mais Mercedes s'est précipitée et a saisi le fouet des mains de Hal.

แต่เมอร์เซเดสรีบเข้ามาและคว้าแส้จากมือของฮาล

« Oh, Hal, n'ose pas leur faire de mal », s'écria-t-elle, alarmée.

"โอ้ ฮาล อย่าได้กล้าทำร้ายพวกเขานะ" เธอร้องด้วยความตื่น

ตระหนก

« Promets-moi que tu seras gentil avec eux, sinon je n'irai pas plus loin. »

"สัญญากับฉันสิว่าคุณจะใจดีกับพวกเขา ไม่งั้นฉันจะไม่ก้าวไปอีก

ขั้น"

« Tu ne connais rien aux chiens », lança Hal à sa sœur.

"เธอไม่รู้เรื่องสุนัขเลย" ฮาลตะคอกใส่พี่สาวของเขา

« Ils sont paresseux, et la seule façon de les déplacer est de les fouetter. »

"พวกมันขี้เกียจ และวิธีเดียวที่จะเคลื่อนย้ายพวกมันได้คือการ

เฆี่ยนตีพวกมัน"

« Demandez à n'importe qui, demandez à l'un de ces hommes là-bas si vous doutez de moi. »

"ถามใครก็ได้—ถามผู้ชายคนใดคนหนึ่งที่นั่นถ้าคุณสงสัยฉัน"

Mercedes regarda les spectateurs avec des yeux suppliants et pleins de larmes.

เมอร์เซเดสมองดูผู้คนด้วยดวงตาที่วิงวอนและมีน้ำตาคลอเบ้า

Son visage montrait à quel point elle détestait la vue de la douleur.

ใบหน้าของเธอแสดงให้เห็นว่าเธอเกลียดการเห็นความเจ็บปวด

มากแค่ไหน

« Ils sont faibles, c'est tout », dit un homme. « Ils sont épuisés. »

ชายคนหนึ่งกล่าวว่า "พวกเขาอ่อนแอมาก พวกมันเหนื่อยล้า"

« Ils ont besoin de repos, ils ont travaillé trop longtemps sans pause. »

"พวกเขาต้องการพักผ่อน—พวกเขาทำงานมานานเกินไปโดย

ไม่ได้พักผ่อนเลย"

« Que le repos soit maudit », murmura Hal, la lèvre retroussée.

"ขอให้คำสาปจงหมดไป" ฮาลพึมพำพร้อมกับยกริมฝีปากขึ้น

Mercedes haleta, clairement peinée par ce mot grossier de sa part.

เมอร์เซเดสหายใจไม่ออก แสดงความเจ็บปวดอย่างเห็นได้ชัดจาก

คำพูดหยาบคายของเขา

Pourtant, elle est restée loyale et a immédiatement défendu son frère.

อย่างไรก็ตามเธอยังคงภักดีและปกป้องพี่ชายของเธอทันที

« Ne fais pas attention à cet homme », dit-elle à Hal. « Ce sont nos chiens. »

"อย่าไปสนใจผู้ชายคนนั้นเลย" เธอกล่าวกับฮาล "พวกมันเป็นหมา

ของเรา"

« Vous les conduisez comme bon vous semble, faites ce que vous pensez être juste. »

"คุณขับมันตามที่คุณเห็นว่าเหมาะสม—ทำในสิ่งที่คุณคิดว่า
ถูกต้อง"

Hal leva le fouet et frappa à nouveau les chiens sans pitié.

ฮาลยกแส้ขึ้นและฟาดสุนัขอีกครั้งอย่างไม่ปรานี

Ils se sont précipités en avant, le corps bas, les pieds
poussant dans la neige.

พวกเขาพุ่งตัวไปข้างหน้า ร่างกายต่ำลง และเท้าเหยียบไปในหิมะ

Toutes leurs forces étaient utilisées pour tirer, mais le
traîneau ne bougeait pas.

พวกเขาใช้พลังทั้งหมดไปกับการดึง แต่รถเลื่อนกลับไม่เคลื่อนที่

Le traîneau est resté coincé, comme une ancre figée dans la
neige tassée.

รถเลื่อนยังคงติดอยู่เหมือนกับสมอที่ถูกแช่แข็งในหิมะที่อัดแน่น

Après un deuxième effort, les chiens s'arrêtèrent à nouveau,
haletants.

หลังจากพยายามครั้งที่สอง สุนัขก็หยุดอีกครั้ง และหายใจหอบ
อย่างหนัก

Hal leva à nouveau le fouet, juste au moment où Mercedes
intervenait à nouveau.

ฮาลยกแส้ขึ้นอีกครั้ง ในขณะที่เมอร์เซเดสเข้ามาขัดขวางอีกครั้ง

Elle tomba à genoux devant Buck et lui serra le cou.

เธอคุกเข่าลงตรงหน้าบัคและกอดคอเขา

Les larmes lui montèrent aux yeux tandis qu'elle suppliait le
chien épuisé.

น้ำตาคลอเบ้าขณะที่เธอวิงวอนสุนัขที่เหนื่อยล้า

« Pauvres chéris », dit-elle, « pourquoi ne tirez-vous pas plus
fort ? »

"พวกคุณน่าสงสารจัง" เธอกล่าว "ทำไมคุณไม่ดึงแรงกว่านี้ล่ะ?"

« Si tu tires, tu ne seras pas fouetté comme ça. »

ถ้าดึงก็จะไม่ได้โดนตีแบบนี้

Buck n'aimait pas Mercedes, mais il était trop fatigué pour lui résister maintenant.

บัคไม่ชอบเมอร์เซเดส แต่เขาเหนื่อยเกินกว่าจะต่อต้านเธอตอนนี้

Il accepta ses larmes comme une simple partie de cette journée misérable.

เขารับน้ำตาของเธอว่าเป็นเพียงส่วนหนึ่งของวันอันน่าเศร้าเท่านั้น

L'un des hommes qui regardaient a finalement parlé après avoir retenu sa colère.

ในที่สุดชายคนหนึ่งที่เฝ้าดูก็พูดขึ้นหลังจากพยายามระงับความโกรธไว้

« Je me fiche de ce qui vous arrive, mais ces chiens comptent. »

"ฉันไม่สนใจว่าจะเกิดอะไรขึ้นกับพวกคุณ แต่สุนัขพวกนั้นสำคัญ"

« Si vous voulez aider, détachez ce traîneau, il est gelé dans la neige. »

"ถ้าคุณอยากช่วย ก็ช่วยดึงเลื่อนนั้นออกซะ เพราะมันแข็งตัวจนติดหิมะแล้ว"

« Appuyez fort sur la perche, à droite et à gauche, et brisez le sceau de glace. »

"กดเสาค้ำแรงๆ ทั้งขวาและซ้าย เพื่อทำลายผนึกน้ำแข็ง"

Une troisième tentative a été faite, cette fois-ci suite à la suggestion de l'homme.

ความพยายามครั้งที่สามเกิดขึ้นคราวนี้ตามคำแนะนำของชายคนนี้

Hal a balancé le traîneau d'un côté à l'autre, libérant les patins.

ฮาลโยกเลื่อนไปมา ทำให้ผู้วิ่งหลุดออกไป

Le traîneau, bien que surchargé et maladroit, a finalement fait un bond en avant.

แม้ว่ารถเลื่อนจะบรรทุกเกินขนาดและดูไม่คล่องตัว แต่ในที่สุดก็

สามารถเคลื่อนตัวไปข้างหน้าได้

Buck et les autres tiraient sauvagement, poussés par une
tempête de coups de fouet.

บั๊กและคนอื่นๆ ดึงอย่างแรงจนเกิดการเหวี่ยงอย่างรุนแรง

Une centaine de mètres plus loin, le sentier courbait et
descendait en pente dans la rue.

เมื่อเดินไปข้างหน้าอีกร้อยหลา เส้นทางก็โค้งและลาดลงไปบน

ถนน

Il aurait fallu un conducteur expérimenté pour maintenir le
traîneau droit.

จำเป็นต้องมีคนขับที่มีทักษะจึงจะสามารถรักษาให้รถเลื่อนตั้งตรง

ได้

Hal n'était pas habile et le traîneau a basculé en tournant
dans le virage.

ฮาลไม่ชำนาญ และรถเลื่อนก็เอียงขณะแกว่งไปรอบๆ โค้ง

Les sangles lâches ont cédé et la moitié de la charge s'est
répandue sur la neige.

เชือกที่ผูกไว้หลวมๆ ทำให้หลุดออก และครึ่งหนึ่งของน้ำหนักก็

หกลงบนหิมะ

Les chiens ne s'arrêtèrent pas ; le traîneau le plus léger volait
sur le côté.

สุนัขไม่ได้หยุด แต่รถเลื่อนที่เบากว่าก็บินไปด้านข้าง

En colère à cause des mauvais traitements et du lourd
fardeau, les chiens couraient plus vite.

เนื่องจากความโกรธจากการถูกทารุณและภาระที่หนัก จึงทำให้

สุนัขวิ่งเร็วขึ้น

Buck, furieux, s'est mis à courir, suivi par l'équipe.

บัคโกรธมากและวิ่งออกไปโดยมีเพื่อนร่วมทีมวิ่งตามหลัง

Hal a crié « Whoa ! Whoa ! » mais l'équipe ne lui a pas prêté attention.

ฮาลตะโกนว่า "ว้าว! ว้าว!" แต่ทีมงานไม่ได้สนใจเขาเลย

Il a trébuché, est tombé et a été traîné au sol par le harnais.

เขาสะดุดล้มและถูกสายรัดดึงไปกับพื้น

Le traîneau renversé l'a heurté tandis que les chiens couraient devant.

รถเลื่อนที่พลิกคว่ำกระแทกเข้าใส่เขา ขณะที่สุนัขวิ่งแซงหน้าเขาไป

Le reste des fournitures est dispersé dans la rue animée de Skaguay.

เสบียงที่เหลือกระจายอยู่ทั่วถนนสายหลักที่พลุกพล่านของเมืองสกาเกวย์

Des personnes au grand cœur se sont précipitées pour arrêter les chiens et rassembler le matériel.

คนใจดีต่างวิ่งไปหยุดสุนัขและเก็บอุปกรณ์ต่างๆ

Ils ont également donné des conseils, directs et pratiques, aux nouveaux voyageurs.

พวกเขายังให้คำแนะนำที่ตรงไปตรงมาและปฏิบัติได้จริงแก่ผู้เดินทางมือใหม่อีกด้วย

« Si vous voulez atteindre Dawson, prenez la moitié du chargement et doublez les chiens. »

"หากคุณต้องการเข้าถึง Dawson จงเอาของไปครึ่งหนึ่ง และเพิ่มสุนัขเป็นสองเท่า"

Hal, Charles et Mercedes écoutaient, mais sans enthousiasme.

ฮาล ชาร์ลส์ และเมอร์เซเดสฟัง แม้จะไม่ได้ด้วยความกระตือรือร้น
ก็ตาม

Ils ont installé leur tente et ont commencé à trier leurs provisions.

พวกเขากางเต็นท์และเริ่มคัดแยกสิ่งของของตน

Des conserves sont sorties, ce qui a fait rire les spectateurs.

อาหารกระป๋องก็ถูกวางออกมาทำเอาผู้ที่เห็นเหตุการณ์หัวเราะ

ออกมาดังๆ

« Des conserves sur le sentier ? Tu vas mourir de faim avant qu'elles ne fondent », a dit l'un d'eux.

"ของกระป๋องบนเส้นทาง คุณจะอดตายก่อนที่มันจะละลาย" คน

หนึ่งกล่าว

« Des couvertures d'hôtel ? Tu ferais mieux de toutes les jeter. »

"ผ้าห่มโรงแรมเหรอ? โยนทิ้งไปเลยดีกว่า"

« Laissez tomber la tente aussi, et personne ne fait la vaisselle ici. »

"รื้อเต็นท์ออกซะ แล้วที่นี่ก็ไม่มีใครล้างจาน"

« Tu crois que tu voyages dans un train Pullman avec des domestiques à bord ? »

"คุณคิดว่าคุณกำลังนั่งรถไฟพูลแมนพร้อมคนรับใช้บนเครื่อง

เหรอ?"

Le processus a commencé : chaque objet inutile a été jeté de côté.

กระบวนการเริ่มต้นขึ้น—สิ่งของไร้ประโยชน์ทุกชิ้นถูกโยนทิ้งไป

Mercedes a pleuré lorsque ses sacs ont été vidés sur le sol enneigé.

เมอร์เซเดสร้องไห้ขณะที่กระเป๋าของเธอถูกเทลงบนพื้นที่เต็มไปด้วยหิมะ

Elle sanglotait sur chaque objet jeté, un par un, sans pause.

เธอสะอื้นให้กับสิ่งของทุกชิ้นที่ถูกโยนออกไป ทีละชิ้นโดยไม่หยุดพัก

Elle jura de ne plus faire un pas de plus, même pas pendant dix Charles.

นางปฏิญาณว่าจะไม่ก้าวไปอีกก้าวเดียว แม้กระทั่งถึงชาร์ลส์สิบคนก็ตาม

Elle a supplié chaque personne à proximité de la laisser garder ses objets précieux.

เธอขอร้องทุกคนที่อยู่ใกล้เคียงให้ยอมเก็บของมีค่าของเธอไว้ให้

Finalement, elle s'essuya les yeux et commença à jeter même les vêtements essentiels.

ในที่สุดเธอก็เช็ดตาและเริ่มโยนแม้กระทั่งเสื้อผ้าที่สำคัญออกไป

Une fois les siennes terminées, elle commença à vider les provisions des hommes.

เมื่อจัดการของตัวเองเสร็จแล้ว เธอก็เริ่มขนของของผู้ชายออกไป

Comme un tourbillon, elle a déchiré les affaires de Charles et Hal.

เธอฉีกข้าวของของชาร์ลส์และฮาลออกไปอย่างวุ่นวาย

Même si la charge était réduite de moitié, elle était encore bien plus lourde que nécessaire.

แม้ว่าภาระจะลดลงครึ่งหนึ่ง แต่ก็ยังหนักกว่าที่จำเป็นมาก

Cette nuit-là, Charles et Hal sont sortis et ont acheté six nouveaux chiens.

คืนนั้น ชาร์ลสกับฮาลออกไปซื้อสุนัขใหม่มาหกตัว

Ces nouveaux chiens ont rejoint les six originaux, plus Teek et Koona.

สุนัขตัวใหม่เหล่านี้จะมาร่วมตัวกับสุนัขตัวเดิมทั้งหกตัว พร้อม

ด้วย Teek และ Koona

Ensemble, ils formaient une équipe de quatorze chiens attelés au traîneau.

พวกเขารวมทีมสุนัขสิบสี่ตัวเข้ากับรถลากเลื่อน

Mais les nouveaux chiens n'étaient pas aptes et mal entraînés au travail en traîneau.

แต่สุนัขใหม่ไม่เหมาะสมและได้รับการฝึกฝนในการลากเลื่อนไม่ดี

Trois des chiens étaient des pointeurs à poil court et un était un Terre-Neuve.

สุนัขสามตัวเป็นสุนัขพันธุ์พอยน์เตอร์ขนสั้น และหนึ่งตัวเป็นพันธุ์

นิวฟันด์แลนด์

Les deux derniers chiens étaient des bâtards sans race ni objectif clairement définis.

สุนัขสองตัวสุดท้ายเป็นสุนัขจรจัดที่ไม่มีสายพันธุ์หรือ

วัตถุประสงค์ที่ชัดเจนใดๆ เลย

Ils n'ont pas compris le sentier et ne l'ont pas appris rapidement.

พวกเขาไม่เข้าใจเส้นทางและไม่สามารถเรียนรู้ได้อย่างรวดเร็ว

Buck et ses compagnons les regardaient avec mépris et une profonde irritation.

บั๊กและเพื่อนๆ ของเขามองดูพวกเขาด้วยความดูถูกและหงุดหงิด

อย่างมาก

Bien que Buck leur ait appris ce qu'il ne fallait pas faire, il ne pouvait pas leur enseigner le devoir.

แม้ว่าบัคจะสอนพวกเขาว่าอะไรไม่ควรทำ แต่เขาไม่สามารถสอน

หน้าที่ได้

Ils n'ont pas bien supporté la vie sur les sentiers ni la traction des rênes et des traîneaux.

พวกเขาไม่ยอมรับการใช้ชีวิตแบบตามรอยหรือการดึงสายบังคับและเลื่อน

Seuls les bâtards essayaient de s'adapter, et même eux manquaient d'esprit combatif.

มีเพียงพวกลูกผสมเท่านั้นที่พยายามปรับตัว และแม้แต่พวกมันก็ขาดจิตวิญญาณนักสู้

Les autres chiens étaient confus, affaiblis et brisés par leur nouvelle vie.

สุนัขตัวอื่นๆ รู้สึกสับสน อ่อนแอ และเสียใจกับชีวิตใหม่ของพวกมัน

Les nouveaux chiens étant désemparés et les anciens épuisés, l'espoir était mince.

เมื่อสุนัขตัวใหม่ยังไม่รู้เรื่อง และสุนัขตัวเก่าก็หมดแรง ความหวังก็เริ่มริบหรี่

L'équipe de Buck avait parcouru deux mille cinq cents kilomètres de sentiers difficiles.

ทีมของบัคต้องเดินทางผ่านเส้นทางที่ยากลำบากกว่า 2,500 ไมล์

Pourtant, les deux hommes étaient joyeux et fiers de leur grande équipe de chiens.

อย่างไรก็ตาม ชายทั้งสองก็ยังคงร่าเริงและภูมิใจกับสุนัขตัวใหญ่ของพวกเขา

Ils pensaient voyager avec style, avec quatorze chiens attelés.

พวกเขาคิดว่าพวกเขาเดินทางอย่างมีสไตล์โดยมีสุนัขสิบสี่ตัวร่วมเดินทางด้วย

Ils avaient vu des traîneaux partir pour Dawson, et d'autres en arriver.

พวกเขาเห็นรถเลื่อนออกเดินทางไปยังเมืองดอว์สัน และมีรถเลื่อนคันอื่นๆ ตามมาด้วย

Mais ils n'en avaient jamais vu un tiré par quatorze chiens.

แต่ไม่เคยเห็นใครลากด้วยสุนัขมากถึงสิบสี่ตัวเลย

Il y avait une raison pour laquelle de telles équipes étaient rares dans la nature sauvage de l'Arctique.

มีเหตุผลว่าทำไมทีมดังกล่าวจึงหายากในถิ่นทุรกันดารอาร์กติก

Aucun traîneau ne pouvait transporter suffisamment de nourriture pour nourrir quatorze chiens pendant le voyage.

รถเลื่อนไม่มีทางบรรทุกอาหารพอเลี้ยงสุนัขได้ถึง 14 ตัวตลอดการเดินทาง

Mais Charles et Hal ne le savaient pas : ils avaient fait le calcul.

แต่ชาร์ลส์และฮาลไม่รู้เรื่องนี้—พวกเขาคิดเลขไปแล้ว

Ils ont planifié la nourriture : tant par chien, tant de jours, et c'est fait.

พวกเขาเขียนรายละเอียดอาหารไว้หมดแล้ว: มากมายต่อสุนัขหนึ่งตัว หลายวัน เสร็จเรียบร้อย

Mercedes regarda leurs chiffres et hocha la tête comme si cela avait du sens.

เมอร์เซเดสมองดูตัวเลขของพวกเขาและพยักหน้าราวกับว่ามันสมเหตุสมผล

Tout cela lui semblait très simple, du moins sur le papier.

สำหรับเธอแล้วทุกอย่างดูเรียบง่ายมาก อย่างน้อยก็บนกระดาษ

Le lendemain matin, Buck conduisit lentement l'équipe dans la rue enneigée.

เช้าวันรุ่งขึ้น บัคนำทีมเดินขึ้นถนนที่เต็มไปด้วยหิมะอย่างช้าๆ

Il n'y avait aucune énergie ni aucun esprit en lui ou chez les chiens derrière lui.

ไม่มีพลังงานหรือจิตวิญญาณในตัวเขาหรือสุนัขที่อยู่ข้างหลังเขาเลย

Ils étaient épuisés dès le départ, il n'y avait plus de réserve.

พวกเขาเหนื่อยล้ามาตั้งแต่เริ่มต้น— ไม่มีพลังสำรองเหลืออยู่เลย

Buck avait déjà effectué quatre voyages entre Salt Water et Dawson.

บัคได้เดินทางระหว่างซอลท์วอเตอร์และดอว์สันไปแล้ว 4 ครั้ง

Maintenant, confronté à nouveau à la même épreuve, il ne ressentait que de l'amertume.

คราวนี้เมื่อต้องเผชิญกับเส้นทางเดิมอีกครั้ง เขาไม่รู้สึกถึงสิ่งใดเลยนอกจากความขมขื่น

Son cœur n'y était pas, ni celui des autres chiens.

หัวใจของเขาไม่ได้อยู่ในนั้น และหัวใจของสุนัขตัวอื่นก็เช่นกัน

Les nouveaux chiens étaient timides et les huskies manquaient totalement de confiance.

สุนัขตัวใหม่ขี้อาย และฮัสกี้ก็ขาดความไว้วางใจ

Buck sentait qu'il ne pouvait pas compter sur ces deux hommes ou sur leur sœur.

บัคสัมผัสได้ว่าเขาไม่สามารถพึ่งพาผู้ชายสองคนนี้หรือพี่สาวของพวกเขาได้

Ils ne savaient rien et ne montraient aucun signe d'apprentissage sur le sentier.

พวกเขาไม่รู้อะไรเลยและไม่มีทีท่าว่าเรียนรู้อะไรเลยบนเส้นทาง

Ils étaient désorganisés et manquaient de tout sens de la discipline.

พวกเขาไร้ระเบียบและขาดวินัย

Il leur fallait à chaque fois la moitié de la nuit pour monter un campement bâclé.

พวกเขาใช้เวลาครึ่งคืนในการตั้งแคมป์อย่างลวกๆ ทุกครั้ง

Et ils passèrent la moitié de la matinée suivante à tâtonner à nouveau avec le traîneau.

และครึ่งเช้าของอีกวันพวกเขาก็ใช้เวลาคลำหาเลื่อนอีกครั้ง

À midi, ils s'arrêtaient souvent juste pour réparer la charge inégale.

พอถึงเที่ยงคนมักจะหยุดเพื่อซ่อมโหลดที่ไม่เท่ากัน

Certains jours, ils parcouraient moins de dix milles au total.

บางวันพวกเขาเดินทางได้ไม่ถึงสิบไมล์เลยด้วยซ้ำ

D'autres jours, ils ne parvenaient pas du tout à quitter le camp.

วันอื่นๆ พวกเขาไม่สามารถออกจากค่ายได้เลย

Ils n'ont jamais réussi à couvrir la distance alimentaire prévue.

พวกเขาไม่เคยเข้าใกล้การครอบคลุมระยะทางการกินอาหารตาม

แผนเลย

Comme prévu, ils ont très vite manqué de nourriture pour les chiens.

ตามที่คาดไว้ อาหารสำหรับสุนัขของพวกเขาหมดลงอย่างรวดเร็ว

Ils ont aggravé la situation en les suralimentant au début.

พวกเขาทำให้เรื่องแย่ลงโดยการให้อาหารมากเกินไปในช่วงแรกๆ

À chaque ration négligée, la famine se rapprochait.

ส่งผลให้ความอดอยากใกล้เข้ามาทุกทีเมื่อได้รับอาหารอย่างไม่

ระมัดระวัง

Les nouveaux chiens n'avaient pas appris à survivre avec très peu.

สุนัขตัวใหม่ยังไม่เรียนรู้ที่จะเอาชีวิตรอดด้วยสิ่งเล็กๆ น้อยๆ

Ils mangeaient avec faim, avec un appétit trop grand pour le sentier.

พวกเขากินอย่างหิวโหย ความอยากอาหารสูงเกินกว่าจะเดินตาม
เส้นทางได้

Voyant les chiens s'affaiblir, Hal pensait que la nourriture n'était pas suffisante.

เมื่อเห็นว่าสุนัขเริ่มอ่อนแรง ฮาลเชื่อว่าอาหารไม่เพียงพอ

Il a doublé les rations, rendant l'erreur encore pire.

เขาเพิ่มปริมาณอาหารเป็นสองเท่า ทำให้ความผิดพลาดยิ่งแย่ลง

Mercedes a aggravé le problème avec ses larmes et ses douces supplications.

เมอร์เซเดสยังเพิ่มปัญหาด้วยน้ำตาและการวิงวอนอย่างอ่อนโยน

Comme elle n'arrivait pas à convaincre Hal, elle nourrissait les chiens en secret.

เมื่อเธอไม่สามารถโน้มน้าวฮาลได้ เธอจึงให้อาหารสุนัขอย่างลับๆ

Elle a volé des sacs de poissons et les leur a donnés dans son dos.

นางขโมยกระสอบปลาแล้วส่งให้พวกเขาข้างหลังเขา

Mais ce dont les chiens avaient réellement besoin, ce n'était pas de plus de nourriture, mais de repos.

แต่สิ่งที่สุนัขต้องการจริงๆ ไม่ใช่อาหาร แต่เป็นการพักผ่อน

Ils progressaient mal, mais le lourd traîneau continuait à avancer.

แม้ว่าพวกเขาจะทำเวลาได้ไม่ดีนัก แต่รถเลื่อนหนักๆ ก็ยังคงลาก
ต่อไป

Ce poids à lui seul épuisait chaque jour leurs forces restantes.

น้ำหนักเพียงเท่านี้ก็ทำให้พลังที่เหลือของพวกเขาหมดไปในแต่ละ
วัน

Puis vint l'étape de la sous-alimentation, les réserves s'épuisant.

จากนั้นก็มาถึงช่วงของการให้อาหารไม่เพียงพอเนื่องจากเสบียง
ใกล้จะหมด

**Un matin, Hal s'est rendu compte que la moitié de la
nourriture pour chien avait déjà disparu.**

เช้าวันหนึ่งฮาลตระหนักได้ว่าอาหารสุนัขครึ่งหนึ่งหายไปแล้ว

**Ils n'avaient parcouru qu'un quart de la distance totale du
sentier.**

พวกเขาเดินทางได้เพียงหนึ่งในสี่ของระยะทางเส้นทางทั้งหมด

**On ne pouvait plus acheter de nourriture, quel que soit le
prix proposé.**

ไม่สามารถซื้ออาหารได้อีกต่อไป ไม่ว่าจะเสนอราคามาเท่าใดก็
ตาม

**Il a réduit les portions des chiens en dessous de la ration
quotidienne standard.**

เขาลดปริมาณอาหารที่สุนัขได้รับลงต่ำกว่าปริมาณมาตรฐานต่อ
วัน

**Dans le même temps, il a exigé des voyages plus longs pour
compenser la perte.**

ในขณะเดียวกันเขายังเรียกร้องการเดินทางที่นานขึ้นเพื่อชดเชย
ความสูญเสีย

**Mercedes et Charles ont soutenu ce plan, mais ont échoué
dans son exécution.**

เมอร์เซเดสและชาร์ลส์สนับสนุนแผนนี้ แต่ล้มเหลวในการ
ดำเนินการ

**Leur lourd traîneau et leur manque de compétences
rendaient la progression presque impossible.**

รถเลื่อนที่หนักและทักษะที่ไม่เพียงพอทำให้แทบจะเคลื่อนที่ไม่ได้
เลย

Il était facile de donner moins de nourriture, mais impossible de forcer plus d'efforts.

การให้ปริมาณอาหารน้อยลงเป็นเรื่องง่าย แต่การพยายามให้มาก ขึ้นนั้นเป็นไปไม่ได้

Ils ne pouvaient pas commencer plus tôt, ni voyager pendant des heures supplémentaires.

พวกเขาไม่สามารถเริ่มต้นได้เช้าตรู่ และไม่สามารถเดินทางนอก เวลาได้

Ils ne savaient pas comment travailler les chiens, ni eux-mêmes d'ailleurs.

พวกเขาไม่รู้ว่าจะต้องฝึกสุนัขอย่างไร หรือแม้แต่ฝึกตัวเองด้วยซ้ำ

Le premier chien à mourir était Dub, le voleur malchanceux mais travailleur.

สุนัขตัวแรกที่ตายคือ ดับ เจ้าหัวขโมยผู้โชคร้ายแต่ขยันทำงาน

Bien que souvent puni, Dub avait fait sa part sans se plaindre.

แม้ว่าจะถูกทำโทษบ่อยครั้ง ดับก็ยังคงทำหน้าที่ของตนโดยไม่บ่น

Son épaule blessée s'est aggravée sans qu'il soit nécessaire de prendre soin de lui et de se reposer.

ไหล่ที่บาดเจ็บของเขาแย่ลงโดยไม่ได้รับการดูแลหรือพักผ่อน

Finalement, Hal a utilisé le revolver pour mettre fin aux souffrances de Dub.

ในที่สุดฮาลก็ใช้ปืนพกเพื่อยุติความทุกข์ทรมานของดับ

Un dicton courant dit que les chiens normaux meurent à cause des rations de husky.

มีคำพูดทั่วไปที่กล่าวว่า สุนัขปกติจะตายเมื่อกินอาหารของสุนัขไซ บีเรียนฮัสกี้

Les six nouveaux compagnons de Buck n'avaient que la moitié de la part de nourriture du husky.

เพื่อนใหม่ทั้งหกตัวของบัคมีส่วนแบ่งอาหารเพียงครึ่งเดียวของฮัส
กี้

Le Terre-Neuve est mort en premier, puis les trois braques à
poil court.

นิวฟันด์แลนด์ตายก่อน จากนั้นก็ตายพร้อมกับสุนัขพันธุ์ขนสั้นอีก

สามตัว

Les deux bâtards résistèrent plus longtemps mais finirent
par périr comme les autres.

ลูกครึ่งทั้งสองตัวยืนหยัดได้นานกว่าแต่สุดท้ายก็ตายไป

เช่นเดียวกับตัวอื่นๆ

À cette époque, toutes les commodités et la douceur du
Southland avaient disparu.

เมื่อถึงเวลานี้ สิ่งอำนวยความสะดวกและความอ่อนโยนทั้งหมด

ของดินแดนทางใต้ก็หายไป

Les trois personnes avaient perdu les dernières traces de leur
éducation civilisée.

คนทั้งสามได้ทิ้งร่องรอยสุดท้ายของการเลี้ยงดูแบบมีอารยธรรม

ของตนไปแล้ว

Dépouillé de glamour et de romantisme, le voyage dans
l'Arctique est devenu brutalement réel.

การเดินทางในอาร์กติกที่ปราศจากความหรูหราและความโรแมน

ติก กลับกลายเป็นเรื่องจริงอย่างโหดร้าย

C'était une réalité trop dure pour leur sens de la virilité et de
la féminité.

มันเป็นความจริงที่โหดร้ายเกินไปสำหรับความรู้สึกถึงความเป็น

ชายและความเป็นหญิงของพวกเขา

Mercedes ne pleurait plus pour les chiens, mais maintenant
elle pleurait seulement pour elle-même.

เมอร์เซเดสไม่ร้องไห้เพื่อสุนัขอีกต่อไป แต่เขากลับร้องไห้เพื่อตัวเองเท่านั้น

Elle passait son temps à pleurer et à se disputer avec Hal et Charles.

เธอใช้เวลาในการร้องไห้และทะเลาะกับฮาลและชาร์ลส์

Se disputer était la seule chose qu'ils n'étaient jamais trop fatigués de faire.

การทะเลาะกันเป็นสิ่งเดียวที่พวกเขาไม่เคยเหนื่อยเกินไปที่จะทำ

Leur irritabilité provenait de la misère, grandissait avec elle et la surpassait.

ความหงุดหงิดของพวกเขาเกิดจากความทุกข์ เติบโตมาพร้อมกับมัน และเอาชนะมันไปได้

La patience du sentier, connue de ceux qui peinent et souffrent avec bienveillance, n'est jamais venue.

ความอดทนในเส้นทางที่ผู้ที่ทำงานหนักและทนทุกข์ด้วยความเมตตาคุ้นเคยไม่เคยมาถึง

Cette patience, qui garde la parole douce malgré la douleur, leur était inconnue.

ความอดทนที่ทำให้คำพูดยังคงหวานชื่นแม้จะต้องทนทุกข์ไม่ใช่สิ่งที่พวกเขารู้จัก

Ils n'avaient aucune trace de patience, aucune force tirée de la souffrance avec grâce.

พวกเขาไม่มีทีท่าว่าจะมีความอดทน ไม่มีกำลังที่ได้รับจากการทนทุกข์อย่างสง่างาม

Ils étaient raides de douleur : leurs muscles, leurs os et leur cœur étaient douloureux.

พวกเขาปวดร้าวไปทั้งตัว ปวดตามกล้ามเนื้อ กระดูก และหัวใจ

À cause de cela, ils devinrent acerbes et prompts à prononcer des paroles dures.

เพราะเหตุนี้พวกเขาจึงพูดจาหยาบคายและพูดจารุนแรง

Chaque jour commençait et se terminait par des voix en colère et des plaintes amères.

แต่ละวันเริ่มต้นและสิ้นสุดด้วยเสียงโกรธเคืองและการบ่นอันขมขื่น

Charles et Hal se disputaient chaque fois que Mercedes leur en donnait l'occasion.

ชาร์ลส์และฮาลทะเลาะกันทุกครั้งที่เมอร์เซเดสให้โอกาสพวกเขา

Chaque homme estimait avoir fait plus que sa juste part du travail.

แต่ละคนเชื่อว่าตนทำงานเกินส่วนที่ตนควรจะทำ

Aucun des deux n'a jamais manqué une occasion de le dire, encore et encore.

และไม่เคยพลาดโอกาสที่จะพูดแบบนั้นซ้ำแล้วซ้ำเล่า

Parfois, Mercedes se rangeait du côté de Charles, parfois du côté de Hal.

บางครั้งเมอร์เซเดสก็เข้าข้างชาร์ลส์ บางครั้งก็เข้าข้างฮาล

Cela a conduit à une grande et interminable querelle entre les trois.

ทำให้เกิดการทะเลาะวิวาทกันอย่างใหญ่หลวงไม่สิ้นสุดระหว่างทั้งสามคน

Une dispute sur la question de savoir qui devait couper le bois de chauffage est devenue incontrôlable.

การโต้เถียงว่าใครควรสับฟืนเริ่มไม่สามารถควบคุมได้

Bientôt, les pères, les mères, les cousins et les parents décédés ont été nommés.

ในไม่ช้า พ่อ แม่ ลูกพี่ลูกน้อง และญาติที่เสียชีวิตก็ได้รับการระบุชื่อ

Les opinions de Hal sur l'art ou les pièces de son oncle sont devenues partie intégrante du combat.

ทัศนคติของฮาลเกี่ยวกับศิลปะหรือบทละครของลุงของเขากลาย
มาเป็นส่วนหนึ่งของการต่อสู้

Les convictions politiques de Charles sont également entrées dans le débat.

ความเชื่อทางการเมืองของชาร์ลส์ยังเข้ามามีส่วนร่วมในการ
อภิปรายด้วย

Pour Mercedes, même les ragots de la sœur de son mari semblaient pertinents.

สำหรับเมอร์เซเดส แม้แต่เรื่องนินทาของน้องสาวสามีของเธอก็ดู
เหมือนจะมีความสำคัญ

Elle a exprimé son opinion sur ce sujet et sur de nombreux défauts de la famille de Charles.

เธอแสดงความคิดเห็นเกี่ยวกับเรื่องนั้นและข้อบกพร่องหลาย
ประการของครอบครัวชาร์ลส์

Pendant qu'ils se disputaient, le feu restait éteint et le camp à moitié monté.

ระหว่างที่พวกเขายังโต้เถียงกัน ไฟก็ยังคงไม่ติดและค่ายก็ตั้งได้
ครึ่งหนึ่ง

Pendant ce temps, les chiens restaient froids et sans nourriture.

ระหว่างนั้นสุนัขก็ยังคงหนาวและไม่มีอาหารกิน

Mercedes avait un grief qu'elle considérait comme profondément personnel.

เมอร์เซเดสเก็บความคับข้องใจที่เธอถือเป็นเรื่องส่วนตัวอย่างมาก

Elle se sentait maltraitée en tant que femme, privée de ses doux privilèges.

เธอรู้สึกว่าตนเองถูกปฏิบัติอย่างไม่เป็นธรรมในฐานะผู้หญิง และ
ถูกปฏิเสธสิทธิพิเศษต่างๆ ของเธอ

Elle était jolie et douce, et habituée à la chevalerie toute sa vie.

เธอสวยและอ่อนโยน และปฏิบัติตนเป็นสุภาพบุรุษมาตลอดชีวิต

Mais son mari et son frère la traitaient désormais avec impatience.

แต่ตอนนี้สามีและพี่ชายของเธอกลับปฏิบัติต่อเธอด้วยความ

หงุดหงิด

Elle avait pour habitude d'agir comme si elle était impuissante, et ils commencèrent à se plaindre.

เธอเคยมีนิสัยชอบทำตัวไร้ทางสู้ และพวกเขาก็เริ่มบ่น

Offensée par cela, elle leur rendit la vie encore plus difficile.

เธอรู้สึกไม่พอใจกับเรื่องนี้ และทำให้ชีวิตของพวกเขาลำบากมาก

ยิ่งขึ้น

Elle a ignoré les chiens et a insisté pour conduire elle-même le traîneau.

เธอไม่สนใจสุนัขและยืนกรานที่จะขี่เลื่อนเอง

Bien que légère en apparence, elle pesait cent vingt livres.

แม้ว่าเธอจะดูตัวเล็ก แต่เธอก็มีน้ำหนักถึงหนึ่งร้อยยี่สิบปอนด์

Ce fardeau supplémentaire était trop lourd pour les chiens affamés et faibles.

ภาระที่เพิ่มขึ้นนั้นมากเกินไปสำหรับสุนัขที่อดอาหารและอ่อนแอ

Elle a continué à monter pendant des jours, jusqu'à ce que les chiens s'effondrent sous les rênes.

เธอยังคงขี่ม้าต่อไปหลายวัน จนกระทั่งสุนัขล้มลงในบังเหียน

Le traîneau s'arrêta et Charles et Hal la supplièrent de marcher.

รถเลื่อนหยุดนิ่ง และชาร์ลส์กับฮาลก็ขอร้องให้เธอเดิน

Ils la supplièrent et la supplièrent, mais elle pleura et les traita de cruels.

พวกเขาได้ร้องขอและวิงวอน แต่เธอกลับร้องไห้และเรียกพวกเขาว่าโหดร้าย

À une occasion, ils l'ont tirée du traîneau avec force et colère.

ครั้งหนึ่งพวกเขาได้ดึงเธอลงจากรถเลื่อนด้วยพลังและความโกรธอย่างเต็มที่

Ils n'ont plus jamais essayé après ce qui s'est passé cette fois-là.

พวกเขาไม่เคยลองอีกเลยหลังจากเหตุการณ์ที่เกิดขึ้นครั้งนั้น

Elle devint molle comme un enfant gâté et s'assit dans la neige.

เธอเดินอ่อนปวกเปียกเหมือนเด็กที่ถูกตามใจและนั่งลงบนหิมะ

Ils continuèrent leur chemin, mais elle refusa de se lever ou de les suivre.

พวกเขาเดินต่อไป แต่เธอกลับปฏิเสธที่จะลุกขึ้นหรือเดินตามหลัง

Après trois milles, ils s'arrêtèrent, revinrent et la ramenèrent.

เมื่อผ่านไปสามไมล์ พวกเขาก็หยุด กลับมา และพาเธอกลับไป

Ils l'ont rechargée sur le traîneau, en utilisant encore une fois la force brute.

พวกเขาจึงโหลดเธอขึ้นมาบนเลื่อนอีกครั้ง โดยใช้กำลังแรงมาก

Dans leur profonde misère, ils étaient insensibles à la souffrance des chiens.

ในความทุกข์ยากแสนสาหัสของพวกเขา พวกเขากลับไม่รู้สึกรู้สาต่อความทุกข์ทรมานของสุนัขเลย

Hal croyait qu'il fallait s'endurcir et il a imposé cette croyance aux autres.

ฮาลเชื่อว่าคนเราจะต้องเข้มแข็งขึ้นและบังคับให้ผู้อื่นเชื่อแบบนั้น

Il a d'abord essayé de prêcher sa philosophie à sa sœur

เขาพยายามเทศนาปรัชญาของเขาให้พี่สาวของเขาฟังก่อน

et puis, sans succès, il prêcha à son beau-frère.

แล้วเขาเทศนาสั่งสอนพี่เขยของเขาแต่ก็ไม่ประสบผลสำเร็จ

Il a eu plus de succès avec les chiens, mais seulement parce qu'il leur a fait du mal.

เขาประสบความสำเร็จกับสุนัขมากขึ้น แต่ก็เป็นเพราะเขาทำร้าย
พวกมันเท่านั้น

Chez Five Fingers, la nourriture pour chiens est complètement épuisée.

ที่ร้าน Five Fingers อาหารสุนัขหมดเกลี้ยงเลย

Une vieille squaw édentée a vendu quelques kilos de peau de cheval congelée

หญิงชราไร้ฟันขายหนังม้าแช่แข็งจำนวนไม่กี่ปอนด์

Hal a échangé son revolver contre la peau de cheval séchée.

ฮาลนำปืนพกของเขาไปแลกกับหนังม้าแห้ง

La viande provenait de chevaux affamés d'éleveurs de bétail des mois auparavant.

เนื้อเหล่านั้นมาจากม้าหรือคนเลี้ยงวัวที่อดอาหารมาหลายเดือน
แล้ว

Gelée, la peau était comme du fer galvanisé ; dure et immangeable.

หนังที่ถูกแช่แข็งนั้นมีลักษณะเหมือนเหล็กอาบสังกะสี เหนียวและ
ไม่สามารถกินได้

Les chiens devaient mâcher la peau sans fin pour la manger.

สุนัขต้องเคี้ยวหนังอย่างไม่หยุดยั้งเพื่อจะกินมัน

Mais les cordes en cuir et les cheveux courts n'étaient guère une nourriture.

แต่สายหนังและขนสั้น ๆ นั้นแทบจะไม่มีประโยชน์เลย

La majeure partie de la peau était irritante et ne constituait pas véritablement de la nourriture.

ส่วนใหญ่แล้วหนังจะระคายเคือง และ ไม่ใช่อาหารแต่อย่างใด

Et pendant tout ce temps, Buck titubait en tête, comme dans un cauchemar.

และตลอดเวลาที่ผ่านมา บัคเซไปข้างหน้าราวกับอยู่ในฝันร้าย

Il tirait quand il le pouvait ; quand il ne le pouvait pas, il restait allongé jusqu'à ce qu'un fouet ou un gourdin le relève.

เขาดึงเมื่อสามารถ เมื่อทำไม่ได้ เขาจะนอนลงจนกว่าจะยกแส้หรือกระบองขึ้น

Son pelage fin et brillant avait perdu toute sa rigidité et son éclat d'autrefois.

ขนที่เงางามของเขาสูญเสียความแข็งกระด้างและความมันเงาที่เคยมีอยู่จนหมดสิ้น

Ses cheveux pendaient, mous, en bataille et coagulés par le sang séché des coups.

ผมของเขาห้อยย้อย ลากยาว และเต็มไปด้วยเลือดแห้งจากการถูกโจมตี

Ses muscles se sont réduits à l'état de cordes et ses coussinets de chair étaient tous usés.

กล้ามเนื้อของเขาหดตัวเหลือเพียงเส้นเชือก และเนื้อหนังก็สึกกร่อนไปหมด

Chaque côte, chaque os apparaissait clairement à travers les plis de la peau ridée.

ซี่โครงแต่ละซี่และกระดูกแต่ละชิ้นปรากฏชัดเจนผ่านรอยพับของผิวหนังที่เหี่ยวเฉา

C'était déchirant, mais le cœur de Buck ne pouvait pas se briser.

มันเป็นเรื่องที่น่าเศร้าใจ แต่หัวใจของบัคกลับไม่อาจแตกสลายได้

L'homme au pull rouge avait testé cela et l'avait prouvé il y a longtemps.

ชายผู้สวมเสื้อสเวตเตอร์สีแดงได้ทดสอบและพิสูจน์มาแล้วเมื่อนานมาแล้ว

Comme ce fut le cas pour Buck, ce fut le cas pour tous ses coéquipiers restants.

เช่นเดียวกับบัค และเพื่อนร่วมทีมที่เหลือของเขาทุกคนก็เป็นเช่นนั้น

Il y en avait sept au total, chacun étant un squelette ambulant de misère.

มีทั้งหมดเจ็ดคน โดยแต่ละคนเป็นโครงกระดูกเดินได้แห่งความทุกข์ยาก

Ils étaient devenus insensibles au fouet, ne ressentant qu'une douleur lointaine.

พวกเขาชาจนไม่อาจตีได้ แต่กลับรู้สึกเพียงความเจ็บปวดที่ห่างไกล

Même la vue et le son leur parvenaient faiblement, comme à travers un épais brouillard.

แม้แต่การมองเห็นและการได้ยินก็มาถึงพวกเขาอย่างรางๆ ราวกับผ่านหมอกหนา

Ils n'étaient pas à moitié vivants : c'étaient des os avec de faibles étincelles à l'intérieur.

พวกมันยังไม่ตายไปครึ่งตัว—พวกมันเป็นเพียงกระดูกที่มีประกายไฟริบหรี่อยู่ข้างใน

Lorsqu'ils s'arrêtèrent, ils s'effondrèrent comme des cadavres, leurs étincelles presque éteintes.

เมื่อหยุดลงพวกมันก็ล้มลงเหมือนศพ ประกายไฟของพวกมันแทบจะหายไป

Et lorsque le fouet ou le gourdin frappaient à nouveau, les étincelles voltigeaient faiblement.

และเมื่อแส้หรือกระบองตีอีกครั้ง ประกายไฟก็กระพือเบาๆ

Puis ils se levèrent, titubèrent en avant et traînèrent leurs membres en avant.

แล้วพวกมันก็ลุกขึ้น เซไปข้างหน้า และลากแขนขาไปข้างหน้า

Un jour, le gentil Billee tomba et ne put plus se relever du tout.

วันหนึ่งบิลลี่ผู้ใจดีล้มลง และไม่สามารถลุกขึ้นมาได้อีก

Hal avait échangé son revolver, alors il a utilisé une hache pour tuer Billee à la place.

ฮาลได้แลกปืนพกของเขาไปแล้ว ดังนั้นเขาจึงใช้ขวานฆ่าบิลลี่แทน

Il le frappa à la tête, puis lui coupa le corps et le traîna.

เขาตีศีรษะของเขาแล้วตัดร่างของเขาออกแล้วลากมันออกไป

Buck vit cela, et les autres aussi ; ils savaient que la mort était proche.

บั๊กเห็นเช่นนี้ และคนอื่นๆ ก็เห็นเช่นกัน พวกเขารู้ว่าความตายกำลังใกล้เข้ามา

Le lendemain, Koona partit, ne laissant que cinq chiens dans l'équipe affamée.

วันรุ่งขึ้น คูน่าก็จากไป โดยทิ้งสุนัขในทีมที่อดอยากเพียงห้าตัวเท่านั้น

Joe, qui n'était plus méchant, était trop loin pour se rendre compte de quoi que ce soit.

โจไม่ใจร้ายอีกต่อไปแล้ว และเขาก็ไปไกลเกินกว่าจะตระหนักถึงสิ่งใดมากนัก

Pike, ne faisant plus semblant d'être blessé, était à peine conscient.

ไพค์ไม่แกล้งบาดเจ็บอีกต่อไป และแทบจะไม่มีสติอยู่เลย

Solleks, toujours fidèle, se lamentait de ne plus avoir de force à donner.

โซลเลกส์ยังคงซื่อสัตย์และโศกเศร้าว่าเขาไม่มีกำลังที่จะให้ได้

Teek a été le plus battu parce qu'il était plus frais, mais qu'il s'estompait rapidement.

ทีคโดนตีมากที่สุดเพราะว่าเขาสดกว่า แต่ฟอร์มตกเร็วมาก

Et Buck, toujours en tête, ne maintenait plus l'ordre ni ne le faisait respecter.

และบัคยังคงเป็นผู้นำ แต่เขาไม่สามารถรักษาคำสั่งหรือบังคับใช้คำสั่งนั้นอีกต่อไป

À moitié aveugle à cause de sa faiblesse, Buck suivit la piste au toucher seul.

ด้วยความอ่อนแอและตาบอดครึ่งหนึ่ง บัคจึงเดินตามรอยไปโดยรู้สึกเพียงลำพัง

C'était un beau temps printanier, mais aucun d'entre eux ne l'a remarqué.

เป็นอากาศฤดูใบไม้ผลิที่สวยงาม แต่ไม่มีใครสังเกตเห็น

Chaque jour, le soleil se levait plus tôt et se couchait plus tard qu'avant.

ในแต่ละวันดวงอาทิตย์จะขึ้นเร็วกว่าและตกช้ากว่าก่อนหน้านี้

À trois heures du matin, l'aube était arrivée ; le crépuscule durait jusqu'à neuf heures.

เมื่อถึงตีสามก็รุ่งเช้า และยังมีแสงพลบค่ำอยู่จนถึงเก้าโมง

Les longues journées étaient remplies du plein soleil printanier.

วันอันยาวนานเต็มไปด้วยแสงแดดอันส่องสว่างของฤดูใบไม้ผลิ

Le silence fantomatique de l'hiver s'était transformé en un murmure chaleureux.

ความเงียบสงบที่น่าขนลุกของฤดูหนาวได้เปลี่ยนไปเป็นเสียงพึมพำอันอบอุ่น

Toute la terre s'éveillait, animée par la joie des êtres vivants.
แผ่นดินทั้งมวลตื่นขึ้นและเต็มไปด้วยความชื่นบานของสรรพชีวิต

Le bruit provenait de ce qui était resté mort et immobile pendant l'hiver.
เสียงนั้นมาจากสิ่งที่นอนตายและนิ่งอยู่ตลอดฤดูหนาว

Maintenant, ces choses bougeaient à nouveau, secouant le long sommeil de gel.
บัดนี้ สิ่งเหล่านั้นก็เคลื่อนไหวอีกครั้ง สลัดการนอนหลับอันหนาว

เหน็บอันยาวนานออกไป

La sève montait à travers les troncs sombres des pins en attente.
น้ำเลี้ยงกำลังไหลขึ้นมาจากลำต้นอันมืดมิดของต้นสนที่รอคอยอยู่

Les saules et les trembles font apparaître de jeunes bourgeons brillants sur chaque brindille.
ต้นหลิวและต้นแอสเพนผลิดอกตูมสดใสบนกิ่งแต่ละกิ่ง

Les arbustes et les vignes se parent d'un vert frais tandis que les bois prennent vie.
ไม้พุ่มและเถาวัลย์เริ่มมีสีเขียวสดชื่นเมื่อป่าไม้กลับมามีชีวิตชีวา

Les grillons chantaient la nuit et les insectes rampaient au soleil.
จิ้งหรีดส่งเสียงร้องในเวลากลางคืน และแมลงคลานอยู่ใต้แสงแดด

ตอนกลางวัน

Les perdrix résonnaient et les pics frappaient profondément dans les arbres.
นกกระทาส่งเสียงร้องดัง และนกหัวขวานก็บินว่อนไปทั่วบริเวณ

ต้นไม้

Les écureuils bavardaient, les oiseaux chantaient et les oies klaxonnaient au-dessus des chiens.

กระรอกส่งเสียงจ้อกแจ้ นกร้องเพลง และห่านส่งเสียงร้องเหนือ
สุนัข

Les oiseaux sauvages arrivaient en groupes serrés, volant
vers le haut depuis le sud.

นกป่าบินมาเป็นลิ่มแหลมขึ้นมาจากทางทิศใต้

De chaque colline venait la musique des ruisseaux cachés et
impétueux.

จากเนินเขาทุกแห่งมีเสียงดนตรีของสายน้ำที่ไหลเชี่ยวที่ซ่อนอยู่ดัง

ออกมา

Toutes choses ont dégelé et se sont brisées, se sont pliées et
ont repris leur mouvement.

ทุกสิ่งทุกอย่างละลายและแตกหัก งอและระเบิดกลับขึ้นมา

เคลื่อนไหวอีกครั้ง

Le Yukon s'efforçait de briser les chaînes de froid de la glace
gelée.

ยูคอนพยายามอย่างหนักเพื่อทำลายโซ่ความหนาวเย็นของน้ำแข็ง

ที่แข็งตัว

La glace fondait en dessous, tandis que le soleil la faisait
fondre par le dessus.

น้ำแข็งละลายจากด้านล่าง ในขณะที่ดวงอาทิตย์ทำให้มันละลาย

จากด้านบน

Des trous d'aération se sont ouverts, des fissures se sont
propagées et des morceaux sont tombés dans la rivière.

ช่องระบายอากาศเปิดออก รอยแตกร้าวแพร่กระจาย และชิ้นส่วน

ต่างๆ ตกลงไปในแม่น้ำ

Au milieu de toute cette vie débordante et flamboyante, les
voyageurs titubaient.

ท่ามกลางชีวิตที่วุ่นวายและลุกโชนนี้ นักเดินทางต่างก็เซไปมา

Deux hommes, une femme et une meute de huskies marchaient comme des morts.

ชายสองคน หญิงหนึ่งคน และสุนัขไซบีเรียนฮัสกี้ฝูงหนึ่งเดิน

เหมือนคนตาย

Les chiens tombaient, Mercedes pleurait, mais continuait à conduire le traîneau.

สุนัขล้มลง เมอร์เซเดสร้องไห้แต่ยังคงขี่เลื่อนต่อไป

Hal jura faiblement et Charles cligna des yeux à travers ses yeux larmoyants.

ฮาลสาปแช่งอย่างอ่อนแรง และชาร์ลส์ก็กระพริบตาผ่านดวงตาที่

คลอไปด้วยน้ำตา

Ils tombèrent sur le camp de John Thornton à l'embouchure de la rivière White.

พวกเขาบังเอิญไปเจอค่ายของจอห์น ธอร์นตันที่ปากแม่น้ำไวท์

Lorsqu'ils s'arrêtèrent, les chiens s'effondrèrent, comme s'ils étaient tous morts.

เมื่อพวกมันหยุดลง สุนัขก็ล้มลงราบราวกับว่าพวกมันตายหมด

Mercedes essuya ses larmes et regarda John Thornton.

เมอร์เซเดสเช็ดน้ำตาแล้วมองไปที่จอห์น ธอร์นตัน

Charles s'assit sur une bûche, lentement et raidement, souffrant du sentier.

ชาร์ลส์นั่งลงบนท่อนไม้อย่างช้าๆ และเกร็ง เพราะรู้สึกปวดเมื่อย

จากเส้นทาง

Hal parlait pendant que Thornton sculptait l'extrémité d'un manche de hache.

ฮาลพูดในขณะที่ธอร์นตันแกะสลักส่วนปลายของด้ามขวาน

Il taillait du bois de bouleau et répondait par des réponses brèves et fermes.

เขาเหลาไม้เบิร์ชแล้วตอบสั้นๆ และแน่วแน่

Lorsqu'on lui a demandé son avis, il a donné des conseils, certain qu'ils ne seraient pas suivis.

เมื่อถูกถาม เขาก็ให้คำแนะนำ เพราะแน่ใจว่าจะไม่มีใครปฏิบัติ

ตาม

Hal a expliqué : « Ils nous ont dit que la glace du sentier disparaissait. »

ฮาลอธิบายว่า "พวกเขาบอกเราว่าน้ำแข็งบนเส้นทางกำลังจะ

ละลาย"

« Ils ont dit que nous devions rester sur place, mais nous sommes arrivés à White River. »

"พวกเขาบอกให้เราอยู่นิ่งๆ แต่เราก็ไปถึงไวท์ริเวอร์ได้"

Il a terminé sur un ton moqueur, comme pour crier victoire dans les difficultés.

เขาจบด้วยน้ำเสียงเยาะเย้ย ราวกับจะอ้างชัยชนะแม้ต้องเจอความ

ยากลำบาก

« Et ils t'ont dit la vérité », répondit doucement John Thornton à Hal.

"และพวกเขาก็บอกคุณความจริง" จอห์น ธอร์นตันตอบฮาลอย่าง

เงียบๆ

« La glace peut céder à tout moment, elle est prête à tomber. »

"น้ำแข็งอาจแตกออกได้ทุกเมื่อ—มันพร้อมที่จะหลุดออกมา"

« Seuls un peu de chance et des imbéciles ont pu arriver jusqu'ici en vie. »

มีเพียงโชคช่วยและคนโง่เท่านั้นที่ทำให้มีชีวิตมาถึงจุดนี้ได้

« Je vous le dis franchement, je ne risquerais pas ma vie pour tout l'or de l'Alaska. »

"ฉันบอกคุณตรงๆ เลยว่า ฉันจะไม่เสี่ยงชีวิตเพื่อทองคำทั้งหมด

ในอลาสก้า"

« C'est parce que tu n'es pas un imbécile, je suppose »,
répondit Hal.

"นั่นก็เพราะว่าคุณไม่ได้เป็นคนโง่ ฉันคิดว่าอย่างนั้น" ฮาลตอบ

« Tout de même, nous irons à Dawson. » Il déroula son
fouet.

"ยังไงก็ตาม เราจะไปหา Dawson" เขาคลายแส้ของเขาออก

« Monte là-haut, Buck ! Salut ! Debout ! Vas-y ! » cria-t-il
durement.

"ลุกขึ้นมาสิ บัค สวัสดี ลุกขึ้น มาเลย!" เขาตะโกนเสียงแข็ง

Thornton continuait à tailler, sachant que les imbéciles
n'entendraient pas la raison.

ธอร์นตันยังคงแกะสลักต่อไป โดยรู้ว่าคนโง่จะไม่ได้ยินเหตุผล

Arrêter un imbécile était futile, et deux ou trois imbéciles ne
changeaient rien.

การหยุดคนโง่เป็นเรื่องไร้ประโยชน์ และการถูกหลอกสองหรือ
สามครั้งก็ไม่ได้ทำให้อะไรดีขึ้นเลย

Mais l'équipe n'a pas bougé au son de l'ordre de Hal.

แต่ทีมไม่ได้เคลื่อนไหวเมื่อได้ยินเสียงสั่งของฮาล

Désormais, seuls les coups pouvaient les faire se relever et
avancer.

บัดนี้ มีเพียงการโจมตีเท่านั้นที่จะทำให้พวกเขาลุกขึ้นและดึงไป
ข้างหน้าได้

Le fouet claquait encore et encore sur les chiens affaiblis.

แส้ฟาดซ้ำแล้วซ้ำเล่าไปที่สุนัขที่อ่อนแอ

John Thornton serra fermement ses lèvres et regarda en
silence.

จอห์น ธอร์นตันเม้มริมฝีปากแน่นและเฝ้าดูอย่างเงียบงัน

Solleks fut le premier à se relever sous le fouet.

โซลเลกส์เป็นคนแรกที่คลานขึ้นมายืนใต้เชือก

Puis Teek le suivit, tremblant. Joe poussa un cri en se relevant.

ทีคเดินตามไปด้วยความสั่นเทา โจร้องลั่นขณะที่เขาสะดุดล้ม

Pike a essayé de se relever, a échoué deux fois, puis est finalement resté debout, chancelant.

ไพค์พยายามจะลุกขึ้น แต่ก็ล้มเหลวถึงสองครั้ง และสุดท้ายก็ลุกขึ้นไม่ได้

Mais Buck resta là où il était tombé, sans bouger du tout cette fois.

แต่บัคยังคงนอนอยู่ที่เดิมและไม่ขยับตัวเลย

Le fouet le frappait à plusieurs reprises, mais il ne faisait aucun bruit.

แส้ฟาดเขาซ้ำแล้วซ้ำเล่าแต่เขาไม่ส่งเสียงใด ๆ

Il n'a pas bronché ni résisté, il est simplement resté immobile et silencieux.

เขาไม่ได้สะดุ้งหรือต่อต้าน เพียงยังคงนิ่งและเงียบ

Thornton remua plus d'une fois, comme pour parler, mais ne le fit pas.

ธอร์นตันขยับตัวมากกว่าหนึ่งครั้ง ราวกับจะพูด แต่ก็ไม่ได้พูด

Ses yeux s'humidifièrent, et le fouet continuait à claquer contre Buck.

ดวงตาของเขามีน้ำตาคลอ แต่แส้ยังคงฟาดไปที่บั๊ก

Finalement, Thornton commença à marcher lentement, ne sachant pas quoi faire.

ในที่สุด ธอร์นตันก็เริ่มเดินไปมาอย่างช้าๆ โดยไม่แน่ใจว่าจะทำอย่างไร

C'était la première fois que Buck échouait, et Hal devint furieux.

นั่นเป็นครั้งแรกที่บัคล้มเหลว และฮาลก็โกรธมาก

Il a jeté le fouet et a pris la lourde massue à la place.

เขาโยนแส้ลงแล้วหยิบไม้หนักขึ้นมาแทน

Le gourdin en bois s'abattit violemment, mais Buck ne se releva toujours pas pour bouger.

กระบองไม้ฟาดลงมาอย่างแรง แต่บัคก็ยังไม่ยอมลุกขึ้นเพื่อขยับตัว

Comme ses coéquipiers, il était trop faible, mais plus que cela.

เช่นเดียวกับเพื่อนร่วมทีมของเขา เขาอ่อนแอเกินไป—แต่ก็มากกว่านั้น

Buck avait décidé de ne pas bouger, quoi qu'il arrive.

บัคตัดสินใจที่จะไม่ย้าย ไม่ว่าอะไรจะเกิดขึ้นต่อจากนี้

Il sentait quelque chose de sombre et de certain planer juste devant lui.

เขารู้สึกถึงบางอย่างมืดมิดและแน่นอนลอยอยู่ข้างหน้า

Cette peur l'avait saisi dès qu'il avait atteint la rive du fleuve.

ความกลัวนั้นเข้าครอบงำเขาทันทีที่เขาไปถึงริมฝั่งแม่น้ำ

Cette sensation ne l'avait pas quitté depuis qu'il sentait la glace s'amincir sous ses pattes.

ความรู้สึกนั้นยังคงอยู่กับเขาต่อไปอีกนับตั้งแต่เขาสัมผัสได้ถึงน้ำแข็งบางๆ ใต้อุ้งเท้าของเขา

Quelque chose de terrible l'attendait – il le sentait juste au bout du sentier.

มีเรื่องเลวร้ายบางอย่างกำลังรออยู่—เขาสัมผัสได้ถึงมันที่จุดปลายเส้นทาง

Il n'allait pas marcher vers cette terrible chose devant lui.

เขาจะไม่เดินไปหาสิ่งเลวร้ายที่อยู่ข้างหน้า

Il n'allait pas obéir à un quelconque ordre qui le conduirait à cette chose.

เขาจะไม่เชื่อฟังคำสั่งใด ๆ ที่พาเขาไปยังสิ่งนั้น

La douleur des coups ne l'atteignait plus guère, il était trop loin.

ความเจ็บปวดจากการถูกโจมตีแทบไม่สามารถแตะต้องเขาได้เลย ตอนนี้—เขาก้าวไปไกลเกินไปแล้ว

L'étincelle de vie vacillait faiblement, s'affaiblissant sous chaque coup cruel.

ประกายแห่งชีวิตสั่นไหวต่ำลง และหรี่ลงใต้การโจมตีอันโหดร้าย แต่ละครั้ง

Ses membres semblaient lointains ; tout son corps semblait appartenir à un autre.

แขนขาของเขารู้สึกเหมือนอยู่ห่างไกล และร่างกายทั้งหมดของเขา เหมือนเป็นของอีกคนหนึ่ง

Il ressentit un étrange engourdissement alors que la douleur disparaissait complètement.

เขาเริ่มรู้สึกชาแปลกๆ ขณะที่ความเจ็บปวดหายไปหมด

De loin, il sentait qu'il était battu, mais il le savait à peine.

แต่ไกล เขาสัมผัสได้ว่าตัวเองกำลังถูกตี แต่แทบไม่รู้เลย

Il pouvait entendre les coups sourds faiblement, mais ils ne faisaient plus vraiment mal.

เขาได้ยินเสียงกระแทกเบา ๆ แต่ตอนนี้ไม่เจ็บแล้ว

Les coups ont porté, mais son corps ne semblait plus être le sien.

หมัดนั้นถูกโจมตี แต่ร่างกายของเขาดูไม่ใช่ของเขาอีกต่อไป

Puis, soudain, sans prévenir, John Thornton poussa un cri sauvage.

แล้วจู่ๆ จอห์น ธอร์นตันก็ร้องโวยวายอย่างบ้าคลั่งโดยไม่ได้เตือน ล่วงหน้า

C'était inarticulé, plus le cri d'une bête que celui d'un homme.

มันเป็นเสียงที่ไม่ชัดเจน เหมือนเสียงร้องของสัตว์มากกว่าเสียง
ร้องของมนุษย์

Il sauta sur l'homme avec la massue et renversa Hal en arrière.

เขากระโจนเข้าหาชายที่ถือไม้กระบองแล้วผลักฮาลถอยหลัง

Hal vola comme s'il avait été frappé par un arbre, atterrissant durement sur le sol.

ฮาลบินราวกับว่าโดนต้นไม้ชน และลงจอดอย่างแรงที่พื้นดิน

Mercedes a crié de panique et s'est agrippée au visage.

เมอร์เซเดสกรีดร้องออกมาด้วยความตื่นตระหนกและจับที่ใบหน้า
ของเธอ

Charles se contenta de regarder, s'essuya les yeux et resta assis.

ชาร์ลส์เพียงแต่มองดู เช็ดตา และนั่งอยู่

Son corps était trop raide à cause de la douleur pour se lever ou aider au combat.

ร่างกายของเขาแข็งทื่อด้วยความเจ็บปวดจนไม่อาจลุกขึ้นหรือช่วย
ในการต่อสู้ได้

Thornton se tenait au-dessus de Buck, tremblant de fureur, incapable de parler.

ธอร์นตันยืนอยู่เหนือบัค ตัวสั่นด้วยความโกรธ จนพูดอะไรไม่
ออก

Il tremblait de rage et luttait pour trouver sa voix à travers elle.

เขาสั่นด้วยความโกรธและต่อสู้ดิ้นรนเพื่อค้นหาเสียงของตัวเอง
ผ่านมัน

« Si tu frappes encore ce chien, je te tue », dit-il finalement.

"ถ้าคุณตีสุนัขตัวนั้นอีก ฉันจะฆ่าคุณ" เขากล่าวในที่สุด

Hal essuya le sang de sa bouche et s'avança à nouveau.

ฮาลเช็ดเลือดออกจากปากและเดินไปข้างหน้าอีกครั้ง

« C'est mon chien », murmura-t-il. « Dégage, ou je te répare. »

"นั่นหมาของฉัน" เขาบ่นพึมพำ "หลีกทางไป ไม่งั้นฉันจะจัดการคุณเอง"

« Je vais à Dawson, et vous ne m'en empêcherez pas », a-t-il ajouté.

"ผมจะไปดอว์สัน และคุณก็ไม่สามารถหยุดผมได้" เขากล่าวเสริม

Thornton se tenait fermement entre Buck et le jeune homme en colère.

ธอร์นตันยืนมั่นคงระหว่างบัคกับชายหนุ่มที่กำลังโกรธแค้น

Il n'avait aucune intention de s'écarter ou de laisser passer Hal.

เขาไม่มีความตั้งใจที่จะก้าวออกไปหรือปล่อยให้ฮาลผ่านไป

Hal sortit son couteau de chasse, long et dangereux à la main.

ฮาลดึงมีดล่าสัตว์ของเขาออกมา ซึ่งอยู่ในมือที่ยาวและอันตราย

Mercedes a crié, puis pleuré, puis ri dans une hystérie sauvage.

เมอร์เซเดสกรีดร้อง จากนั้นก็ร้องไห้ จากนั้นก็หัวเราะอย่างบ้าคลั่ง

Thornton frappa la main de Hal avec le manche de sa hache, fort et vite.

ธอร์นตันตีมือของฮาลด้วยด้ามขวานของเขาอย่างรุนแรงและรวดเร็ว

Le couteau s'est détaché de la main de Hal et a volé au sol.

มีดหลุดจากการจับของฮาลและหล่นลงสู่พื้น

Hal essaya de ramasser le couteau, et Thornton frappa à nouveau ses jointures.

ฮาลพยายามหยิบมีดขึ้นมา และธอร์นตันก็ตบข้อต่ออีกครั้ง

Thornton se baissa alors, attrapa le couteau et le tint.

จากนั้น ธอร์นตันก็ก้มลง คว้ามีดและถือไว้

D'un coup rapide de manche de hache, il coupa les rênes de Buck.

ด้วยการฟันด้ามขวานสองครั้งอย่างรวดเร็ว เขาก็ตัดสายบังเหียนของบัคได้

Hal n'avait plus aucune résistance et s'éloigna du chien.

ฮาลไม่มีการต่อสู้เหลืออยู่ในตัวเขาอีกแล้วและก้าวถอยห่างจากสุนัข

De plus, Mercedes avait désormais besoin de ses deux bras pour se maintenir debout.

นอกจากนี้ เมอร์เซเดสยังต้องใช้แขนทั้งสองข้างเพื่อให้เธอทรงตัวได้

Buck était trop proche de la mort pour pouvoir à nouveau tirer un traîneau.

บัคใกล้ตายมากเกินกว่าที่จะสามารถลากเลื่อนได้อีกครั้ง

Quelques minutes plus tard, ils se sont retirés et ont descendu la rivière.

อีกไม่กี่นาทีต่อมา พวกเขาก็ออกเดินทางมุ่งหน้าลงแม่น้ำ

Buck leva faiblement la tête et les regarda quitter la banque.

บั๊กเงยหน้าขึ้นอย่างอ่อนแรงและมองดูพวกเขาออกจากธนาคาร

Pike a mené l'équipe, avec Solleks à l'arrière dans la roue.

ไพค์เป็นผู้นำทีม โดยมีโซเลกส์อยู่ด้านหลังในตำแหน่งล้อ

Joe et Teek marchaient entre eux, tous deux boitant d'épuisement.

โจและทีคเดินเข้ามาระหว่างนั้น โดยทั้งสองเดินกะเผลกด้วยความเหนื่อยล้า

Mercedes s'assit sur le traîneau et Hal saisit le long mât.

เมอร์เซเดสนั่งอยู่บนรถเลื่อน และฮาลก็จับเสาค้ำที่ยาวไว้

Charles trébuchait derrière, ses pas maladroits et incertains.

ชาร์ลส์สะดุดล้มด้านหลัง ก้าวเดินอย่างไม่คล่องแคล่วและไม่แน่ใจ

Thornton s'agenouilla près de Buck et chercha doucement des os cassés.

ธอร์นตันคุกเข่าอยู่ข้างบัคและคลำหากระดูกที่หักอย่างเบามือ

Ses mains étaient rudes mais bougeaient avec gentillesse et attention.

มือของเขาแม้จะหยาบกร้านแต่ก็เคลื่อนไหวด้วยความกรุณาและ

เอาใจใส่

Le corps de Buck était meurtri mais ne présentait aucune blessure durable.

ร่างของบัคมีรอยฟกช้ำแต่ไม่มีอาการบาดเจ็บถาวร

Ce qui restait, c'était une faim terrible et une faiblesse quasi totale.

สิ่งที่ยังคงเหลืออยู่คือความหิวโหยอันแสนสาหัสและความอ่อนแอ

เกือบทั้งหมด

Au moment où cela fut clair, le traîneau était déjà loin en aval.

เมื่อเห็นชัดเจนแล้ว รถเลื่อนก็ล่องไปไกลแล้ว

L'homme et le chien regardaient le traîneau ramper lentement sur la glace fissurée.

ชายและสุนัขเฝ้าดูรถเลื่อนค่อยๆ คลานไปบนน้ำแข็งที่แตกร้าว

Puis, ils virent le traîneau s'enfoncer dans un creux.

จากนั้นพวกเขาก็มองเห็นรถเลื่อนจมลงไปในแอ่งน้ำ

Le mât s'est envolé, Hal s'y accrochant toujours en vain.

เสาไฟลอยขึ้นไป โดยที่ฮาลยังคงเกาะมันไว้อย่างไร้ผล

Le cri de Mercedes les atteignit à travers la distance froide.

เสียงกรีดร้องของเมอร์เซเดสดังไปถึงพวกเขาข้ามระยะทางที่หนาวเย็น

Charles se retourna et recula, mais il était trop tard.

ชาร์ลส์หันหลังแล้วก้าวถอยหลัง—แต่เขาก็สายเกินไปแล้ว

Une calotte glaciaire entière a cédé et ils sont tous tombés à travers.

แผ่นน้ำแข็งทั้งหมดพังทลายลง และพวกมันก็ตกลงไปทั้งหมด

Les chiens, le traîneau et les gens ont disparu dans l'eau noire en contrebas.

สุนัข รถลากเลื่อน และผู้คนหายไปในน้ำดำเบื้องล่าง

Il ne restait qu'un large trou dans la glace là où ils étaient passés.

เหลือเพียงหลุมกว้างในน้ำแข็งตรงที่พวกเขาผ่านไป

Le fond du sentier s'était affaissé, comme Thornton l'avait prévenu.

พื้นทางเดินลาดลงมาตามที่ธอร์นตันเตือนไว้

Thornton et Buck se regardèrent, silencieux pendant un moment.

ธอร์นตันและบัคมองหน้ากันโดยเงียบไปครู่หนึ่ง

« Pauvre diable », dit doucement Thornton, et Buck lui lécha la main.

"เจ้าช่างน่าสงสาร" ธอร์นตันพูดเบาๆ และบัคก็เลียมือของเขา

Pour l'amour d'un homme
เพื่อความรักของชายคนหนึ่ง

John Thornton s'est gelé les pieds dans le froid du mois de décembre précédent.

จอห์น ธอร์นตัน เท้าของเขาแข็งเพราะความหนาวเย็นของเดือนธันวาคมปีก่อน

Ses partenaires l'ont mis à l'aise et l'ont laissé se rétablir seul.

คู่หูของเขาทำให้เขาสบายใจและปล่อยให้เขาฟื้นตัวคนเดียว

Ils remontèrent la rivière pour rassembler un radeau de billes de bois pour Dawson.

พวกเขาเดินขึ้นแม่น้ำเพื่อรวบรวมแพซุงสำหรับดอว์สัน

Il boitait encore légèrement lorsqu'il a sauvé Buck de la mort.

เขายังเดินกะเผลกเล็กน้อยตอนที่ช่วยบัคจากความตาย

Mais avec le temps chaud qui continue, même cette boiterie a disparu.

แต่ด้วยอากาศอบอุ่นที่ยังคงดำเนินต่อไป อาการขาเป๋ก็หายไปเช่นกัน

Allongé au bord de la rivière pendant les longues journées de printemps, Buck se reposait.

บัคได้พักผ่อนริมฝั่งแม่น้ำระหว่างช่วงฤดูใบไม้ผลิที่ยาวนาน

Il regardait l'eau couler et écoutait les oiseaux et les insectes.

เขาเฝ้าดูน้ำไหลและฟังเสียงนกและแมลง

Lentement, Buck reprit ses forces sous le soleil et le ciel.

บัคค่อยๆ ฟื้นคืนพละกำลังภายใต้ดวงอาทิตย์และท้องฟ้า

Un repos merveilleux après avoir parcouru trois mille kilomètres.

การพักผ่อนที่ยอดเยี่ยมหลังจากเดินทางมาสามพันไมล์

Buck est devenu paresseux à mesure que ses blessures guérissaient et que son corps se remplissait.

บัคเริ่มขี้เกียจเมื่อบาดแผลของเขาหายและร่างกายของเขาแข็งแรงขึ้น

Ses muscles se raffermirent et la chair revint recouvrir ses os.

กล้ามเนื้อของเขาแข็งแรงขึ้น และเนื้อก็กลับมาปกคลุมกระดูกของเขาอีกครั้ง

Ils se reposaient tous : Buck, Thornton, Skeet et Nig.

พวกเขาทั้งหมดกำลังพักผ่อน—บัค, ธอร์นตัน, สกีต และนิค

Ils attendaient le radeau qui allait les transporter jusqu'à Dawson.

พวกเขารอแพที่จะพาพวกเขาลงไปที่ดอว์สัน

Skeet était un petit setter irlandais qui s'est lié d'amitié avec Buck.

สกีตเป็นสุนัขไอริชเซตเตอร์ตัวเล็กที่เป็นเพื่อนกับบัค

Buck était trop faible et malade pour lui résister lors de leur première rencontre.

บัคอ่อนแอและป่วยเกินกว่าจะต้านทานเธอได้ในการพบกันครั้งแรกของพวกเขา

Skeet avait le trait de guérisseur que certains chiens possèdent naturellement.

สกีตมีคุณสมบัติในการรักษาซึ่งสุนัขบางตัวมีอยู่แล้ว

Comme une mère chatte, elle lécha et nettoya les blessures à vif de Buck.

เธอเลียและทำความสะอาดบาดแผลสดของบัคเหมือนกับแม่แมว

Chaque matin, après le petit-déjeuner, elle répétait son travail minutieux.

ทุกเช้าหลังรับประทานอาหารเช้า เธอจะทำหน้าที่อย่างระมัดระวัง
อีกครั้ง

Buck s'attendait à son aide autant qu'à celle de Thornton.
บัคเริ่มคาดหวังความช่วยเหลือจากเธอเท่าๆ กับที่เขาคาดหวังความ
ช่วยเหลือจากธอร์นตัน

**Nig était également amical, mais moins ouvert et moins
affectueux.**
นิคก็เป็นคนเป็นมิตรเช่นกัน แต่เปิดเผยน้อยลงและแสดงความรัก
น้อยลง

**Nig était un gros chien noir, à la fois chien de Saint-Hubert
et chien de chasse.**
นิคเป็นสุนัขสีดำตัวใหญ่ เป็นลูกครึ่งสุนัขบลัดฮาวด์และสุนัขล่า
กวาง

**Il avait des yeux rieurs et une infinie bonne nature dans son
esprit.**
เขามีดวงตาที่ยิ้มแย้มและมีจิตใจดีอย่างไม่มีที่สิ้นสุด

**À la surprise de Buck, aucun des deux chiens n'a montré de
jalousie envers lui.**
บัครู้สึกประหลาดใจที่สุนัขทั้งสองตัวไม่แสดงความอิจฉาเขา

**Skeet et Nig ont tous deux partagé la gentillesse de John
Thornton.**
ทั้ง Skeet และ Nig ต่างก็ได้รับความกรุณาจาก John Thornton

**À mesure que Buck devenait plus fort, ils l'ont attiré dans
des jeux de chiens stupides.**
เมื่อบั๊กแข็งแกร่งขึ้น พวกเขาก็ล่อลวงเขาให้เล่นเกมสุนัขโง่ๆ

**Thornton jouait souvent avec eux aussi, incapable de résister
à leur joie.**
ธอร์นตันก็มักจะเล่นกับพวกมันด้วยเช่นกัน

De cette manière ludique, Buck est passé de la maladie à une nouvelle vie.

ด้วยวิธีสนุกๆ นี้ บัคได้ก้าวจากการเจ็บป่วยไปสู่ชีวิตใหม่

L'amour – un amour véritable, brûlant et passionné – était enfin à lui.

ความรัก—ความรักอันแท้จริง เร่าร้อน และเร่าร้อน—กลายเป็น

ของเขาในที่สุด

Il n'avait jamais connu ce genre d'amour dans le domaine de Miller.

เขาไม่เคยรู้จักความรักแบบนี้ที่คฤหาสน์ของมิลเลอร์เลย

Avec les fils du juge, il avait partagé le travail et l'aventure.

เขาและลูกชายของผู้พิพากษาได้ร่วมกันทำงานและผจญภัย

Chez les petits-fils, il vit une fierté raide et vantarde.

เมื่อเห็นหลานชายมีท่าทีเย่อหยิ่งและโอ้อวด

Il entretenait avec le juge Miller lui-même une amitié respectueuse.

เขาและผู้พิพากษามิลเลอร์มีมิตรภาพที่ดีต่อกัน

Mais l'amour qui était feu, folie et adoration est venu avec Thornton.

แต่ความรักที่เป็นไฟ ความบ้าคลั่ง และการบูชาก็มาพร้อมกับธอร์น

ตัน

Cet homme avait sauvé la vie de Buck, et cela seul signifiait beaucoup.

ชายคนนี้ช่วยชีวิตบัคไว้ และแค่นั้นก็มีความหมายมากแล้ว

Mais plus que cela, John Thornton était le type de maître idéal.

แต่ยิ่งไปกว่านั้น จอห์น ธอร์นตันยังเป็นปรมาจารย์ในอุดมคติอีก

ด้วย

D'autres hommes s'occupaient de chiens par devoir ou par nécessité professionnelle.

ผู้ชายคนอื่นๆ ดูแลสุนัขเพราะหน้าที่หรือมีความจำเป็นทางธุรกิจ

John Thornton prenait soin de ses chiens comme s'ils étaient ses enfants.

จอห์น ธอร์นตันดูแลสุนัขของเขาเหมือนกับว่าพวกมันเป็นลูกของ

เขา

Il prenait soin d'eux parce qu'il les aimait et qu'il ne pouvait tout simplement pas s'en empêcher.

เขาใส่ใจพวกเขาเพราะเขารักพวกเขาและไม่สามารถหยุดมันได้

John Thornton a vu encore plus loin que la plupart des hommes n'ont jamais réussi à voir.

จอห์น ธอร์นตันมองเห็นได้ไกลมากกว่าที่มนุษย์ส่วนใหญ่สามารถ

มองเห็นได้

Il n'oubliait jamais de les saluer gentiment ou de leur adresser un mot d'encouragement.

พระองค์ไม่เคยลืมที่จะทักทายพวกเขาอย่างเป็นมิตรหรือพูดจาให้

กำลังใจ

Il adorait s'asseoir avec les chiens pour de longues conversations, ou « gazeuses », comme il disait.

เขาชอบนั่งคุยกับสุนัขนานๆ หรืออาจจะเรียกว่า "ผายลม" ก็ได้

ตามที่เขาพูด

Il aimait saisir brutalement la tête de Buck entre ses mains fortes.

เขาชอบที่จะจับศีรษะของบัคอย่างรุนแรงระหว่างมือที่แข็งแกร่ง

ของเขา

Puis il posa sa tête contre celle de Buck et le secoua doucement.

จากนั้นเขาก็เอาหัวของตัวเองพิงกับบัคและเขย่าเขาเบาๆ

Pendant tout ce temps, il traitait Buck de noms grossiers qui signifiaient de l'amour pour Buck.

ตลอดเวลา เขาก็เรียกบัคด้วยชื่อหยาบคายที่หมายถึงความรักต่อบัค

Pour Buck, cette étreinte brutale et ces mots ont apporté une joie profonde.

สำหรับบัค การกอดที่รุนแรงและคำพูดเหล่านั้นทำให้มีความสุข

อย่างมาก

Son cœur semblait se déchaîner de bonheur à chaque mouvement.

หัวใจของเขาดูเหมือนจะสั่นไหวด้วยความสุขทุกครั้งที่เคลื่อนไหว

Lorsqu'il se releva ensuite, sa bouche semblait rire.

เมื่อเขาผุดลุกขึ้นมาอีกครั้ง ปากของเขาดูเหมือนว่าจะหัวเราะ

Ses yeux brillaient et sa gorge tremblait d'une joie inexprimée.

ดวงตาของเขาเป็นประกายสดใส และลำคอของเขาสั่นเทาด้วย

ความสุขที่ไม่สามารถเอ่ยออกมาได้

Son sourire resta figé dans cet état d'émotion et d'affection rayonnante.

รอยยิ้มของเขายังคงนิ่งอยู่ในอารมณ์และความรักอันเปี่ยมล้น

Thornton s'exclama alors pensivement : « Mon Dieu ! Il peut presque parler ! »

จากนั้น ธอร์นตันก็อุทานออกมาอย่างครุ่นคิดว่า "พระเจ้า! เขาแทบ

จะพูดได้เลยนะ!"

Buck avait une étrange façon d'exprimer son amour qui causait presque de la douleur.

บัคมีวิธีการแสดงความรักแบบแปลกๆ ซึ่งเกือบทำให้เจ็บปวด

Il serrait souvent très fort la main de Thornton entre ses dents.

เขามักจะกัดมือของธอร์นตันแน่นมาก

La morsure allait laisser des marques profondes qui resteraient un certain temps après.

รอยกัดนั้นจะทิ้งรอยลึกไว้ซึ่งจะคงอยู่ต่อไปอีกระยะหนึ่ง

Buck croyait que ces serments étaient de l'amour, et Thornton savait la même chose.

บัคเชื่อว่าคำสาบานเหล่านั้นคือความรัก และธอร์นตันก็รู้เช่นกัน

Le plus souvent, l'amour de Buck se manifestait par une adoration silencieuse, presque silencieuse.

ส่วนใหญ่แล้วความรักของบัคจะแสดงออกมาในรูปแบบของความ ชื่นชมที่เงียบงันจนแทบจะเงียบสนิท

Bien qu'il soit ravi lorsqu'on le touche ou qu'on lui parle, il ne cherche pas à attirer l'attention.

แม้จะตื่นเต้นเมื่อถูกสัมผัสหรือพูดคุย แต่เขาก็ไม่ได้ต้องการความ สนใจ

Skeet a poussé son nez sous la main de Thornton jusqu'à ce qu'il la caresse.

สกีตเอาจมูกจิ้มใต้มือของธอร์นตันจนกระทั่งเขาลูบเธอ

Nig s'approcha tranquillement et posa sa grosse tête sur le genou de Thornton.

นิคเดินขึ้นไปอย่างเงียบๆ และวางศีรษะขนาดใหญ่ของเขาไว้บน ตักของธอร์นตัน

Buck, au contraire, se contentait d'aimer à distance respectueuse.

ในทางตรงกันข้ามบัคพอใจที่จะรักจากระยะห่างที่เคารพกัน

Il resta allongé pendant des heures aux pieds de Thornton, alerte et observant attentivement.

เขานอนอยู่แทบเท้าของธอร์นตันเป็นเวลาหลายชั่วโมงอย่างตื่นตัว และเฝ้าดูอย่างใกล้ชิด

Buck étudiait chaque détail du visage de son maître et le moindre mouvement.

บั๊กศึกษาอย่างละเอียดทุกรายละเอียดของใบหน้าและการ
เคลื่อนไหวแม้เพียงเล็กน้อยของเจ้านาย

Ou bien il était allongé plus loin, étudiant la silhouette de l'homme en silence.

หรือโกหกอยู่ไกลออกไปโดยศึกษารูปร่างของชายคนนั้นในความ
เงียบ

Buck observait chaque petit mouvement, chaque changement de posture ou de geste.

บั๊กเฝ้าดูการเคลื่อนไหวเล็กๆ น้อยๆ แต่ละอย่าง การเปลี่ยนท่าทาง
หรือกิริยาท่าทาง

Ce lien était si puissant qu'il attirait souvent le regard de Thornton.

ความเชื่อมโยงนี้ทรงพลังมากจนดึงดูดความสนใจของธอร์นตันอยู่
เสมอ

Il rencontra les yeux de Buck sans un mot, l'amour brillant clairement à travers.

เขาสบตากับบัคโดยไม่พูดอะไร ความรักเปล่งประกายอย่างชัดเจน

Pendant longtemps après avoir été sauvé, Buck n'a jamais laissé Thornton hors de vue.

เป็นเวลานานหลังจากที่ได้รับการช่วยเหลือ บัคไม่เคยปล่อย
ให้ธอร์นตันคลาดสายตาเลย

Chaque fois que Thornton quittait la tente, Buck le suivait de près à l'extérieur.

เมื่อใดก็ตามที่ธอร์นตันออกจากเต็นท์ บัคก็จะเดินตามเขาไปติดๆ
ข้างนอก

Tous les maîtres sévères du Northland avaient fait que Buck avait peur de faire confiance.

เจ้านายที่โหดร้ายทั้งหมดในดินแดนเหนือทำให้บัคไม่กล้า
ไว้วางใจ

Il craignait qu'aucun homme ne puisse rester son maître plus d'un court instant.

เขาเกรงว่าจะไม่มีใครสามารถเป็นเจ้านายของเขาได้นานกว่า
ช่วงเวลาสั้นๆ

Il craignait que John Thornton ne disparaisse comme Perrault et François.

**เขาเกรงว่าจอห์น ธอร์นตันจะหายตัวไปเหมือนกับเปโรลต์และฟ
รองซัวส์**

Même la nuit, la peur de le perdre hantait le sommeil agité de Buck.

แม้กระทั่งในเวลากลางคืน ความกลัวที่จะสูญเสียเขาไปยังคง
หลอกหลอนการนอนหลับไม่สบายของบัค

Quand Buck se réveilla, il se glissa dehors dans le froid et se dirigea vers la tente.

เมื่อบัคตื่น เขาก็คลานออกไปในที่เย็น และเดินไปที่เต็นท์

Il écoutait attentivement le doux bruit de la respiration à l'intérieur.

เขาตั้งใจฟังเสียงหายใจเบาๆ ภายใน

Malgré l'amour profond de Buck pour John Thornton, la nature sauvage est restée vivante.

แม้ว่าบัคจะรักจอห์น ธอร์นตันมาก แต่ป่าก็ยังมีชีวิตอยู่

Cet instinct primitif, éveillé dans le Nord, n'a pas disparu.

สัญชาตญาณดั้งเดิมที่ปลุกขึ้นในภาคเหนือไม่ได้หายไป

L'amour a apporté la dévotion, la loyauté et le lien chaleureux du coin du feu.

ความรักนำมาซึ่งความภักดี ความภักดี และความผูกพันที่อบอุ่น
จากกองไฟ

Mais Buck a également conservé son instinct sauvage, vif et toujours en alerte.

แต่บัคก็ยังคงสัญชาตญาณดิบของเขาไว้อย่างเฉียบคมและตื่นตัวอยู่
เสมอ

Il n'était pas seulement un animal de compagnie apprivoisé venu des terres douces de la civilisation.

เขามิใช่เพียงสัตว์เลี้ยงที่เชื่องจากดินแดนอันอ่อนนุ่มแห่งอารย
ธรรม

Buck était un être sauvage qui était venu s'asseoir près du feu de Thornton.

บัคเป็นสิ่งมีชีวิตป่าที่เข้ามาเพื่อมานั่งใกล้กองไฟของธอร์นตัน

Il ressemblait à un chien du Southland, mais la sauvagerie vivait en lui.

เขาดูเหมือนสุนัขพันธุ์เซาท์แลนด์ แต่มีความดุร้ายอยู่ในตัวเขา

Son amour pour Thornton était trop grand pour permettre de voler cet homme.

ความรักที่เขามีต่อธอร์นตันมีมากเกินกว่าที่จะยอมให้เกิดการขโมย
ของจากชายคนนั้นได้

Mais dans n'importe quel autre camp, il volerait avec audace et sans relâche.

แต่ในค่ายอื่นเขาจะขโมยอย่างกล้าหาญและไม่หยุดพัก

Il était si habile à voler que personne ne pouvait l'attraper ou l'accuser.

เขามีความฉลาดในการขโมยมากจนไม่มีใครจับได้หรือกล่าวโทษ
เขาได้

Son visage et son corps étaient couverts de cicatrices dues à de nombreux combats passés.

ใบหน้าและร่างกายของเขาเต็มไปด้วยรอยแผลเป็นจากการต่อสู้หลายครั้งในอดีต

Buck se battait toujours avec acharnement, mais maintenant il se battait avec plus de ruse.

บัคยังคงต่อสู้อย่างดุเดือด แต่ตอนนี้เขาสู้ด้วยไหวพริบมากขึ้น

Skeet et Nig étaient trop doux pour se battre, et ils appartenaient à Thornton.

สกีตและนิกอ่อนโยนเกินไปที่จะต่อสู้ และพวกเขาก็เป็นของธอร์นตัน

Mais tout chien étranger, aussi fort ou courageux soit-il, cédait.

แต่สุนัขแปลกตัวใดก็ตาม ไม่ว่าจะแข็งแกร่งหรือกล้าหาญเพียงใดก็ต้องหลีกทางให้

Sinon, le chien se retrouvait à lutter contre Buck, à se battre pour sa vie.

มิฉะนั้น สุนัขก็จะพบว่าตัวเองต้องต่อสู้กับบั๊กเพื่อต่อสู้เพื่อชีวิตของมัน

Buck n'a eu aucune pitié une fois qu'il a choisi de se battre contre un autre chien.

บัคไม่มีความเมตตาเลยเมื่อเขาเลือกที่จะต่อสู้กับสุนัขอีกตัว

Il avait bien appris la loi du gourdin et des crocs dans le Nord.

เขาเรียนรู้เรื่องกฎของชมรมและเขี้ยวในดินแดนเหนือมาเป็นอย่างดี

Il n'a jamais abandonné un avantage et n'a jamais reculé devant la bataille.

เขาไม่เคยยอมสละข้อได้เปรียบและไม่เคยถอยหนีจากการต่อสู้

Il avait étudié les Spitz et les chiens les plus féroces de la poste et de la police.

เขาได้ศึกษาสุนัขพันธุ์สปิทซ์และสุนัขที่ดุร้ายที่สุดในบรรดาสุนัข
ไปรษณีย์และสุนัขตำรวจ

Il savait clairement qu'il n'y avait pas de juste milieu dans un combat sauvage.

เขาตระหนักชัดเจนว่าไม่มีจุดกึ่งกลางในต่อสู้อย่างดุเดือด

Il doit gouverner ou être gouverné ; faire preuve de miséricorde signifie faire preuve de faiblesse.

พระองค์ต้องปกครองหรือถูกปกครอง การแสดงความเมตตา

หมายถึงการแสดงความอ่อนแอ

La miséricorde était inconnue dans le monde brut et brutal de la survie.

ความเมตตาเป็นสิ่งที่ไม่สามารถพบได้ในโลกแห่งการเอาชีวิตรอด

ที่โหดร้ายและดิบเถื่อน

Faire preuve de miséricorde était perçu comme de la peur, et la peur menait rapidement à la mort.

การแสดงความเมตตาถูกมองว่าเป็นความกลัว และความกลัวจะ

นำไปสู่ความตายอย่างรวดเร็ว

L'ancienne loi était simple : tuer ou être tué, manger ou être mangé.

กฎหมายเก่านั้นเรียบง่าย: ฆ่าหรือถูกฆ่า กินหรือถูกกิน

Cette loi venait des profondeurs du temps, et Buck la suivait pleinement.

กฎนั้นมาจากส่วนลึกของกาลเวลา และบัคก็ปฏิบัติตามอย่างเต็มที่

Buck était plus vieux que son âge et que le nombre de respirations qu'il prenait.

บัคมีอายุเกินอายุและจำนวนลมหายใจที่เขาหายใจเข้า

Il a clairement relié le passé ancien au moment présent.

เขาเชื่อมโยงอดีตอันยาวนานกับช่วงเวลาปัจจุบันได้อย่างชัดเจน

Les rythmes profonds des âges le traversaient comme les marées.

จังหวะอันล้ำลึกของยุคสมัยเคลื่อนผ่านตัวเขาไปเหมือนกระแสน้ำ

Le temps pulsait dans son sang aussi sûrement que les saisons faisaient bouger la terre.

เวลาไหลเวียนอยู่ในเลือดของเขาแน่นอนตามฤดูกาลที่หมุนเวียนไปบนโลก

Il était assis près du feu de Thornton, la poitrine forte et les crocs blancs.

เขานั่งอยู่ใกล้กองไฟของธอร์นตัน มีหน้าอกที่แข็งแรงและมีเขี้ยวสีขาว

Sa longue fourrure ondulait, mais derrière lui, les esprits des chiens sauvages observaient.

ขนอันยาวของเขาพลิ้วไสว แต่เบื้องหลังของเขานั้นมีวิญญาณสุนัขป่าเฝ้าดูอยู่

Des demi-loups et des loups à part entière s'agitaient dans son cœur et dans ses sens.

หมาป่าครึ่งคนครึ่งหมาป่าเคลื่อนไหวอยู่ภายในใจและประสาทสัมผัสของเขา

Ils goûtèrent sa viande et burent la même eau que lui.

พวกเขาได้ชิมเนื้อของเขาและดื่มน้ำเดียวกับที่เขาทำ

Ils reniflaient le vent à ses côtés et écoutaient la forêt.

พวกเขาสูดกลิ่นลมไปพร้อมกับเขาและฟังเสียงป่าไม้

Ils murmuraient la signification des sons sauvages dans l'obscurité.

พวกเขาได้กระซิบถึงความหมายของเสียงอันป่าเถื่อนในความมืด

Ils façonnaient ses humeurs et guidaient chacune de ses réactions silencieuses.

พวกเขาสร้างอารมณ์ของเขาและชี้นำปฏิกิริยาอันเงียบสงบของเขา
แต่ละอย่าง

Ils se sont couchés avec lui pendant son sommeil et sont
devenus une partie de ses rêves profonds.

พวกเขานอนกับเขาขณะที่เขาหลับและกลายเป็นส่วนหนึ่งของ
ความฝันอันล้ำลึกของเขา

Ils rêvaient avec lui, au-delà de lui, et constituaient son
esprit même.

พวกเขาฝันร่วมกับเขา เหนือเขา และสร้างจิตวิญญาณของเขา
ขึ้นมา

Les esprits de la nature appelèrent si fort que Buck se sentit
attiré.

จิตวิญญาณแห่งป่าร้องเรียกอย่างแรงจนทำให้บัครู้สึกดึงดูด

Chaque jour, l'humanité et ses revendications
s'affaiblissaient dans le cœur de Buck.

ทุกๆ วัน มนุษยชาติและการเรียกร้องของพวกเขาจะอ่อนแอลงใน
ใจของบัค

Au plus profond de la forêt, un appel étrange et palpitant
allait s'élever.

ในป่าลึกมีเสียงเรียกที่แปลกและน่าตื่นเต้นดังขึ้น

Chaque fois qu'il entendait l'appel, Buck ressentait une
envie à laquelle il ne pouvait résister.

ทุกครั้งที่ได้ยินเสียงเรียก บัคก็จะรู้สึกอยากอะไรบางอย่างที่เขาไม่
อาจต้านทานได้

Il allait se détourner du feu et des sentiers battus des
humains.

เขาจะหันหลังให้กับไฟและจากเส้นทางมนุษย์ที่ถูกตี

Il allait s'enfoncer dans la forêt, avançant sans savoir
pourquoi.

เขาจะพุ่งเข้าไปในป่าโดยเดินไปข้างหน้าโดยไม่รู้ว่าทำไม

Il ne remettait pas en question cette attraction, car l'appel était profond et puissant.

เขาไม่ตั้งคำถามถึงการดึงดูดนี้ เพราะการเรียกร้องนั้นมีความลึกซึ้งและทรงพลัง

Souvent, il atteignait l'ombre verte et la terre douce et intacte

บ่อยครั้งเขาไปถึงร่มเงาสีเขียวและดินที่อ่อนนุ่มที่ไม่ถูกแตะต้อง

Mais ensuite, son amour profond pour John Thornton l'a ramené vers le feu.

แต่แล้วความรักอันแรงกล้าที่มีต่อจอห์น ธอร์นตันก็ดึงเขากลับเข้าสู่กองไฟอีกครั้ง

Seul John Thornton tenait véritablement le cœur sauvage de Buck entre ses mains.

มีเพียงจอห์น ธอร์นตันเท่านั้นที่สามารถกุมหัวใจอันป่าเถื่อนของบัคไว้ได้อย่างแท้จริง

Le reste de l'humanité n'avait aucune valeur ni signification durable pour Buck.

มนุษย์ที่เหลือไม่มีคุณค่าหรือความหมายที่ยั่งยืนสำหรับบัค

Les étrangers pourraient le féliciter ou caresser sa fourrure avec des mains amicales.

คนแปลกหน้าอาจจะชื่นชมเขาหรือลูบขนของเขาด้วยมือที่เป็นมิตร

Buck resta impassible et s'éloigna à cause de trop d'affection.

บั๊กยังคงไม่ขยับเขยื้อนและเดินออกไปเนื่องจากมีความรักมากเกินไป

Hans et Pete sont arrivés avec le radeau qu'ils attendaient depuis longtemps

ฮันส์และพีทมาถึงพร้อมกับแพที่รอคอยมานาน

Buck les a ignorés jusqu'à ce qu'il apprenne qu'ils étaient proches de Thornton.

บั๊กไม่สนใจพวกเขาจนกระทั่งเขารู้ว่าพวกเขาใกล้ชิดกับธอร์นตัน

Après cela, il les a tolérés, mais ne leur a jamais montré toute sa chaleur.

หลังจากนั้นเขาก็อดทนกับพวกเขา แต่ไม่เคยแสดงความอบอุ่นให้พวกเขาอย่างเต็มที่

Il prenait de la nourriture ou des marques de gentillesse de leur part comme s'il leur rendait service.

พระองค์ทรงรับอาหารหรือความกรุณาจากพวกเขาเสมือนหนึ่งว่าทรงทำคุณประโยชน์แก่พวกเขา

Ils étaient comme Thornton : simples, honnêtes et clairs dans leurs pensées.

พวกเขาเป็นเหมือนธอร์นตัน—เรียบง่าย ซื่อสัตย์ และมีความคิดชัดเจน

Tous ensemble, ils se rendirent à la scierie de Dawson et au grand tourbillon

พวกเขาทั้งหมดเดินทางไปที่โรงเลื่อยของ Dawson และน้ำวนขนาดใหญ่

Au cours de leur voyage, ils ont appris à comprendre profondément la nature de Buck.

ในระหว่างการเดินทาง พวกเขาได้เรียนรู้ที่จะเข้าใจธรรมชาติของบัคอย่างลึกซึ้ง

Ils n'ont pas essayé de se rapprocher comme Skeet et Nig l'avaient fait.

พวกเขาไม่ได้พยายามที่จะใกล้ชิดกันเหมือนที่ Skeet และ Nig ได้ทำ

Mais l'amour de Buck pour John Thornton n'a fait que s'approfondir avec le temps.

แต่ความรักของบัคที่มีต่อจอห์น ธอร์นตันก็ยิ่งลึกซึ้งมากขึ้นตาม
กาลเวลา

Seul Thornton pouvait placer un sac sur le dos de Buck en été.

มีเพียงธอร์นตันเท่านั้นที่สามารถวางฝูงสัตว์ไว้บนหลังบัคได้ใน
ฤดูร้อน

Quoi que Thornton ordonne, Buck était prêt à l'exécuter pleinement.

ไม่ว่าธอร์นตันจะสั่งอะไร บัคก็เต็มใจที่จะทำอย่างเต็มที่

Un jour, après avoir quitté Dawson pour les sources du Tanana,

วันหนึ่งหลังจากที่พวกเขาออกจากดอว์สันไปยังต้นน้ำของแม่น้ำ
ทานานา

le groupe était assis sur une falaise qui descendait d'un mètre jusqu'au substrat rocheux nu.

กลุ่มคนเหล่านี้นั่งอยู่บนหน้าผาซึ่งสูงประมาณสามฟุตจนไปถึงชั้น
หินแข็งที่โล่งเตียน

John Thornton était assis près du bord et Buck se reposait à côté de lui.

จอห์น ธอร์นตันนั่งอยู่ใกล้ขอบ และบัคก็พักผ่อนข้างๆ เขา

Thornton eut une pensée soudaine et attira l'attention des hommes.

ธอร์นตันเกิดความคิดขึ้นมาอย่างกะทันหัน และเรียกร้องความ
สนใจของพวกผู้ชาย

Il désigna le gouffre et donna un seul ordre à Buck.

เขาชี้ข้ามหุบเหวและสั่งบัคเพียงคำเดียว

« Saute, Buck ! » dit-il en balançant son bras au-dessus de la chute.

"กระโดดสิ บั๊ก!" เขากล่าวพร้อมกับเหวี่ยงแขนออกไปเหนือจุดตก

En un instant, il dut attraper Buck, qui sautait pour obéir.

ชั่วพริบตา เขาต้องคว้าบัคที่กำลังกระโจนเพื่อเชื่อฟัง

Hans et Pete se sont précipités en avant et ont ramené les deux hommes en sécurité.

ฮันส์และพีทรีบวิ่งไปข้างหน้าและดึงทั้งคู่กลับมายังที่ปลอดภัย

Une fois que tout fut terminé et qu'ils eurent repris leur souffle, Pete prit la parole.

หลังจากที่ทุกอย่างจบลง และพวกเขาได้พักหายใจ พีทก็พูดขึ้น

« L'amour est étrange », dit-il, secoué par la dévotion féroce du chien.

"ความรักเป็นสิ่งที่น่าขนลุก" เขากล่าวด้วยความหวั่นไหวจาก

ความทุ่มเทอย่างแรงกล้าของสุนัข

Thornton secoua la tête et répondit avec un sérieux calme.

ธอร์นตันส่ายหัวและตอบด้วยความสงบจริงจัง

« Non, l'amour est splendide », dit-il, « mais aussi terrible. »

"ไม่หรอก ความรักนั้นวิเศษมาก" เขากล่าว "แต่ก็เลวร้ายเช่นกัน"

« Parfois, je dois l'admettre, ce genre d'amour me fait peur. »

"บางครั้งฉันต้องยอมรับว่าความรักแบบนี้ทำให้ฉันกลัว"

Pete hocha la tête et dit : « Je détesterais être l'homme qui te touche. »

พีทพยักหน้าและพูดว่า "ผมเกลียดที่จะเป็นผู้ชายที่แตะตัวคุณ"

Il regarda Buck pendant qu'il parlait, sérieux et plein de respect.

เขาจ้องดูบั๊กในขณะที่เขาพูดด้วยความจริงจังและเต็มไปด้วยความ

เคารพ

« Py Jingo ! » s'empressa de dire Hans. « Moi non plus, non monsieur. »

"ไพ จิงโก!" ฮันส์รีบตอบ "ฉันก็เหมือนกัน ไม่เอาหรอกท่าน"

Avant la fin de l'année, les craintes de Pete se sont réalisées à Circle City.

ก่อนปีจะสิ้นสุดลง ความกลัวของพีทก็เป็นจริงที่เซอร์เคิลซิตี้

Un homme cruel nommé Black Burton a provoqué une bagarre dans le bar.

ชายโหดร้ายชื่อแบล็ค เบอร์ตัน ก่อเรื่องชกต่อยในบาร์

Il était en colère et malveillant, s'en prenant à un nouveau tendre.

เขาโกรธและมุ่งร้าย โจมตีเด็กที่เพิ่งเกิดใหม่

John Thornton est intervenu, calme et de bonne humeur comme toujours.

จอห์น ธอร์นตันเข้ามาด้วยความสงบและมีน้ำใจเช่นเคย

Buck était allongé dans un coin, la tête baissée, observant Thornton de près.

บัคนอนอยู่ที่มุมหนึ่ง ก้มหน้าลง คอยดูธอร์นตันอย่างใกล้ชิด

Burton frappa soudainement, son coup envoyant Thornton tourner.

จู่ๆ เบอร์ตันก็โจมตี หมัดของเขาทำให้ธอร์นตันหมุนตัว

Seule la barre du bar l'a empêché de s'écraser violemment au sol.

มีเพียงราวเหล็กเท่านั้นที่ทำให้เขาไม่สามารถกระแทกพื้นอย่างแรงได้

Les observateurs ont entendu un son qui n'était ni un aboiement ni un cri.

ผู้เฝ้าดูได้ยินเสียงที่ไม่ใช่เสียงเห่าหรือร้องโหยหวน

un rugissement profond sortit de Buck alors qu'il se lançait vers l'homme.

บั๊กส่งเสียงคำรามอันลึกออกมาขณะที่เขาพุ่งเข้าหาชายคนนั้น

Burton a levé le bras et a sauvé sa vie de justesse.

เบอร์ตันยกแขนขึ้นแต่แทบจะช่วยชีวิตตัวเองไม่ได้

Buck l'a percuté, le faisant tomber à plat sur le sol.

บัคพุ่งเข้าใส่เขาจนเขาล้มลงกับพื้น

Buck mordit profondément le bras de l'homme, puis se jeta à la gorge.

บัคกัดลึกเข้าไปในแขนของชายคนนั้น จากนั้นพุ่งเข้าที่ลำคอ

Burton n'a pu bloquer que partiellement et son cou a été déchiré.

เบอร์ตันสามารถบล็อกได้เพียงบางส่วน และคอของเขาก็ถูกฉีก

ขาด

Des hommes se sont précipités, les bâtons levés, et ont chassé Buck de l'homme ensanglanté.

พวกผู้ชายบุกเข้ามา ยกกระบองขึ้น และไล่บัคออกจากร่างของชาย

ที่กำลังเลือดออก

Un chirurgien est intervenu rapidement pour arrêter l'écoulement du sang.

ศัลยแพทย์ทำงานอย่างรวดเร็วเพื่อหยุดเลือดไม่ให้ไหลออกมา

Buck marchait de long en large et grognait, essayant d'attaquer encore et encore.

บัคก้าวไปมาพร้อมกับคำราม พยายามที่จะโจมตีอีกครั้งแล้วครั้ง

เล่า

Seuls les coups de massue l'ont empêché d'atteindre Burton.

มีเพียงไม้กระบองเท่านั้นที่ขัดขวางไม่ให้เขาไปถึงเบอร์ตันได้

Une réunion de mineurs a été convoquée et tenue sur place.

มีการเรียกประชุมคนงานเหมืองและจัดขึ้นตรงนั้นทันที

Ils ont convenu que Buck avait été provoqué et ont voté pour le libérer.

พวกเขาเห็นพ้องกันว่าบัคถูกยั่วยุและลงมติให้ปล่อยตัวเขาเป็น
อิสระ

Mais le nom féroce de Buck résonnait désormais dans tous les camps d'Alaska.

แต่ชื่ออันดุร้ายของบัคยังคงก้องอยู่ในทุกค่ายในอลาสก้า

Plus tard cet automne-là, Buck sauva à nouveau Thornton d'une nouvelle manière.

ในฤดูใบไม้ร่วงนั้น บั๊กได้ช่วยธอร์นตันอีกครั้งด้วยวิธีใหม่

Les trois hommes guidaient un long bateau sur des rapides impétueux.

ชายทั้งสามกำลังบังคับเรือยาวล่องไปตามน้ำเชี่ยวกราก

Thornton dirigeait le bateau et donnait des indications pour se rendre sur le rivage.

ธอร์นตันควบคุมเรือเพื่อส่งเสียงบอกทางไปยังชายฝั่ง

Hans et Pete couraient sur terre, tenant une corde d'arbre en arbre.

ฮันส์และพีทวิ่งขึ้นบกโดยถือเชือกจากต้นไม้ต้นหนึ่งไปอีกต้น
หนึ่ง

Buck suivait le rythme sur la rive, surveillant toujours son maître.

บัคเดินไปบนฝั่งตลอดเวลาโดยคอยดูเจ้านายของเขาอยู่เสมอ

À un endroit désagréable, des rochers surplombaient les eaux vives.

ในสถานที่แห่งหนึ่งที่น่ารังเกียจ มีหินยื่นออกมาอยู่ใต้น้ำที่ไหล
เชี่ยว

Hans lâcha la corde et Thornton dirigea le bateau vers le large.

ฮันส์ปล่อยเชือก และธอร์นตันก็บังคับเรือให้กว้างออก

Hans sprinta pour rattraper le bateau en passant devant les rochers dangereux.

ฮันส์รีบวิ่งไปขึ้นเรืออีกครั้งผ่านโขดหินอันตรายไป

Le bateau a franchi le rebord mais a heurté une partie plus forte du courant.

เรือเคลื่อนตัวผ่านขอบน้ำไปได้แต่ก็ไปชนกับกระแสน้ำที่แรงกว่า

Hans a attrapé la corde trop vite et a déséquilibré le bateau.

ฮันส์คว้าเชือกเร็วเกินไปจนทำให้เรือเสียสมดุล

Le bateau s'est retourné et a heurté la berge, cul en l'air.

เรือพลิกคว่ำและพุ่งชนฝั่งจนจมลงไปข้างล่าง

Thornton a été jeté dehors et emporté dans la partie la plus sauvage de l'eau.

ธอร์นตันถูกโยนออกไปและถูกพัดเข้าไปในส่วนที่ป่าเถื่อนที่สุดของน้ำ

Aucun nageur n'aurait pu survivre dans ces eaux mortelles et tumultueuses.

นักว่ายน้ำไม่มีทางรอดชีวิตได้ในน้ำที่เชี่ยวกรากและอันตรายเหล่านั้น

Buck sauta instantanément et poursuivit son maître sur la rivière.

บัคกระโดดลงไปทันทีและไล่ตามเจ้านายของเขาลงไปตามแม่น้ำ

Après trois cents mètres, il atteignit enfin Thornton.

หลังจากผ่านไปสามร้อยหลา เขาก็มาถึงธอร์นตันในที่สุด

Thornton attrapa la queue de Buck, et Buck se tourna vers le rivage.

ธอร์นตันคว้าหางของบัค และบัคก็หันหลังกลับไปที่ฝั่ง

Il nageait de toutes ses forces, luttant contre la force de l'eau.

เขาว่ายน้ำอย่างเต็มกำลัง ต่อสู้กับแรงต้านของน้ำ

Ils se déplaçaient en aval plus vite qu'ils ne pouvaient atteindre le rivage.

พวกเขามุ่งหน้าตามน้ำเร็วกว่าที่พวกเขาจะถึงฝั่งได้

Plus loin, la rivière rugissait plus fort alors qu'elle tombait dans des rapides mortels.

ข้างหน้าแม่น้ำคำรามดังขึ้นขณะที่ตกลงสู่น้ำเชี่ยวที่รุนแรง

Les rochers fendaient l'eau comme les dents d'un énorme peigne.

ก้อนหินถูกเฉือนผ่านน้ำเหมือนฟันของหวีขนาดใหญ่

L'attraction de l'eau près de la chute était sauvage et inévitable.

แรงดึงดูดของน้ำใกล้หยดน้ำนั้นรุนแรงและไม่อาจหลีกเลี่ยงได้

Thornton savait qu'ils ne pourraient jamais atteindre le rivage à temps.

ธอร์นตันรู้ว่าพวกเขาไม่มีทางไปถึงฝั่งได้ทันเวลา

Il a gratté un rocher, s'est écrasé sur un deuxième,

เขาขูดหินก้อนหนึ่งแล้วกระแทกหินก้อนที่สอง

Et puis il s'est écrasé contre un troisième rocher, l'attrapant à deux mains.

แล้วเขาก็พุ่งชนหินก้อนที่สามโดยใช้มือทั้งสองข้างคว้ามันไว้

Il lâcha Buck et cria par-dessus le rugissement : « Vas-y, Buck ! Vas-y ! »

เขาปล่อยบั๊กแล้วตะโกนท่ามกลางเสียงคำราม "ไป บั๊ก ไป!"

Buck n'a pas pu rester à flot et a été emporté par le courant.

บั๊กไม่สามารถลอยน้ำได้และถูกกระแสน้ำพัดไป

Il s'est battu avec acharnement, s'efforçant de se retourner, mais n'a fait aucun progrès.

เขาต่อสู้อย่างหนักเพื่อหันกลับแต่ก็ไม่สามารถทำความคืบหน้าได้เลย

Puis il entendit Thornton répéter l'ordre par-dessus le rugissement de la rivière.

แล้วเขาก็ได้ยินธอร์นตันพูดคำสั่งซ้ำท่ามกลางเสียงคำรามของแม่น้ำ

Buck sortit de l'eau et leva la tête comme pour un dernier regard.

บัคผงะตัวขึ้นจากน้ำ เงยหัวขึ้นเหมือนจะมองเป็นครั้งสุดท้าย

puis il se retourna et obéit, nageant vers la rive avec résolution.

จากนั้นก็หันกลับและทำตาม โดยว่ายน้ำเข้าฝั่งอย่างมุ่งมั่น

Pete et Hans l'ont tiré à terre au dernier moment possible.

พีทและฮันส์ดึงเขาขึ้นฝั่งในช่วงเวลาสุดท้ายที่เป็นไปได้

Ils savaient que Thornton ne pourrait s'accrocher au rocher que quelques minutes de plus.

พวกเขารู้ว่าธอร์นตันจะเกาะหินนั้นได้เพียงไม่กี่นาทีเท่านั้น

Ils coururent sur la berge jusqu'à un endroit bien au-dessus de l'endroit où il était suspendu.

พวกเขาวิ่งขึ้นฝั่งไปจนเจอจุดที่อยู่สูงกว่าจุดที่เขาถูกแขวนคออยู่มาก

Ils ont soigneusement attaché la ligne du bateau au cou et aux épaules de Buck.

พวกเขาผูกเชือกเรือไว้กับคอและไหล่ของบัคอย่างระมัดระวัง

La corde était serrée mais suffisamment lâche pour permettre la respiration et le mouvement.

เชือกนั้นกระชับแต่ก็หลวมพอที่จะหายใจและเคลื่อนไหวได้

Puis ils le jetèrent à nouveau dans la rivière tumultueuse et mortelle.

จากนั้นพวกเขาก็โยนเขาลงไปในแม่น้ำที่ไหลเชี่ยวและรุนแรงอีกครั้ง

Buck nageait avec audace mais manquait son angle face à la force du courant.

บั๊กว่ายน้ำอย่างกล้าหาญแต่ก็พลาดทิศทางที่กระแสน้ำไหล

Il a vu trop tard qu'il allait dépasser Thornton.

เขาเห็นสายเกินไปแล้วว่าเขาจะลอยผ่านธอร์นตันไป

Hans tira fort sur la corde, comme si Buck était un bateau en train de chavirer.

ฮันส์กระตุกเชือกให้ตึงราวกับว่าบัคเป็นเรือที่กำลังล่ม

Le courant l'a entraîné vers le fond et il a disparu sous la surface.

กระแสน้ำดึงเขาลงไปใต้น้ำ แล้วเขาก็หายไปใต้ผิวน้ำ

Son corps a heurté la berge avant que Hans et Pete ne le sortent.

ร่างของเขาพุ่งชนฝั่งก่อนที่ฮันส์และพีทจะดึงเขาออกมา

Il était à moitié noyé et ils l'ont chassé de l'eau.

เขาจมน้ำเกือบครึ่ง และพวกเขาก็ทุบน้ำออกจากตัวเขา

Buck se leva, tituba et s'effondra à nouveau sur le sol.

บัคยืนขึ้น เซไป และล้มลงบนพื้นอีกครั้ง

Puis ils entendirent la voix de Thornton faiblement portée par le vent.

แล้วพวกเขาก็ได้ยินเสียงของธอร์นตันที่พัดมาตามลมอย่างแผ่วเบา

Même si les mots n'étaient pas clairs, ils savaient qu'il était proche de la mort.

แม้คำพูดจะไม่ชัดเจน แต่พวกเขารู้ว่าเขาใกล้จะตายแล้ว

Le son de la voix de Thornton frappa Buck comme une décharge électrique.

เสียงของธอร์นตันกระทบบัคเหมือนกับถูกไฟฟ้าช็อต

Il sauta et courut sur la berge, retournant au point de lancement.

เขาโดดขึ้นและวิ่งขึ้นฝั่งกลับไปยังจุดปล่อยตัว

Ils attachèrent à nouveau la corde à Buck, et il entra à nouveau dans le ruisseau.

พวกเขาผูกเชือกกับบั๊กอีกครั้ง และเขาก็กลับเข้าสู่ลำธารอีกครั้ง

Cette fois, il nagea directement et fermement dans l'eau tumultueuse.

คราวนี้ เขาว่ายน้ำตรงลงไปในน้ำที่ไหลเชี่ยวอย่างมั่นคง

Hans laissa sortir la corde régulièrement tandis que Pete l'empêchait de s'emmêler.

ฮันส์ปล่อยเชือกออกอย่างต่อเนื่องในขณะที่พีทพยายามไม่ให้เชือกพันกัน

Buck a nagé avec acharnement jusqu'à ce qu'il soit aligné juste au-dessus de Thornton.

บั๊กว่ายน้ำอย่างหนักจนกระทั่งเขาไปยืนเรียงแถวเหนือธอร์นตัน

Puis il s'est retourné et a foncé comme un train à toute vitesse.

จากนั้นเขาก็หันตัวและพุ่งลงมาเหมือนรถไฟด้วยความเร็วสูงสุด

Thornton le vit arriver, se redressa et entoura son cou de ses bras.

ธอร์นตันเห็นเขาเข้ามา จึงตั้งตัวและล็อกแขนไว้รอบคอของเขา

Hans a attaché la corde fermement autour d'un arbre alors qu'ils étaient tous les deux entraînés sous l'eau.

ฮันส์ผูกเชือกไว้แน่นรอบต้นไม้ขณะที่ทั้งสองถูกดึงลงไปใต้ต้นไม้

Ils ont dégringolé sous l'eau, s'écrasant contre des rochers et des débris de la rivière.

พวกเขาตกลงไปใต้น้ำและกระแทกเข้ากับหินและเศษซากในแม่น้ำ

Un instant, Buck était au sommet, l'instant d'après, Thornton se levait en haletant.

ชั่วพริบตาเดียวบัคก็อยู่ด้านบน ขณะต่อมาธอร์นตันก็ลุกขึ้นพร้อมหายใจแรง

Battus et étouffés, ils se dirigèrent vers la rive et la sécurité.

พวกเขาได้รับบาดเจ็บและหายใจไม่ออก จึงต้องหันตัวไปที่ฝั่งที่ปลอดภัย

Thornton a repris connaissance, allongé sur un tronc d'arbre.

ธอร์นตันฟื้นคืนสติโดยนอนทับท่อนไม้ลอยน้ำ

Hans et Pete ont travaillé dur pour lui redonner souffle et vie.

ฮันส์และพีททำงานหนักเพื่อให้เขากลับมามีลมหายใจและชีวิตอีกครั้ง

Sa première pensée fut pour Buck, qui gisait immobile et mou.

ความคิดแรกของเขาคือบัคที่นอนนิ่งและหมดแรง

Nig hurla sur le corps de Buck et Skeet lui lécha doucement le visage.

นิกส่งเสียงหอนไปทั่วร่างของบัค และสกีตก็เลียหน้าเขาเบาๆ

Thornton, endolori et meurtri, examina Buck avec des mains prudentes.

ธอร์นตันซึ่งมีอาการเจ็บปวดและมีรอยฟกช้ำ ตรวจบัคด้วยมืออย่างระมัดระวัง

Il a trouvé trois côtes cassées, mais aucune blessure mortelle chez le chien.

เขาพบซี่โครงหัก 3 ซี่ แต่ไม่มีบาดแผลสาหัสในตัวสุนัข

« C'est réglé », dit Thornton. « On campe ici. » Et c'est ce qu'ils firent.

"นั่นทำให้เรื่องจบลง" ธอร์นตันกล่าว "เราตั้งแคมป์ที่นี่" และพวกเขาก็ทำเช่นนั้น

Ils sont restés jusqu'à ce que les côtes de Buck soient guéries et qu'il puisse à nouveau marcher.

พวกเขาอยู่ที่นั่นจนกระทั่งซี่โครงของบัคหายดีและเขาสามารถเดินได้อีกครั้ง

Cet hiver-là, Buck accomplit un exploit qui augmenta encore sa renommée.

ในฤดูหนาวปีนั้น บัคได้แสดงความสามารถที่ทำให้ชื่อเสียงของเขาโด่งดังขึ้นไปอีก

C'était moins héroïque que de sauver Thornton, mais tout aussi impressionnant.

มันดูกล้าหาญน้อยกว่าการช่วยธอร์นตัน แต่ก็ประทับใจไม่แพ้กัน

À Dawson, les partenaires avaient besoin de provisions pour un long voyage.

ที่ Dawson พันธมิตรต้องการสิ่งของที่จำเป็นสำหรับการเดินทางไกล

Ils voulaient voyager vers l'Est, dans des terres sauvages et intactes.

พวกเขาต้องการเดินทางไปทางทิศตะวันออก สู่ดินแดนป่าดงดิบที่ยังคงความสมบูรณ์

L'acte de Buck dans l'Eldorado Saloon a rendu ce voyage possible.

การกระทำของบัคใน Eldorado Saloon ทำให้การเดินทางครั้งนั้นเป็นไปได้

Tout a commencé avec des hommes qui se vantaient de leurs chiens en buvant un verre.

มันเริ่มต้นจากผู้ชายคุยโม้เกี่ยวกับสุนัขของพวกเขาขณะดื่มเครื่องดื่ม

La renommée de Buck a fait de lui la cible de défis et de doutes.

ชื่อเสียงของบัคทำให้เขาตกเป็นเป้าหมายของการท้าทายและความสงสัย

Thornton, fier et calme, resta ferme dans la défense du nom de Buck.

ธอร์นตันมีความภาคภูมิใจและสงบ ยืนหยัดอย่างมั่นคงในการ
ปกป้องชื่อของบัค

Un homme a déclaré que son chien pouvait facilement tirer
deux cents kilos.

ชายคนหนึ่งกล่าวว่าสุนัขของเขาสามารถลากน้ำหนักห้าร้อยปอนด์
ได้อย่างง่ายดาย

Un autre a dit six cents, et un troisième s'est vanté d'en avoir
sept cents.

อีกคนบอกว่าหกร้อย และคนที่สามอวดว่าเจ็ดร้อย

« Pfft ! » dit John Thornton, « Buck peut tirer un traîneau de
mille livres. »

"ฮึ่ย!" จอห์น ธอร์นตันพูด "บัคสามารถลากเลื่อนน้ำหนักพัน
ปอนด์ได้นะ"

Matthewson, un roi de Bonanza, s'est penché en avant et l'a
défié.

แมทธิวสัน ราชาโบนันซ่า โน้มตัวไปข้างหน้าและท้าทายเขา

« Tu penses qu'il peut mettre autant de poids en mouvement
? »

"คุณคิดว่าเขาจะสามารถเคลื่อนไหวได้มากขนาดนั้นเหรอ?"

« Et tu penses qu'il peut tirer le poids sur une centaine de
mètres ? »

แล้วคุณคิดว่าเขาสามารถดึงน้ำหนักได้เต็มร้อยหลาหรือเปล่า?

Thornton répondit froidement : « Oui. Buck est assez doué
pour le faire. »

ธอร์นตันตอบอย่างเย็นชา "ใช่ บัคเป็นหมาที่ทำได้"

« Il mettra mille livres en mouvement et le tirera sur une
centaine de mètres. »

เขาจะเคลื่อนย้ายน้ำหนักหนึ่งพันปอนด์ และดึงมันออกมาได้ร้อย
หลา

Matthewson sourit lentement et s'assura que tous les hommes entendaient ses paroles.

แมทธิวสันยิ้มช้าๆ และให้แน่ใจว่าทุกคนได้ยินคำพูดของเขา

« J'ai mille dollars qui disent qu'il ne peut pas. Le voilà. »

"ฉันมีเงินหนึ่งพันเหรียญที่บอกว่าเขาทำไม่ได้ นั่นไง"

Il a claqué un sac de poussière d'or de la taille d'une saucisse sur le bar.

เขาตบกระสอบผงทองคำขนาดเท่าไส้กรอกลงบนเคาน์เตอร์บาร์

Personne ne dit un mot. Le silence devint pesant et tendu autour d'eux.

ไม่มีใครพูดอะไรสักคำ ความเงียบเริ่มหนักหน่วงและตึงเครียดขึ้น รอบตัวพวกเขา

Le bluff de Thornton – s'il en était un – avait été pris au sérieux.

การหลอกลวงของ Thornton หากเป็นอย่างนั้น ก็ได้รับการ

พิจารณาอย่างจริงจัง

Il sentit la chaleur monter sur son visage tandis que le sang affluait sur ses joues.

เขารู้สึกถึงความร้อนขึ้นบนใบหน้าขณะที่เลือดพุ่งขึ้นแก้ม

Sa langue avait pris le pas sur sa raison à ce moment-là.

ลิ้นของเขาได้พัฒนาไปเร็วกว่าเหตุผลในขณะนั้น

Il ne savait vraiment pas si Buck pouvait déplacer mille livres.

เขาไม่รู้จริงๆ ว่าบัคจะสามารถขนเงินหนึ่งพันปอนด์ได้หรือไม่

Une demi-tonne ! Rien que sa taille lui pesait le cœur.

ครึ่งตัน! ขนาดของมันเพียงอย่างเดียวก็ทำเอาใจเขาหนักอึ้งแล้ว

Il avait foi en la force de Buck et le pensait capable.

เขาศรัทธาในความแข็งแกร่งของบัคและคิดว่าเขาสามารถทำได้

Mais il n'avait jamais été confronté à ce genre de défi, pas comme celui-ci.

แต่เขาไม่เคยเผชิญกับความท้าทายแบบนี้มาก่อน

Une douzaine d'hommes l'observaient tranquillement, attendant de voir ce qu'il allait faire.

ชายนับสิบคนเฝ้าดูเขาอย่างเงียบๆ รอดูว่าเขาจะทำอย่างไร

Il n'avait pas d'argent, ni Hans ni Pete.

เขาไม่มีเงิน—ทั้งฮันส์และพีทก็ไม่มีเช่นกัน

« J'ai un traîneau dehors », dit Matthewson froidement et directement.

"ฉันมีรถเลื่อนอยู่ข้างนอก" แมทธิวสันพูดอย่างเย็นชาและ

ตรงไปตรงมา

« Il est chargé de vingt sacs de cinquante livres chacun, tous de farine.

"มันบรรจุด้วยกระสอบยี่สิบใบ ใบละห้าสิบปอนด์ เป็นแป้ง

ทั้งหมด

« Alors ne laissez pas un traîneau manquant devenir votre excuse maintenant », a-t-il ajouté.

ดังนั้นอย่าปล่อยให้รถเลื่อนที่หายไปกลายมาเป็นข้ออ้างของคุณอีก

ต่อไป" เขากล่าวเสริม

Thornton resta silencieux. Il ne savait pas quels mots lui dire.

ธอร์นตันยืนเงียบ เขาไม่รู้จะพูดอะไรดี

Il regarda les visages autour de lui sans les voir clairement.

เขาเหลือบมองดูใบหน้าเหล่านั้นแต่ไม่สามารถมองเห็นได้ชัดเจน

Il ressemblait à un homme figé dans ses pensées, essayant de redémarrer.

เขาดูเหมือนคนที่หยุดนิ่งอยู่ในความคิดและพยายามจะเริ่มต้นใหม่

อีกครั้ง

Puis il a vu Jim O'Brien, un ami de l'époque Mastodon.

แล้วเขาก็ได้พบกับจิม โอไบรอัน เพื่อนจากยุคแมสโตดอน

Ce visage familier lui a donné un courage qu'il ne savait pas avoir.

ใบหน้าที่คุ้นเคยทำให้เขามีความกล้าหาญที่เขาไม่รู้ว่าตนมี

Il se tourna et demanda à voix basse : « Peux-tu me prêter mille ? »

เขาหันมาถามด้วยเสียงต่ำว่า "คุณให้ฉันยืมเงินหนึ่งพันได้ไหม"

« Bien sûr », dit O'Brien, laissant déjà tomber un lourd sac près de l'or.

"แน่นอน" โอไบรอันกล่าวพร้อมกับทิ้งกระสอบหนักๆ ไว้ข้างๆ ทองคำแล้ว

« Mais honnêtement, John, je ne crois pas que la bête puisse faire ça. »

"แต่พูดจริงนะจอห์น ฉันไม่เชื่อว่าสัตว์ร้ายจะสามารถทำเช่นนั้น ได้"

Tout le monde dans le Saloon Eldorado s'est précipité dehors pour voir l'événement.

ทุกคนในโรงเตี๊ยมเอลโดราโดรีบวิ่งออกไปเพื่อชมงาน

Ils ont laissé les tables et les boissons, et même les jeux ont été interrompus.

พวกเขาวางโต๊ะและวางเครื่องดื่ม และแม้แต่เกมก็ยังหยุดด้วย

Les croupiers et les joueurs sont venus assister à la fin de ce pari audacieux.

เหล่าเจ้ามือและนักพนันต่างมาเป็นพยานในจุดสิ้นสุดของการเดิม พันอันกล้าหาญ

Des centaines de personnes se sont rassemblées autour du traîneau dans la rue glacée.

ผู้คนนับร้อยรวมตัวกันรอบรถเลื่อนบนถนนที่เปิดโล่งและมี น้ำแข็งปกคลุม

Le traîneau de Matthewson était chargé d'une charge complète de sacs de farine.

รถเลื่อนของแมทธิวสันยืนอยู่พร้อมกระสอบแป้งเต็มบรรทุก

Le traîneau était resté immobile pendant des heures à des températures négatives.

รถเลื่อนคันดังกล่าวจอดอยู่เป็นเวลานานหลายชั่วโมงภายใต้

อุณหภูมิติดลบ

Les patins du traîneau étaient gelés et collés à la neige tassée.

นักวิ่งเลื่อนถูกแช่แข็งจนแน่นเนื่องจากหิมะที่อัดแน่น

Les hommes ont offert une cote de deux contre un que Buck ne pourrait pas déplacer le traîneau.

ผู้ชายเสนออัตราต่อรองสองต่อหนึ่งว่าบัคจะไม่สามารถเคลื่อนย้าย

เลื่อนได้

Une dispute a éclaté sur ce que signifiait réellement « sortir ».

เกิดข้อโต้แย้งขึ้นว่าคำว่า "break out" หมายความว่าอะไรกันแน่

O'Brien a déclaré que Thornton devrait desserrer la base gelée du traîneau.

โอไบรอันกล่าวว่าธอร์นตันควรคลายฐานที่เป็นน้ำแข็งของรถ

เลื่อน

Buck pourrait alors « sortir » d'un départ solide et immobile.

จากนั้นบัคก็สามารถ "หลุดออกมา" ได้จากการเริ่มต้นที่มั่นคงและ

ไม่เคลื่อนไหว

Matthewson a soutenu que le chien devait également libérer les coureurs.

แมทธิวสันโต้แย้งว่าสุนัขจะต้องปล่อยนักวิ่งให้เป็นอิสระด้วย

เช่นกัน

Les hommes qui avaient entendu le pari étaient d'accord avec le point de vue de Matthewson.

คนที่ได้ยินการพนันก็เห็นด้วยกับทัศนะของแมทธิวสัน

Avec cette décision, les chances sont passées à trois contre un contre Buck.

จากคำตัดสินดังกล่าว ทำให้โอกาสที่บัคจะได้เปรียบเพิ่มขึ้นเป็นสามต่อหนึ่ง

Personne ne s'est manifesté pour prendre en compte les chances croissantes de trois contre un.

ไม่มีใครก้าวออกมาเพื่อรับโอกาสที่เพิ่มขึ้นสามต่อหนึ่ง

Pas un seul homme ne croyait que Buck pouvait accomplir un tel exploit.

ไม่มีผู้ชายคนเดียวที่เชื่อว่าบัคจะสามารถทำสิ่งยิ่งใหญ่เช่นนั้นได้

Thornton s'était précipité dans le pari, lourd de doutes.

ธอร์นตันถูกเร่งให้เข้าร่วมเดิมพันพร้อมกับความสงสัยมากมาย

Il regarda alors le traîneau et l'attelage de dix chiens à côté.

ตอนนี้เขาหันไปมองรถลากเลื่อนและสุนัข 10 ตัวที่อยู่ข้างๆ

En voyant la réalité de la tâche, elle semblait encore plus impossible.

เมื่อเห็นความเป็นจริงของงานก็ดูเป็นไปไม่ได้มากขึ้น

Matthewson était plein de fierté et de confiance à ce moment-là.

แมทธิวสันเต็มไปด้วยความภาคภูมิใจและมั่นใจในช่วงเวลานั้น

« Trois contre un ! » cria-t-il. « Je parie mille de plus, Thornton !

"สามต่อหนึ่ง!" เขาร้องตะโกน "ฉันจะเดิมพันอีกพันหนึ่ง ธอร์นตัน!"

« Que dites-vous ? » ajouta-t-il, assez fort pour que tout le monde l'entende.

"คุณพูดอะไร" เขาพูดเสริมเสียงดังพอให้ทุกคนได้ยิน

Le visage de Thornton exprimait ses doutes, mais son esprit s'était élevé.

ใบหน้าของธอร์นตันแสดงถึงความสงสัย แต่จิตวิญญาณของเขากลับฟื้นคืนมา

Cet esprit combatif ignorait les probabilités et ne craignait rien du tout.

จิตวิญญาณนักสู้ไม่สนอุปสรรคและไม่เกรงกลัวสิ่งใดเลย

Il a appelé Hans et Pete pour apporter tout leur argent sur la table.

เขาเรียกฮันส์กับพีทให้เอาเงินสดทั้งหมดมาที่โต๊ะ

Il ne leur restait plus grand-chose : seulement deux cents dollars au total.

พวกเขามีเงินเหลือไม่มากนัก รวมกันแล้วมีเพียงสองร้อยดอลลาร์เท่านั้น

Cette petite somme représentait toute leur fortune pendant les temps difficiles.

เงินจำนวนเล็กน้อยนี้คือทรัพย์สมบัติทั้งหมดของพวกเขาในช่วงเวลาที่ยากลำบาก

Pourtant, ils ont misé toute leur fortune contre le pari de Matthewson.

อย่างไรก็ตาม พวกเขากลับยอมวางเดิมพันทั้งหมดลงกับแมททิวสัน

L'attelage de dix chiens a été dételé et éloigné du traîneau.

ทีมสุนัข 10 ตัวถูกปลดเชือกและเคลื่อนตัวออกไปจากรถลากเลื่อน

Buck a été placé dans les rênes, portant son harnais familier.

บัคถูกจับใส่สายบังเหียนโดยสวมสายรัดที่คุ้นเคย

Il avait capté l'énergie de la foule et ressenti la tension.

เขาได้สัมผัสพลังของฝูงชนและรู้สึกถึงความตึงเครียด

D'une manière ou d'une autre, il savait qu'il devait faire quelque chose pour John Thornton.

เขาตระหนักดีว่าเขาต้องทำอะไรบางอย่างเพื่อจอห์น ธอร์นตัน

Les gens murmuraient avec admiration devant la fière silhouette du chien.

ผู้คนต่างพากันพึมพำด้วยความชื่นชมต่อรูปร่างอันภาคภูมิใจของ
สุนัข

Il était mince et fort, sans une seule once de chair supplémentaire.

เขามีรูปร่างผอมบางและแข็งแรงโดยไม่มีเนื้อหนังส่วนเกินแม้แต่
น้อย

Son poids total de cent cinquante livres n'était que puissance et endurance.

น้ำหนักรวมของเขาหนึ่งร้อยห้าสิบปอนด์นั้นล้วนเป็นกำลังและ
ความอดทนทั้งสิ้น

Le pelage de Buck brillait comme de la soie, épais de santé et de force.

ขนของบัคเป็นมันเงาเหมือนผ้าไหม หนาไปด้วยสุขภาพและความ
แข็งแรง

La fourrure le long de son cou et de ses épaules semblait se soulever et se hérisser.

ขนตามคอและไหล่ของเขาดูเหมือนจะยกขึ้นและแข็งขึ้น

Sa crinière bougeait légèrement, chaque cheveu vivant de sa grande énergie.

แผงคอของเขามีการเคลื่อนไหวเล็กน้อย โดยเส้นผมแต่ละเส้นมี
ชีวิตชีวาด้วยพลังงานอันยิ่งใหญ่ของเขา

Sa large poitrine et ses jambes fortes correspondaient à sa silhouette lourde et robuste.

หน้าอกกว้างและขาที่แข็งแรงเข้ากับรูปร่างที่หนักและแข็งแกร่ง
ของเขา

Des muscles ondulaient sous son manteau, tendus et fermes comme du fer lié.

กล้ามเนื้อเป็นริ้วๆ ใต้เสื้อคลุมของเขา แน่นหนาและมั่นคงราวกับ
เหล็กที่ถูกมัดไว้

Les hommes le touchaient et juraient qu'il était bâti comme une machine en acier.

ผู้คนต่างจับต้องเขาและสาบานว่าเขามีรูปร่างสูงใหญ่เหมือน
เครื่องจักรเหล็กกล้า

Les chances ont légèrement baissé à deux contre un contre le grand chien.

อัตราต่อรองลดลงเล็กน้อยเหลือสองต่อหนึ่งต่อสุนัขตัวใหญ่

Un homme des bancs de Skookum s'avança en bégayant.

ชายคนหนึ่งจาก Skookum Benches ผลักไปข้างหน้าอย่างติดขัด

« Bien, monsieur ! J'offre huit cents pour lui – avant l'examen, monsieur ! »

"ดีท่าน! ผมเสนอเงินแปดร้อยให้เขาก่อนการทดสอบครับท่าน!"

« Huit cents, tel qu'il est en ce moment ! » insista l'homme.

"แปดร้อยเท่าที่เขายืนอยู่ตอนนี้!" ชายผู้นั้นยืนกราน

Thornton s'avança, sourit et secoua calmement la tête.

ธอร์นตันก้าวไปข้างหน้า ยิ้มและส่ายหัวอย่างสงบ

Matthewson est rapidement intervenu avec une voix d'avertissement et un froncement de sourcils.

แมทธิวสันก้าวเข้าอย่างรวดเร็วด้วยน้ำเสียงเตือนและขมวดคิ้ว

« Éloignez-vous de lui », dit-il. « Laissez-lui de l'espace. »

"คุณต้องถอยห่างจากเขา" เขากล่าว "ให้พื้นที่เขาบ้าง"

La foule se tut ; seuls les joueurs continuaient à miser deux contre un.

ฝูงชนต่างเงียบลง มีเพียงนักพนันเท่านั้นที่เสนอเดิมพันสองต่อ
หนึ่ง

Tout le monde admirait la carrure de Buck, mais la charge
semblait trop lourde.

ทุกคนต่างชื่นชมรูปร่างของบัค แต่น้ำหนักที่บรรทุกดูมากเกินไป

Vingt sacs de farine, pesant chacun cinquante livres,
semblaient beaucoup trop.

แป้งยี่สิบกระสอบ—กระสอบละห้าสิบปอนด์—ดูจะมากเกินไป

Personne n'était prêt à ouvrir sa bourse et à risquer son
argent.

ไม่มีใครเต็มใจที่จะเปิดกระเป๋าและเสี่ยงเงินของตน

Thornton s'agenouilla à côté de Buck et prit sa tête à deux
mains.

ธอร์นตันคุกเข่าลงข้างๆ บัคและเอามือทั้งสองข้างจับศีรษะของเขา

Il pressa sa joue contre celle de Buck et lui parla à l'oreille.

เขาเอาแก้มแนบกับแก้มของบัคแล้วพูดที่หูของเขา

Il n'y avait plus de secousses enjouées ni d'insultes
affectueuses murmurées.

ตอนนี้ไม่มีการสั่นกระดิ่งเล่นๆ หรือกระซิบด่าทอด้วยความรักอีก
ต่อไป

Il murmura simplement doucement : « Autant que tu
m'aimes, Buck. »

เขาเพียงพึมพำเบาๆ "คุณรักฉันมากเท่าที่คุณรัก บัค"

Buck émit un gémissement silencieux, son impatience à
peine contenue.

บั๊กครางออกมาเบาๆ ความกระตือรือร้นของเขาแทบจะห้าม ไม่อยู่

Les spectateurs observaient avec curiosité la tension qui
emplissait l'air.

ผู้ชมมองดูด้วยความอยากรู้ในขณะที่บรรยากาศเต็มไปด้วยความ
ตึงเครียด

**Le moment semblait presque irréel, comme quelque chose
qui dépassait la raison.**

ช่วงเวลานั้นรู้สึกแทบจะไม่จริง เหมือนมีอะไรบางอย่างอยู่เหนือ
เหตุผล

**Lorsque Thornton se leva, Buck prit doucement sa main
dans ses mâchoires.**

เมื่อธอร์นตันยืนขึ้น บัคก็จับมือเขาอย่างอ่อนโยน

**Il appuya avec ses dents, puis relâcha lentement et
doucement.**

เขาใช้ฟันกดลงไปแล้วค่อย ๆ ปล่อยออกอย่างช้า ๆ และเบามือ

**C'était une réponse silencieuse d'amour, non prononcée,
mais comprise.**

มันเป็นคำตอบแห่งความรักที่เงียบงัน ไม่ใช่คำพูด แต่เข้าใจได้

Thornton s'éloigna du chien et donna le signal.

ธอร์นตันก้าวถอยห่างจากสุนัขและส่งสัญญาณ

**« Maintenant, Buck », dit-il, et Buck répondit avec un calme
concentré.**

"ตอนนี้ บัค" เขากล่าว และบัคก็ตอบสนองด้วยความสงบและ
มุ่งมั่น

**Buck a resserré les traces, puis les a desserrées de quelques
centimètres.**

บัครัดรอยให้แน่น แล้วคลายออกประมาณสองสามนิ้ว

**C'était la méthode qu'il avait apprise ; sa façon de briser le
traîneau.**

นี่เป็นวิธีที่เขาเรียนรู้มาเพื่อเป็นทางทำลายเลื่อน

**« Tiens ! » cria Thornton, sa voix aiguë dans le silence
pesant.**

"โห!" ธอร์นตันตะโกนด้วยน้ำเสียงที่แหลมสูงท่ามกลางความ
เงียบอันหนักหน่วง

Buck se tourna vers la droite et se jeta de tout son poids.
บั๊กหันไปทางขวาและพุ่งเข้าใส่ด้วยน้ำหนักทั้งหมดของเขา

**Le mou disparut et toute la masse de Buck heurta les lignes
serrées.**
ความหย่อนยานหายไป และมวลทั้งหมดของบัคก็ตกลงบนรอยที่
แน่นหนา

**Le traîneau tremblait et les patins émettaient un bruit de
crépitement.**
รถเลื่อนสั่นไหว และผู้วิ่งก็ส่งเสียงกรอบแกรบดัง

**« Haw ! » ordonna Thornton, changeant à nouveau la
direction de Buck.**
"ฮอว์!" ธอร์นตันสั่งพร้อมเปลี่ยนทิศทางของบัคอีกครั้ง

**Buck répéta le mouvement, cette fois en tirant brusquement
vers la gauche.**
บั๊กทำการเคลื่อนไหวซ้ำอีกครั้ง คราวนี้ดึงไปทางซ้ายอย่าง
กะทันหัน

**Le traîneau craquait plus fort, les patins claquaient et se
déplaçaient.**
รถเลื่อนเริ่มดังกรอบแกรบ ขณะที่ผู้วิ่งก็ขยับและขยับตัว

**La lourde charge glissait légèrement latéralement sur la
neige gelée.**
น้ำหนักบรรทุกอันหนักหน่วงเลื่อนไปทางด้านข้างเล็กน้อยบน
หิมะที่แข็งตัว

Le traîneau s'était libéré de l'emprise du sentier glacé !
รถเลื่อนหลุดจากการเกาะยึดของเส้นทางน้ำแข็งแล้ว!

**Les hommes retenaient leur souffle, ignorant qu'ils ne
respiraient même pas.**

ผู้ชายกลั้นหายใจโดยไม่รู้ว่าตัวเองไม่ได้หายใจด้วยซ้ำ

« Maintenant, TIREZ ! » cria Thornton à travers le silence glacial.

"ตอนนี้ ดึง!" ธอร์นตันร้องออกมาท่ามกลางความเงียบอันหนาว
เหน็บ

L'ordre de Thornton résonna fort, comme le claquement d'un fouet.

คำสั่งของธอร์นตันดังขึ้นอย่างแหลมคม เหมือนกับเสียงแส้

Buck se jeta en avant avec un mouvement violent et saccadé.

บัคพุ่งตัวไปข้างหน้าด้วยการพุ่งเข้าอย่างรุนแรงและกระแทกอย่าง
แรง

Tout son corps se tendit et se contracta sous l'énorme tension.

โครงร่างของเขาตึงและรวมกันเป็นก้อนจากแรงกดดันอันมหาศาล

Des muscles ondulaient sous sa fourrure comme des serpents prenant vie.

กล้ามเนื้อเป็นริ้วๆ ใต้ขนของเขาเหมือนกับงูที่กำลังมีชีวิตขึ้นมา

Sa large poitrine était basse, la tête tendue vers l'avant en direction du traîneau.

อกใหญ่ของเขาต่ำและศีรษะยื่นไปข้างหน้าหารถเลื่อน

Ses pattes bougeaient comme l'éclair, ses griffes tranchant le sol gelé.

อุ้งเท้าของเขาเคลื่อนไหวเหมือนสายฟ้า กรงเล็บเฉือนพื้นดินที่
แข็งตัว

Des rainures ont été creusées profondément alors qu'il luttait pour chaque centimètre de traction.

ร่องถูกตัดลึกในขณะที่เขาต่อสู้เพื่อแรงยึดเกาะทุกตารางนิ้ว

Le traîneau se balança, trembla et commença un mouvement lent et agité.

รถเลื่อน โยกเยก สั่นไหว และเริ่มเคลื่อนที่ช้าๆ อย่างไม่มั่นคง

Un pied a glissé et un homme dans la foule a gémi à haute voix.

เท้าข้างหนึ่งลื่น และชายคนหนึ่งในฝูงชนก็ร้องครวญครางออกมา ดังๆ

Puis le traîneau s'élança en avant dans un mouvement saccadé et brusque.

จากนั้นรถเลื่อนก็พุ่งไปข้างหน้าด้วยการเคลื่อนไหวแบบกระตุก และรุนแรง

Cela ne s'est pas arrêté à nouveau - un demi-pouce... un pouce... deux pouces de plus.

มันไม่หยุดอีกเลย—ครึ่งนิ้ว...หนึ่งนิ้ว...อีกสองนิ้ว

Les secousses devinrent plus faibles à mesure que le traîneau commençait à prendre de la vitesse.

อาการกระตุกเริ่มน้อยลงเมื่อรถเลื่อนเริ่มเคลื่อนที่ด้วยความเร็วมาก ขึ้น

Bientôt, Buck tirait avec une puissance douce et régulière.

ในไม่ช้า บัคก็เริ่มดึงด้วยพลังที่นุ่มนวลและสม่ำเสมอ

Les hommes haletèrent et finirent par se rappeler de respirer à nouveau.

พวกผู้ชายต่างพากันหายใจเฮือกใหญ่ และในที่สุดก็นึกขึ้นได้ว่า พวกเขาต้องหายใจอีกครั้ง

Ils n'avaient pas remarqué que leur souffle s'était arrêté de stupeur.

พวกเขาไม่ทันสังเกตว่าลมหายใจของพวกเขาหยุดลงด้วยความ หวาดกลัว

Thornton courait derrière, lançant des ordres courts et joyeux.

ธอร์นตันวิ่งไปด้านหลังพร้อมร้องคำสั่งสั้นๆ อย่างร่าเริง

Devant nous se trouvait une pile de bois de chauffage qui marquait la distance.

ข้างหน้ามีกองฟืนบอกระยะทาง

Alors que Buck s'approchait du tas, les acclamations devenaient de plus en plus fortes.

เมื่อบั๊กเข้าใกล้กองเงิน เสียงเชียร์ก็ดังขึ้นเรื่อยๆ

Les acclamations se sont transformées en rugissement lorsque Buck a dépassé le point d'arrivée.

เสียงโห่ร้องดังขึ้นเป็นคำรามขณะที่บัคผ่านจุดสิ้นสุด

Les hommes ont sauté et crié, même Matthewson a esquissé un sourire.

พวกผู้ชายกระโดดและตะโกน แม้แต่แมทธิวสันยังยิ้มออกมา

Les chapeaux volaient dans les airs, les mitaines étaient lancées sans réfléchir ni viser.

หมวกปลิวขึ้นไปในอากาศ ถุงมือถูกโยนออกไปโดยไม่ได้คิดหรือมุ่งหมาย

Les hommes se sont attrapés et se sont serré la main sans savoir à qui.

ชายทั้งสองคว้ามือและจับมือกันโดยไม่ทราบว่าใคร

Toute la foule bourdonnait d'une célébration folle et joyeuse.

ฝูงชนทั้งหมดส่งเสียงเฉลิมฉลองอย่างรื่นเริงอย่างบ้าคลั่ง

Thornton tomba à genoux à côté de Buck, les mains tremblantes.

ธอร์นตันคุกเข่าลงข้างๆ บัคด้วยมือสั่นเทา

Il pressa sa tête contre celle de Buck et le secoua doucement d'avant en arrière.

เขาเอาหัวแนบไปที่บัคและเขย่าไปมาเบาๆ

Ceux qui s'approchaient l'entendaient maudire le chien avec un amour silencieux.

ผู้ที่เข้ามาใกล้ได้ยินเขาสาปสุนัขด้วยความรักอันเงียบสงบ

Il a insulté Buck pendant un long moment, doucement, chaleureusement, avec émotion.

เขาด่าบั๊กเป็นเวลานาน—อย่างอ่อนโยน อบอุ่น และด้วยอารมณ์

« Bien, monsieur ! Bien, monsieur ! » s'écria précipitamment le roi du Banc Skookum.

"ดีแล้วครับท่าน ดีแล้วครับท่าน!" ราชาม้านั่งสกูคัมร้องออกมาอย่างรีบร้อน

« Je vous donne mille, non, douze cents, pour ce chien, monsieur ! »

"ผมยอมให้คุณพันหนึ่ง—ไม่ใช่หนึ่งพันสองร้อย—เพื่อแลกกับสุนัขตัวนั้นครับท่าน!"

Thornton se leva lentement, les yeux brillants d'émotion.

ธอร์นตันลุกขึ้นยืนอย่างช้าๆ ดวงตาของเขาเปล่งประกายด้วยอารมณ์

Les larmes coulaient ouvertement sur ses joues sans aucune honte.

น้ำตาไหลอาบแก้มอย่างเปิดเผยโดยไม่มีความละอายเลย

« Monsieur », dit-il au roi du banc Skookum, ferme et posé.

"ท่านเจ้าข้า" เขากล่าวกับราชาสกูคัมเบ็งก์อย่างมั่นคงและแน่วแน่

« Non, monsieur. Allez au diable, monsieur. C'est ma réponse définitive. »

"ไม่หรอกท่าน ท่านไปลงนรกได้เลย นั่นคือคำตอบสุดท้ายของฉัน"

Buck attrapa doucement la main de Thornton dans ses mâchoires puissantes.

บัคคว้ามือของธอร์นตันอย่างอ่อนโยนด้วยขากรรไกรที่แข็งแรงของเขา

Thornton le secoua de manière enjouée, leur lien étant plus profond que jamais.

ธอร์นตันเขย่าตัวเขาอย่างเล่นๆ ความสัมพันธ์ของพวกเขายังคงลึกซึ้งเช่นเคย

La foule, émue par l'instant, recula en silence.

ฝูงชนที่เคลื่อนไหวไปตามสถานการณ์ก็ก้าวถอยกลับไปในความเงียบ

Dès lors, personne n'osa interrompre cette affection si sacrée.

ตั้งแต่นั้นเป็นต้นมาไม่มีใครกล้าขัดขวางความรักอันศักดิ์สิทธิ์เช่นนี้อีก

Le son de l'appel
เสียงเรียก

Buck avait gagné seize cents dollars en cinq minutes.

บัคได้รับเงินหนึ่งพันหกร้อยดอลลาร์ในเวลาห้านาที

Cet argent a permis à John Thornton de payer une partie de ses dettes.

เงินดังกล่าวช่วยให้จอห์น ธอร์นตันสามารถชำระหนี้บางส่วนได้

Avec le reste de l'argent, il se dirigea vers l'Est avec ses partenaires.

เขาพร้อมด้วยเงินที่เหลือ มุ่งหน้าไปทางตะวันออกพร้อมกับ

หุ้นส่วนของเขา

Ils cherchaient une mine perdue légendaire, aussi vieille que le pays lui-même.

พวกเขาตามหาเหมืองแร่ในตำนานที่สูญหายไป ซึ่งมีอายุเก่าแก่

พอๆ กับประเทศนี้

Beaucoup d'hommes avaient cherché la mine, mais peu l'avaient trouvée.

ผู้คนจำนวนมากได้ค้นหาเหมือง แต่มีเพียง ไม่กี่คนเท่านั้นที่เคยพบ

มัน

Plus d'un homme avait disparu au cours de cette quête dangereuse.

ชายหลายคู่หายตัวไประหว่างภารกิจอันตรายครั้งนี้

Cette mine perdue était enveloppée à la fois de mystère et d'une vieille tragédie.

เหมืองที่หายไปแห่งนี้เต็มไปด้วยความลึกลับและโศกนาฏกรรม

เก่าๆ

Personne ne savait qui avait été le premier homme à découvrir la mine.

ไม่มีใครรู้ว่าใครคือมนุษย์คนแรกที่พบเหมืองนี้

Les histoires les plus anciennes ne mentionnent personne par son nom.

เรื่องราวเก่าแก่ที่สุดไม่มีการกล่าวถึงชื่อใครเลย

Il y avait toujours eu là une vieille cabane délabrée.

เคยมีกระท่อมเก่าๆ ทรุดโทรมอยู่ที่นั่นเสมอมา

Des hommes mourants avaient juré qu'il y avait une mine à côté de cette vieille cabane.

ชายที่กำลังจะตายสาบานว่ามีเหมืองอยู่ข้างๆ กระท่อมเก่าหลังนั้น

Ils ont prouvé leurs histoires avec de l'or comme on n'en trouve nulle part ailleurs.

พวกเขาพิสูจน์เรื่องราวของพวกเขาด้วยทองคำในแบบที่ไม่มีใครพบเห็นที่อื่น

Aucune âme vivante n'avait jamais pillé le trésor de cet endroit.

ไม่เคยมีใครมีชีวิตไปขโมยสมบัติจากสถานที่นั้นเลย

Les morts étaient morts, et les morts ne racontent pas d'histoires.

คนตายก็ตายไปแล้ว และคนตายก็ไม่สามารถเล่าเรื่องใดๆ ได้อีก

Thornton et ses amis se dirigèrent donc vers l'Est.

ธอร์นตันและเพื่อนๆ ของเขาจึงมุ่งหน้าไปทางทิศตะวันออก

Pete et Hans se sont joints à eux, amenant Buck et six chiens forts.

พีทและฮันส์เข้าร่วมโดยพาบัคและสุนัขตัวเก่งอีกหกตัวมาด้วย

Ils se sont lancés sur un chemin inconnu là où d'autres avaient échoué.

พวกเขาออกเดินทางลงไปตามเส้นทางที่ไม่รู้จักซึ่งคนอื่นๆ ล้มเหลวมาก่อน

Ils ont parcouru soixante-dix milles en traîneau sur le fleuve Yukon gelé.

พวกเขาลากเลื่อนขึ้นไปตามแม่น้ำยูคอนที่เป็นน้ำแข็งเป็นระยะทาง
เจ็ดสิบไมล์

Ils tournèrent à gauche et suivirent le sentier jusqu'au
Stewart.

พวกเขาเลี้ยวซ้ายแล้วเดินตามเส้นทางเข้าไปในสจ๊วร์ต

Ils passèrent le Mayo et le McQuestion, poursuivant leur
route.

พวกเขาเดินผ่าน Mayo และ McQuestion แล้วก้าวต่อไป

Le Stewart s'est rétréci en un ruisseau, traversant des pics
déchiquetés.

สจ๊วร์ตหดตัวกลายเป็นลำธารที่ไหลผ่านยอดเขาสูงชัน

Ces pics acérés marquaient l'épine dorsale même du
continent.

ยอดเขาที่แหลมคมเหล่านี้เป็นสัญลักษณ์ของกระดูกสันหลังของ
ทวีป

John Thornton exigeait peu des hommes ou de la nature
sauvage.

จอห์น ธอร์นตันเรียกร้องเพียงเล็กน้อยจากมนุษย์หรือผืนดินป่า

Il ne craignait rien dans la nature et affrontait la nature
sauvage avec aisance.

เขาไม่กลัวสิ่งใดในธรรมชาติ และเผชิญกับความป่าเถื่อนได้อย่าง
ง่ายดาย

Avec seulement du sel et un fusil, il pouvait voyager où il le
souhaitait.

ด้วยเพียงเกลือและปืนไรเฟิล เขาก็สามารถเดินทางไปไหนก็ได้ที่
เขาต้องการ

Comme les indigènes, il chassait de la nourriture pendant
ses voyages.

เช่นเดียวกับชาวพื้นเมือง เขาออกล่าอาหารระหว่างเดินทาง

S'il n'attrapait rien, il continuait, confiant en la chance qui l'attendait.

หากไม่ติดอะไรเลย เขาก็จะเดินต่อไป โดยอาศัยโชคช่วยที่อยู่ข้างหน้า

Au cours de ce long voyage, la viande était la principale nourriture qu'ils mangeaient.

ในการเดินทางอันยาวไกลครั้งนี้ พวกเขากินเนื้อสัตว์เป็นหลัก

Le traîneau contenait des outils et des munitions, mais aucun horaire strict.

รถเลื่อนบรรทุกเครื่องมือและกระสุน แต่ไม่มีตารางเวลาที่แน่นอน

Buck adorait cette errance, la chasse et la pêche sans fin.

บัคชื่นชอบการท่องเที่ยวแบบนี้ การล่าสัตว์และตกปลาอย่างไม่มีที่สิ้นสุด

Pendant des semaines, ils ont voyagé jour après jour.

พวกเขาเดินทางอย่างต่อเนื่องวันแล้ววันเล่าเป็นเวลาหลายสัปดาห์

D'autres fois, ils établissaient des camps et restaient immobiles pendant des semaines.

คราวอื่นพวกเขาตั้งค่ายและอยู่นิ่งเฉยเป็นเวลาหลายสัปดาห์

Les chiens se reposaient pendant que les hommes creusaient dans la terre gelée.

สุนัขพักผ่อนในขณะที่คนงานขุดดินที่เป็นน้ำแข็ง

Ils chauffaient des poêles sur des feux et cherchaient de l'or caché.

พวกเขาเอากระทะมาอุ่นบนไฟแล้วค้นหาทองคำที่ซ่อนอยู่

Certains jours, ils souffraient de faim, et d'autres jours, ils faisaient des festins.

บางวันพวกเขาอดอาหาร บางวันพวกเขาก็มีงานเลี้ยงฉลอง

Leurs repas dépendaient du gibier et de la chance de la chasse.

มื้ออาหารของพวกเขาขึ้นอยู่กับเกมและโชคของการล่าสัตว์

Quand l'été arrivait, les hommes et les chiens chargeaient des charges sur leur dos.

เมื่อฤดูร้อนมาถึง ผู้ชายและสุนัขจะบรรทุกของมากมายไว้บนหลัง

Ils ont fait du rafting sur des lacs bleus cachés dans des forêts de montagne.

พวกเขาล่องแพข้ามทะเลสาบสีฟ้าที่ซ่อนตัวอยู่ในป่าภูเขา

Ils naviguaient sur des bateaux minces sur des rivières qu'aucun homme n'avait jamais cartographiées.

พวกเขาล่องเรือลำเล็กไปตามแม่น้ำที่ยังไม่มีมนุษย์คนใดเคยสำรวจ มาก่อน

Ces bateaux ont été construits à partir d'arbres sciés dans la nature.

เรือเหล่านั้นสร้างขึ้นจากต้นไม้ที่พวกเขาเลื่อยในป่า

Les mois passèrent et ils sillonnèrent des terres sauvages et inconnues.

เดือนหลายเดือนผ่านไป และพวกเขาเดินทางผ่านดินแดนอันไม่ รู้จัก

Il n'y avait pas d'hommes là-bas, mais de vieilles traces suggéraient qu'il y en avait eu.

ที่นั่นไม่มีผู้ชาย แต่ร่องรอยเก่าแก่บ่งชี้ว่าเคยมีผู้ชายอยู่

Si la Cabane Perdue était réelle, alors d'autres étaient déjà passés par là.

หากกระท่อมที่สาบสูญนั้นมีจริง คนอื่นก็เคยมาทางนี้แล้ว

Ils traversaient des cols élevés dans des blizzards, même pendant l'été.

พวกเขาเดินผ่านช่องเขาสูงในช่วงพายุหิมะ แม้กระทั่งในช่วงฤดู ร้อน

Ils frissonnaient sous le soleil de minuit sur les pentes nues des montagnes.

พวกเขาสั่นเทิ้มภายใต้ดวงอาทิตย์เที่ยงคืนบนเนินเขาที่โล่งเปล่า

Entre la limite des arbres et les champs de neige, ils montaient lentement.

ระหว่างแนวต้นไม้และทุ่งหิมะ พวกเขาค่อยๆ ปีนขึ้นไปอย่างช้าๆ

Dans les vallées chaudes, ils écrasaient des nuages de moucherons et de mouches.

ในหุบเขาที่อบอุ่น พวกเขาตบฝูงแมลงวันและแมลงวัน

Ils cueillaient des baies sucrées près des glaciers en pleine floraison estivale.

พวกเขาเก็บผลเบอร์รี่หวาน ๆ ใกล้ธารน้ำแข็งในช่วงที่ดอกบาน
เต็มที่ในฤดูร้อน

Les fleurs qu'ils ont trouvées étaient aussi belles que celles du Southland.

ดอกไม้ที่พวกเขาพบนั้นงดงาม ไม่แพ้ดอกไม้ที่แดนใต้เลยทีเดียว

Cet automne-là, ils atteignirent une région solitaire remplie de lacs silencieux.

ในฤดูใบไม้ร่วงนั้นพวกเขามาถึงดินแดนอันเงียบสงัดที่เต็มไปด้วย
ทะเลสาบอันเงียบสงบ

La terre était triste et vide, autrefois pleine d'oiseaux et de bêtes.

ดินแดนแห่งนี้เศร้าโศกและว่างเปล่า ครั้งหนึ่งเคยอุดมไปด้วยนก
และสัตว์ต่างๆ

Il n'y avait plus de vie, seulement le vent et la glace qui se formait dans les flaques.

ตอนนี้ไม่มีชีวิตอีกแล้ว มีเพียงลมและน้ำแข็งที่ก่อตัวในสระน้ำ

Les vagues s'écrasaient sur les rivages déserts avec un son doux et lugubre.

คลื่นซัดเข้าสู่ชายฝั่งที่ว่างเปล่าด้วยเสียงอันนุ่มนวลและเศร้าโศก

Un autre hiver arriva et ils suivirent à nouveau de vieux sentiers lointains.

ฤดูหนาวอีกครั้งมาถึงและพวกเขาก็เดินตามเส้นทางเก่าๆ ที่ไม่ชัดเจนอีกครั้ง

C'étaient les traces d'hommes qui les avaient cherchés bien avant eux.

นี่เป็นเส้นทางของผู้คนที่ได้ค้นหามานานก่อนหน้าพวกเขา

Un jour, ils trouvèrent un chemin creusé profondément dans la forêt sombre.

เมื่อพวกเขาพบเส้นทางที่ตัดลึกเข้าไปในป่าที่มืดมิด

C'était un vieux sentier, et ils sentaient que la cabane perdue était proche.

มันเป็นเส้นทางเก่าและพวกเขารู้สึกว่ากระท่อมที่หายไปอยู่ใกล้ๆ

Mais le sentier ne menait nulle part et s'enfonçait dans les bois épais.

แต่เส้นทางไม่ได้นำไปสู่ที่ไหนและค่อยๆ หายไปในป่าทึบ

Personne ne savait qui avait fait ce sentier et pourquoi.

ใครก็ตามที่สร้างเส้นทางนี้ และทำไมพวกเขาถึงทำมัน ไม่มีใครทราบ

Plus tard, ils ont trouvé l'épave d'un lodge caché parmi les arbres.

ต่อมาได้พบซากกระท่อมซ่อนอยู่ท่ามกลางต้นไม้

Des couvertures pourries gisaient éparpillées là où quelqu'un avait dormi.

ผ้าห่มที่เน่าเปื่อยวางกระจัดกระจายอยู่ตรงที่ครั้งหนึ่งเคยมีใครนอนหลับ

John Thornton a trouvé un fusil à silex à long canon enterré à l'intérieur.

จอห์น ธอร์นตันพบปืนคาบศิลาลำกล้องยาวฝังอยู่ข้างใน

Il savait qu'il s'agissait d'un fusil de la Baie d'Hudson depuis les premiers jours de son commerce.

เขารู้ว่านี่คือปืนฮัดสันเบย์ตั้งแต่สมัยเริ่มซื้อขาย

À cette époque, ces armes étaient échangées contre des piles de peaux de castor.

ในสมัยนั้น ปืนดังกล่าวถูกแลกเปลี่ยนกับกองหนังบีเวอร์

C'était tout : il ne restait aucune trace de l'homme qui avait construit le lodge.

นั่นก็คือทั้งหมด—ไม่มีเบาะแสใดๆ เหลืออยู่ของชายผู้สร้าง

กระท่อม

Le printemps est revenu et ils n'ont trouvé aucun signe de la Cabane Perdue.

ฤดูใบไม้ผลิมาถึงอีกครั้งแล้ว และพวกเขาก็ไม่พบสัญญาณของ

กระท่อมที่หายไปเลย

Au lieu de cela, ils trouvèrent une large vallée avec un ruisseau peu profond.

กลับพบแต่หุบเขากว้างมีลำธารตื้นๆ

L'or recouvrait le fond des casseroles comme du beurre jaune et lisse.

ทองคำเคลือบอยู่บนก้นกระทะราวกับเนยสีเหลืองเนียน

Ils s'arrêtèrent là et ne cherchèrent plus la cabane.

พวกเขาหยุดอยู่ตรงนั้นและไม่ค้นหากระท่อมอีก

Chaque jour, ils travaillaient et trouvaient des milliers de pièces d'or en poudre.

พวกเขาทำงานทุกวันและพบทองคำเป็นจำนวนนับพันอยู่ในผง

ทองคำ

Ils ont emballé l'or dans des sacs de peau d'élan, de cinquante livres chacun.

พวกเขาบรรจุทองคำลงในถุงหนังมูส ถุงละ 50 ปอนด์

Les sacs étaient empilés comme du bois de chauffage à l'extérieur de leur petite loge.

กระเป๋าเหล่านั้นถูกวางซ้อนกันเหมือนฟืนอยู่ข้างนอกที่พักเล็กๆ ของพวกเขา

Ils travaillaient comme des géants et les jours passaient comme des rêves rapides.

พวกเขาทำงานราวกับยักษ์ใหญ่ และวันเวลาผ่านไปราวกับความฝันอันรวดเร็ว

Ils ont amassé des trésors au fil des jours sans fin.

พวกเขาสะสมสมบัติไว้มากมายในขณะที่วันเวลาอันยาวนานผ่านไปอย่างรวดเร็ว

Les chiens n'avaient pas grand-chose à faire, à part transporter de la viande de temps en temps.

สุนัขแทบไม่ได้ทำอะไรเลยนอกจากลากเนื้อเป็นครั้งคราว

Thornton chassait et tuait le gibier, et Buck restait allongé près du feu.

ธอร์นตันออกล่าและฆ่าสัตว์ และบัคก็นอนอยู่ข้างกองไฟ

Il a passé de longues heures en silence, perdu dans ses pensées et ses souvenirs.

เขาใช้เวลาหลายชั่วโมงในความเงียบ จมอยู่กับความคิดและความทรงจำ

L'image de l'homme poilu revenait de plus en plus souvent à l'esprit de Buck.

ภาพของชายมีขนดกปรากฏขึ้นในใจของบัคบ่อยขึ้น

Maintenant que le travail se faisait rare, Buck rêvait en clignant des yeux devant le feu.

ตอนนี้งานหายากแล้ว บัคก็ฝันในขณะที่กระพริบตาไปที่ไฟ

Dans ces rêves, Buck errait avec l'homme dans un autre monde.

ในความฝันนั้น บัคได้ร่วมเดินทางกับชายคนนั้นในอีกโลกหนึ่ง

La peur semblait être le sentiment le plus fort dans ce monde lointain.

ความกลัวดูเหมือนเป็นความรู้สึกที่รุนแรงที่สุดในโลกที่ห่างไกลนั้น

Buck vit l'homme poilu dormir avec la tête baissée.

บั๊กเห็นชายมีขนนอนหลับโดยก้มหัวลงต่ำ

Ses mains étaient jointes et son sommeil était agité et interrompu.

มือของเขาถูกประกบไว้ และเขานอนไม่หลับอย่างกระสับกระส่าย

Il se réveillait en sursaut et regardait avec crainte dans le noir.

เขามักจะตื่นขึ้นด้วยความตกใจและจ้องมองไปในความมืดด้วยความหวาดกลัว

Ensuite, il jetait plus de bois sur le feu pour garder la flamme vive.

จากนั้นเขาจะโยนไม้เข้าไปในกองไฟอีกครั้งเพื่อให้เปลวไฟยังคงสว่างอยู่

Parfois, ils marchaient le long d'une plage au bord d'une mer grise et infinie.

บางทีพวกเขาเดินไปตามชายหาดริมทะเลสีเทาอันกว้างใหญ่สุดลูกหูลูกตา

L'homme poilu ramassait des coquillages et les mangeait en marchant.

ชายมีขนดกเดินไปเก็บหอยมากิน

Ses yeux cherchaient toujours des dangers cachés dans l'ombre.

ดวงตาของเขาค้นหาอันตรายที่ซ่อนเร้นอยู่ในเงามืดอยู่เสมอ

Ses jambes étaient toujours prêtes à sprinter au premier signe de menace.

ขาของเขาพร้อมเสมอที่จะวิ่งทันทีเมื่อพบสัญญาณคุกคาม

Ils rampaient à travers la forêt, silencieux et méfiants, côte à côte.

พวกเขาค่อยๆ เดินลัดเลาะผ่านป่าไปอย่างเงียบๆ และระมัดระวัง เคียงข้างกัน

Buck le suivit sur ses talons, et tous deux restèrent vigilants.

บั๊กเดินตามเขาไป และทั้งสองก็ยังคงระวังตัว

Leurs oreilles frémissaient et bougeaient, leurs nez reniflaient l'air.

หูของพวกเขาขยับและขยับ จมูกของพวกเขาดมกลิ่นอากาศ

L'homme pouvait entendre et sentir la forêt aussi intensément que Buck.

ชายคนนี้ได้ยินและได้กลิ่นป่าได้ชัดเจนเท่ากับบัค

L'homme poilu se balançait à travers les arbres avec une vitesse soudaine.

ชายมีขนดกแกว่งผ่านต้นไม้ด้วยความเร็วฉับพลัน

Il sautait de branche en branche, sans jamais lâcher prise.

เขาโดดจากกิ่งหนึ่งไปยังอีกกิ่งหนึ่งโดยไม่พลาดการยึดเกาะของ เขาเลย

Il se déplaçait aussi vite au-dessus du sol que sur celui-ci.

เขาเคลื่อนไหวเร็วทั้งเหนือพื้นดินและบนพื้นดิน

Buck se souvenait des longues nuits passées sous les arbres, à veiller.

บัคจำได้ว่าต้องเฝ้าสังเกตใต้ต้นไม้จนดึกดื่น

L'homme dormait perché dans les branches, s'accrochant fermement.

ชายคนนั้นนอนหลับเกาะอยู่บนกิ่งไม้โดยเกาะแน่น

Cette vision de l'homme poilu était étroitement liée à l'appel des profondeurs.

วิสัยทัศน์ของชายมีขนนี้เชื่อมโยงอย่างใกล้ชิดกับเสียงเรียกที่ลึก

L'appel résonnait toujours à travers la forêt avec une force obsédante.

เสียงเรียกยังคงดังไปทั่วป่าด้วยพลังที่น่าสะเทือนใจ

L'appel remplit Buck de désir et d'un sentiment de joie incessant.

เสียงโทรดังกล่าวทำให้บัครู้สึกโหยหาและมีความสุขอย่างไม่สงบ

Il ressentait d'étranges pulsions et des frémissements qu'il ne pouvait nommer.

เขาสัมผัสได้ถึงความรู้สึกกระตุ้นและการเคลื่อนไหวแปลกๆ ที่เขาไม่สามารถระบุชื่อได้

Parfois, il suivait l'appel au plus profond des bois tranquilles.

บางทีเขาตามเสียงเรียกเข้าไปในป่าอันเงียบสงบลึกเข้าไป

Il cherchait l'appel, aboyant doucement ou fort au fur et à mesure.

เขาค้นหาเสียงร้อง โดยเห่าอย่างเบาหรือแหลมขณะเดิน

Il renifla la mousse et la terre noire où poussaient les herbes.

เขาดมกลิ่นมอสและดินสีดำที่หญ้าขึ้นอยู่

Il renifla de plaisir aux riches odeurs de la terre profonde.

เขาผงะถอยด้วยความพอใจเมื่อได้กลิ่นอันหอมฟุ้งจากพื้นดินลึก

Il s'est accroupi pendant des heures derrière des troncs couverts de champignons.

เขาหมอบอยู่หลังลำต้นที่เต็มไปด้วยเชื้อราเป็นเวลาหลายชั่วโมง

Il resta immobile, écoutant les yeux écarquillés chaque petit bruit.

เขายังคงนิ่งอยู่ ตั้งใจฟังเสียงเล็กๆ น้อยๆ ทุกเสียง

Il espérait peut-être surprendre la chose qui avait lancé l'appel.

เขาอาจหวังที่จะสร้างความประหลาดใจให้กับสิ่งที่โทรมา

Il ne savait pas pourquoi il agissait de cette façon, il le faisait simplement.

เขาไม่รู้ว่าทำไมเขาจึงทำเช่นนี้—เขาเพียงแค่ทำไปอย่างนั้นเอง

Les pulsions venaient du plus profond de moi, au-delà de la pensée ou de la raison.

แรงกระตุ้นนั้นมาจากส่วนลึกภายใน เหนือความคิดหรือเหตุผล

Des envies irrésistibles s'emparèrent de Buck sans avertissement ni raison.

แรงกระตุ้นที่ไม่อาจต้านทานได้เข้าครอบงำบั๊กโดยไม่มีการเตือน

ล่วงหน้าหรือเหตุผล

Parfois, il somnolait paresseusement dans le camp sous la chaleur de midi.

บางครั้งเขาจะงีบหลับอย่างขี้เกียจอยู่ในค่ายภายใต้ความร้อน

ในช่วงเที่ยงวัน

Soudain, sa tête se releva et ses oreilles se dressèrent en alerte.

ทันใดนั้น ศีรษะของเขาก็เงยขึ้น และหูของเขาก็ตั้งขึ้นอย่างตื่นตัว

Puis il se leva d'un bond et se précipita dans la nature sans s'arrêter.

จากนั้นเขาก็กระโดดขึ้นและวิ่งเข้าไปในป่าโดยไม่หยุดพัก

Il a couru pendant des heures à travers les sentiers forestiers et les espaces ouverts.

เขาวิ่งเป็นเวลาหลายชั่วโมงผ่านเส้นทางป่าและพื้นที่โล่ง

Il aimait suivre les lits des ruisseaux asséchés et espionner les oiseaux dans les arbres.

เขาชอบเดินตามลำธารแห้งแล้งและมองดูนกบนต้นไม้

Il pouvait rester caché toute la journée, à regarder les perdrix
se pavaner.

เขาสามารถซ่อนตัวอยู่ได้ตลอดทั้งวัน เพื่อดูนกกระทาเดินอวดโฉม
ไปมา

Ils tambourinaient et marchaient, inconscients de la
présence de Buck.

พวกเขาตีกลองและเดินขบวนโดยไม่รู้ว่าบัคยังคงอยู่ที่นั่น

Mais ce qu'il aimait le plus, c'était courir au crépuscule en
été.

แต่สิ่งที่เขาชอบมากที่สุดคือการวิ่งในช่วงพลบค่ำของฤดูร้อน

La faible lumière et les bruits endormis de la forêt le
remplissaient de joie.

แสงสลัวและเสียงป่าอันง่วงนอนทำให้เขาเต็มไปด้วยความสุข

Il lisait les panneaux forestiers aussi clairement qu'un
homme lit un livre.

เขาอ่านป้ายในป่าได้ชัดเจนเท่ากับคนอ่านหนังสือ

Et il cherchait toujours la chose étrange qui l'appelait.

และเขาค้นหาสิ่งแปลกประหลาดที่เรียกเขาอยู่เสมอ

Cet appel ne s'est jamais arrêté : il l'atteignait qu'il soit
éveillé ou endormi.

เสียงเรียกนั้นไม่เคยหยุดเลย ไม่ว่าจะดังไปถึงเขาตอนตื่นหรือตอน
หลับก็ตาม

Une nuit, il se réveilla en sursaut, les yeux perçants et les
oreilles hautes.

คืนหนึ่ง เขาตื่นขึ้นด้วยความตกใจ ตาจ้องเขม็งและหูตั้งสูง

Ses narines se contractaient tandis que sa crinière se dressait
en vagues.

รูจมูกของเขาขยับขณะที่แผงคอของเขาตั้งชันเป็นคลื่น

Du plus profond de la forêt, le son résonna à nouveau, le vieil appel.

จากลึกเข้าไปในป่า ก็ได้ยินเสียงร้องอีกครั้ง เป็นเสียงเรียกเดิมๆ

Cette fois, le son résonnait clairement, un hurlement long, obsédant et familier.

คราวนี้เสียงดังขึ้นชัดเจน เป็นเสียงหอนอันยาวนาน คุ้นเคย และ

หลอนหลอก

C'était comme le cri d'un husky, mais d'un ton étrange et sauvage.

มันเหมือนเสียงร้องของสุนัขไซบีเรียนฮัสกี้ แต่มีน้ำเสียงแปลก

และดุร้าย

Buck reconnut immédiatement le son – il avait entendu exactement le même son depuis longtemps.

บัคจำเสียงนั้นได้ทันที เขาได้ยินเสียงนี้มานานแล้ว

Il sauta à travers le camp et disparut rapidement dans les bois.

เขาพุ่งทะลุค่ายไปแล้วหายลับเข้าไปในป่าอย่างรวดเร็ว

Alors qu'il s'approchait du bruit, il ralentit et se déplaça avec précaution.

เมื่อเขาเข้าใกล้บริเวณเสียง เขาก็ชะลอความเร็วและเคลื่อนไหว

ด้วยความระมัดระวัง

Bientôt, il atteignit une clairière entre d'épais pins.

ในไม่ช้าเขาก็มาถึงบริเวณที่โล่งระหว่างต้นสนหนาทึบ

Là, debout sur ses pattes arrière, était assis un loup des bois grand et maigre.

มีสุนัขป่าตัวสูงผอมนั่งอยู่ตรงนั้น

Le nez du loup pointait vers le ciel, résonnant toujours de l'appel.

จมูกของหมาป่าชี้ขึ้นฟ้า ยังคงส่งเสียงร้องสะท้อน

Buck n'avait émis aucun son, mais le loup s'arrêta et écouta.

แม้ว่าบั๊กจะไม่ส่งเสียงใดๆ ออกมา แต่หมาป่าก็หยุดและฟัง

Sentant quelque chose, le loup se tendit, scrutant l'obscurité.

เมื่อสัมผัสได้ถึงสิ่งบางอย่าง หมาป่าก็ตึงเครียดและค้นหาในความมืด

Buck apparut en rampant, le corps bas, les pieds immobiles sur le sol.

บัคคลานเข้ามาในสายตา ร่างของเขาต่ำลง เท้าของเขานิ่งอยู่บนพื้น

Sa queue était droite, son corps enroulé sous la tension.

หางของมันตรงและลำตัวขดตัวแน่นด้วยความตึงเครียด

Il a montré à la fois une menace et une sorte d'amitié brutale.

เขาแสดงให้เห็นทั้งความคุกคามและมิตรภาพที่หยาบคาย

C'était le salut prudent partagé par les bêtes sauvages.

เป็นคำทักทายอันระมัดระวังที่สัตว์ป่าต่างแบ่งปันกัน

Mais le loup se retourna et s'enfuit dès qu'il vit Buck.

แต่หมาป่ากลับหันหลังและวิ่งหนีไปทันทีเมื่อเห็นบั๊ก

Buck se lança à sa poursuite, sautant sauvagement, désireux de le rattraper.

บั๊กวิ่งไล่ตามพร้อมกระโดดอย่างบ้าคลั่งเพราะอยากจะแซงมันไป

Il suivit le loup dans un ruisseau asséché bloqué par un embâcle.

เขาเดินตามหมาป่าเข้าไปในลำธารแห้งที่ถูกขวางกั้นด้วยไม้

Acculé, le loup se retourna et tint bon.

เมื่อถูกต้อนจนมุม หมาป่าก็หมุนตัวกลับและยืนหยัดอยู่

Le loup grognait et claquait comme un chien husky pris au piège dans un combat.

หมาป่าคำรามและขย้ำอย่างสุนัขฮัสกี้ที่ถูกขังไว้ในการต่อสู้

Les dents du loup claquaient rapidement, son corps se hérissant d'une fureur sauvage.

ฟันของหมาป่ากระทบกันอย่างรวดเร็ว ร่างกายของมันเต็มไปด้วย
ความโกรธเกรี้ยว

Buck n'attaqua pas mais encercla le loup avec une
gentillesse prudente.

บั๊กไม่ได้โจมตีแต่เดินวนรอบหมาป่าด้วยความเป็นมิตรอย่าง
ระมัดระวัง

Il a essayé de bloquer sa fuite par des mouvements lents et
inoffensifs.

เขาพยายามขัดขวางการหลบหนีของเขาโดยการเคลื่อนไหวที่ช้า
และไม่เป็นอันตราย

Le loup était méfiant et effrayé : Buck le dépassait trois fois.

หมาป่าระมัดระวังและหวาดกลัว บั๊กมีน้ำหนักมากกว่าเขาสามเท่า

La tête du loup atteignait à peine l'épaule massive de Buck.

ศีรษะของหมาป่าแทบจะถึงไหล่ขนาดใหญ่ของบัคด้วยซ้ำ

À l'affût d'une brèche, le loup s'est enfui et la poursuite a
repris.

หมาป่ามองหาช่องว่างแล้วจึงวิ่งหนีและการไล่ตามก็เริ่มต้นอีกครั้ง

Plusieurs fois, Buck l'a coincé et la danse s'est répétée.

บัคไล่ต้อนเขาจนมุมหลายครั้ง และการเต้นรำก็เกิดขึ้นซ้ำอีก

Le loup était maigre et faible, sinon Buck n'aurait pas pu
l'attraper.

หมาป่าผอมและอ่อนแอ ไม่เช่นนั้นบัคก็คงจับมันไม่ได้

Chaque fois que Buck s'approchait, le loup se retournait et
lui faisait face avec peur.

ทุกครั้งที่บั๊กเข้ามาใกล้ หมาป่าก็จะหมุนตัวและเผชิญหน้ากับเขา
ด้วยความกลัว

Puis, à la première occasion, il s'est précipité dans les bois
une fois de plus.

จากนั้นเมื่อมีโอกาส เขาก็รีบวิ่งกลับเข้าไปในป่าอีกครั้ง

Mais Buck n'a pas abandonné et finalement le loup a fini par lui faire confiance.

แต่บัคไม่ยอมแพ้ และในที่สุดหมาป่าก็ไว้วางใจเขา

Il renifla le nez de Buck, et les deux devinrent joueurs et alertes.

เขาดมจมูกของบัค และทั้งสองก็เล่นกันอย่างสนุกสนานและตื่นตัว

Ils jouaient comme des animaux sauvages, féroces mais timides dans leur joie.

พวกเขาเล่นกันเหมือนสัตว์ป่า ดุร้ายแต่ก็ขี้อายในความสุข

Au bout d'un moment, le loup s'éloigna au trot avec un calme déterminé.

หลังจากนั้นไม่นาน หมาป่าก็เดินออกไปด้วยความตั้งใจที่สงบ

Il a clairement montré à Buck qu'il voulait être suivi.

เขาแสดงให้บัคเห็นอย่างชัดเจนว่าเขาตั้งใจให้ติดตาม

Ils couraient côte à côte dans l'obscurité du crépuscule.

พวกเขาวิ่งเคียงข้างกันในความมืดสลัวยามพลบค่ำ

Ils suivirent le lit du ruisseau jusqu'à la gorge rocheuse.

พวกเขาเดินตามลำธารขึ้นไปสู่หุบเขาหิน

Ils traversèrent une ligne de partage des eaux froide où le ruisseau avait pris sa source.

พวกเขาก้าวข้ามช่องเขาอันหนาวเย็นซึ่งเป็นจุดเริ่มต้นของลำธาร

Sur la pente la plus éloignée, ils trouvèrent une vaste forêt et de nombreux ruisseaux.

บริเวณเนินเขาที่อยู่ไกลออกไปพบป่ากว้างและลำธารหลายแห่ง

À travers ce vaste territoire, ils ont couru pendant des heures sans s'arrêter.

ตลอดดินแดนอันกว้างใหญ่นี้พวกเขาได้วิ่งเป็นเวลาหลายชั่วโมง

โดยไม่หยุดเลย

Le soleil se leva plus haut, l'air devint chaud, mais ils continuèrent à courir.

ดวงอาทิตย์ขึ้นสูงขึ้น อากาศอบอุ่น แต่พวกเขาก็ยังคงวิ่งต่อไป

Buck était rempli de joie : il savait qu'il répondait à son appel.

บัคเต็มไปด้วยความสุข เขารู้ว่าเขากำลังตอบรับการเรียกของเขา

Il courut à côté de son frère de la forêt, plus près de la source de l'appel.

เขาวิ่งไปข้างๆ พี่ชายของเขาที่อยู่ในป่า ใกล้กับที่มาของเสียงเรียก

De vieux sentiments sont revenus, puissants et difficiles à ignorer.

ความรู้สึกเก่าๆ กลับคืนมา รุนแรงและยากที่จะเพิกเฉย

C'étaient les vérités derrière les souvenirs de ses rêves.

นี่คือความจริงเบื้องหลังความทรงจำจากความฝันของเขา

Il avait déjà fait tout cela auparavant, dans un monde lointain et obscur.

เขาเคยทำสิ่งเหล่านี้มาก่อนในโลกที่ห่างไกลและลึกลับ

Il recommença alors, courant librement avec le ciel ouvert au-dessus.

ตอนนี้เขาทำสิ่งนี้อีกครั้ง โดยวิ่งอย่างบ้าคลั่งท่ามกลางท้องฟ้าเปิดด้านบน

Ils s'arrêtèrent près d'un ruisseau pour boire l'eau froide qui coulait.

พวกเขาหยุดพักที่ลำธารเพื่อดื่มน้ำเย็นที่ไหลมา

Alors qu'il buvait, Buck se souvint soudain de John Thornton.

ในขณะที่เขาดื่ม บัคก็นึกถึงจอห์น ธอร์นตันขึ้นมาทันที

Il s'assit en silence, déchiré par l'attrait de la loyauté et de l'appel.

เขานั่งลงอย่างเงียบงัน รู้สึกขัดแย้งกับแรงดึงดูดของความภักดีและ
การเรียกร้อง

Le loup continua à trotter, mais revint pour pousser Buck à
avancer.

หมาป่าวิ่งต่อไปแต่ก็กลับมาเร่งบั๊กให้เดินไปข้างหน้า

Il renifla son nez et essaya de le cajoler avec des gestes doux.

เขาดมจมูกของเขาและพยายามล่อลวงเขาด้วยท่าทางที่อ่อนโยน

Mais Buck se retourna et reprit le chemin par lequel il était
venu.

แต่บัคหันหลังกลับและเริ่มเดินกลับทางเดิม

Le loup courut à côté de lui pendant un long moment,
gémissant doucement.

หมาป่าวิ่งไปข้างๆ เขาเป็นเวลานานพร้อมส่งเสียงร้องเบาๆ

Puis il s'assit, leva le nez et poussa un long hurlement.

แล้วเขาก็ลงนั่ง ยกจมูกขึ้น และร้องหอนยาวๆ

C'était un cri lugubre, qui s'adoucit à mesure que Buck
s'éloignait.

มันเป็นเสียงร้องไห้โศกเศร้า ก่อนจะเบาลงเมื่อบัคเดินจากไป

Buck écouta le son du cri s'estomper lentement dans le
silence de la forêt.

บั๊กฟังขณะที่เสียงร้องค่อยๆ จางหายไปในความเงียบของป่า

John Thornton était en train de dîner lorsque Buck a fait
irruption dans le camp.

จอห์น ธอร์นตันกำลังกินอาหารเย็นในขณะที่บัคบุกเข้ามาในค่าย

Buck sauta sauvagement sur lui, le léchant, le mordant et le
faisant culbuter.

บั๊กกระโจนใส่เขาอย่างดุร้าย เลีย กัด และกลิ้งเขาลงไป

Il l'a renversé, s'est hissé dessus et l'a embrassé sur le visage.

เขาก็ล้มเขาลงแล้วปีนขึ้นไปจูบใบหน้าของเขา

Thornton appelait cela avec affection « jouer le fou du commun ».

ธอร์นตันเรียกการกระทำนี้ว่า "การเล่นตลกแบบทอมทั่วไป" ด้วยความรัก

Pendant tout ce temps, il maudissait doucement Buck et le secouait d'avant en arrière.

ขณะนั้น เขาก็สาปแช่งบัคอย่างอ่อนโยนและเขย่าเขาไปมา

Pendant deux jours et deux nuits entières, Buck n'a pas quitté le camp une seule fois.

ตลอดเวลาสองวันสองคืนที่บัคไม่เคยออกจากค่ายเลยแม้แต่ครั้งเดียว

Il est resté proche de Thornton et ne l'a jamais quitté des yeux.

เขาใกล้ชิดกับธอร์นตันและไม่เคยปล่อยให้เขาคลาดสายตา

Il le suivait pendant qu'il travaillait et le regardait pendant qu'il mangeait.

เขาเดินตามเขาไปขณะทำงานและเฝ้าดูเขาขณะที่เขารับประทานอาหาร

Il voyait Thornton dans ses couvertures la nuit et dehors chaque matin.

เขาเห็นธอร์นตันอยู่ในผ้าห่มของเขาตอนกลางคืนและออกไปข้างนอกทุกเช้า

Mais bientôt l'appel de la forêt revint, plus fort que jamais.

แต่ไม่นาน เสียงร้องของป่าก็กลับมาอีกครั้ง ดังยิ่งกว่าเดิม

Buck devint à nouveau agité, agité par les pensées du loup sauvage.

บั๊กเริ่มกระสับกระส่ายอีกครั้ง เพราะนึกถึงหมาป่าป่า

Il se souvenait de la terre ouverte et de la course côte à côte.

เขาจดจำพื้นที่โล่งกว้างและวิ่งเคียงข้างกัน

Il commença à errer à nouveau dans la forêt, seul et alerte.

เขาเริ่มเดินเข้าไปในป่าอีกครั้งเพียงลำพังและระมัดระวัง

Mais le frère sauvage ne revint pas et le hurlement ne fut pas entendu.

แต่เจ้าป่านั้นไม่กลับมา และไม่ได้ยินเสียงหอนนั้นด้วย

Buck a commencé à dormir dehors, restant absent pendant des jours.

บัคเริ่มนอนข้างนอก โดยอยู่ห่างไปหลายวัน

Une fois, il traversa la haute ligne de partage des eaux où le ruisseau commençait.

ครั้งหนึ่งเขาข้ามช่องเขาสูงที่ลำธารเริ่มต้น

Il entra dans le pays des bois sombres et des larges ruisseaux.

พระองค์เสด็จเข้าสู่ดินแดนแห่งไม้ดำและลำธารที่กว้างใหญ่

Pendant une semaine, il a erré, à la recherche de signes de son frère sauvage.

เขาออกเดินเตร่ไปหนึ่งสัปดาห์เพื่อตามหาสัญญาณของพี่ชายคนป่า

Il tuait sa propre viande et voyageait à grands pas, sans relâche.

เขาฆ่าเนื้อของตัวเองและเดินทางด้วยก้าวที่ยาวนานและไม่รู้จักเหน็ดเหนื่อย

Il pêchait le saumon dans une large rivière qui se jetait dans la mer.

เขาตกปลาแซลมอนในแม่น้ำกว้างที่ไหลลงสู่ทะเล

Là, il combattit et tua un ours noir rendu fou par les insectes.

ที่นั่น เขาต่อสู้และฆ่าหมีดำที่คลั่งไคล้แมลง

L'ours était en train de pêcher et courait aveuglément à travers les arbres.

หมีได้ตกปลาและวิ่งไปอย่างไร้จุดหมายผ่านต้นไม้

La bataille fut féroce, réveillant le profond esprit combatif de Buck.

การต่อสู้เป็นไปอย่างดุเดือด ช่วยปลุกจิตวิญญาณนักสู้ในตัวบัคให้ตื่นขึ้น

Deux jours plus tard, Buck est revenu et a trouvé des carcajous près de sa proie.

สองวันต่อมา บั๊กกลับมาพบวูล์ฟเวอรีนอยู่ที่จุดที่เขาฆ่า

Une douzaine d'entre eux se disputaient la viande avec une fureur bruyante.

พวกมันนับสิบตัวทะเลาะกันเรื่องเนื้ออย่างโกรธจัด

Buck chargea et les dispersa comme des feuilles dans le vent.

บัคชาร์จและกระจายพวกมันออกไปเหมือนใบไม้ในสายลม

Deux loups restèrent derrière, silencieux, sans vie et immobiles pour toujours.

หมาป่าสองตัวยังคงอยู่เบื้องหลัง นิ่งเงียบ ไร้ชีวิต และไม่เคลื่อนไหวตลอดไป

La soif de sang était plus forte que jamais.

ความกระหายเลือดเพิ่มมากขึ้นกว่าเดิม

Buck était un chasseur, un tueur, se nourrissant de créatures vivantes.

บัคเป็นนักล่าและนักฆ่าที่กินสิ่งมีชีวิตเป็นอาหาร

Il a survécu seul, en s'appuyant sur sa force et ses sens aiguisés.

เขาเอาชีวิตรอดเพียงลำพังโดยอาศัยความแข็งแกร่งและประสาทสัมผัสที่เฉียบแหลมของตน

Il prospérait dans la nature, où seuls les plus résistants pouvaient vivre.

เขาเติบโตได้ดีในป่าซึ่งมีแต่ผู้แข็งแกร่งที่สุดเท่านั้นที่จะดำรงอยู่ได้

De là, une grande fierté s'éleva et remplit tout l'être de Buck.

จากนี้ ความภาคภูมิใจที่ยิ่งใหญ่ก็เกิดขึ้นและเต็มไปทั่วร่างของบัค

Sa fierté se reflétait dans chacun de ses pas, dans le mouvement de chacun de ses muscles.

ความภาคภูมิใจของเขาปรากฏอยู่ในทุกย่างก้าวของเขา ในการเคลื่อนไหวของกล้ามเนื้อทุกมัด

Sa fierté était aussi claire qu'un discours, visible dans la façon dont il se comportait.

ความเย่อหยิ่งของเขานั้นชัดเจนเหมือนคำพูด เห็นได้จากวิธีที่เขาประพฤติตน

Même son épais pelage semblait plus majestueux et brillait davantage.

แม้แต่ขนที่หนาของเขาก็ยังดูสง่างามและเปล่งประกายสดใสมากขึ้น

Buck aurait pu être confondu avec un loup géant.

บัคอาจถูกเข้าใจผิดว่าเป็นหมาป่าไม้ขนาดยักษ์

À l'exception du brun sur son museau et des taches au-dessus de ses yeux.

ยกเว้นสีน้ำตาลบนปากกระบอกปืนและจุดเหนือดวงตา

Et la traînée de fourrure blanche qui courait au milieu de sa poitrine.

และเส้นขนสีขาวที่วิ่งลงกลางหน้าอกของเขา

Il était encore plus grand que le plus grand loup de cette race féroce.

เขายังตัวใหญ่กว่าหมาป่าตัวใหญ่ที่สุดในสายพันธุ์ดุร้ายนั้นด้วยซ้ำ

Son père, un Saint-Bernard, lui a donné de la taille et une ossature lourde.

พ่อของเขาซึ่งเป็นสุนัขพันธุ์เซนต์เบอร์นาร์ดทำให้เขาตัวใหญ่และมีโครงร่างใหญ่

Sa mère, une bergère, a façonné cette masse en forme de loup.

แม่ของเขาซึ่งเป็นคนเลี้ยงแกะ ได้ปั้นร่างใหญ่ๆ นั้นให้มีลักษณะคล้ายหมาป่า

Il avait le long museau d'un loup, bien que plus lourd et plus large.

เขามีปากกระบอกปืนยาวเหมือนหมาป่า แม้ว่าจะหนักและกว้างกว่าก็ตาม

Sa tête était celle d'un loup, mais construite à une échelle massive et majestueuse.

หัวของเขาเป็นหัวหมาป่า แต่มีขนาดใหญ่โตมโหฬารและสง่างาม

La ruse de Buck était la ruse du loup et de la nature.

ความฉลาดของบัคเป็นความฉลาดของหมาป่าและของป่า

Son intelligence lui vient à la fois du berger allemand et du Saint-Bernard.

ความฉลาดของเขาได้มาจากทั้งสุนัขพันธุ์เยอรมันเชพเพิร์ดและเซนต์เบอร์นาร์ด

Tout cela, ajouté à une expérience difficile, faisait de lui une créature redoutable.

ทั้งหมดนี้บวกกับประสบการณ์อันเลวร้ายทำให้เขากลายเป็นสิ่งมีชีวิตที่น่ากลัว

Il était aussi redoutable que n'importe quelle bête qui parcourait les régions sauvages du nord.

เขาเป็นสัตว์ที่น่าเกรงขามไม่แพ้สัตว์ป่าชนิดใดๆ ที่เคยอาศัยอยู่ในป่าทางตอนเหนือ

Ne se nourrissant que de viande, Buck a atteint le sommet de sa force.

บัคใช้ชีวิตด้วยเพียงเนื้อสัตว์เท่านั้น จนเขาถึงจุดสูงสุดของ

พละกำลังของเขา

Il débordait de puissance et de force masculine dans chaque fibre de son être.

เขาเปี่ยมล้นด้วยพลังและความเป็นชายอยู่ในทุกอณูของร่างกาย

Lorsque Thornton lui caressait le dos, ses poils brillaient d'énergie.

เมื่อธอร์นตันลูบหลังเขา ขนของเขาก็เริ่มเปล่งประกายด้วย

พลังงาน

Chaque cheveu crépitait, chargé du contact du magnétisme vivant.

เส้นผมแต่ละเส้นแตกกรอบราวกับถูกพลังแม่เหล็กดึงดูด

Son corps et son cerveau étaient réglés sur le ton le plus fin possible.

ร่างกายและสมองของเขาได้รับการปรับให้เหมาะสมที่สุดเท่าที่จะ

เป็นไปได้

Chaque nerf, chaque fibre et chaque muscle fonctionnaient en parfaite harmonie.

เส้นประสาท เส้นใย และกล้ามเนื้อทุกเส้นทำงานสอดประสานกัน

อย่างสมบูรณ์แบบ

À tout son ou toute vue nécessitant une action, il répondait instantanément.

ต่อเสียงหรือภาพใดๆ ที่ต้องการการกระทำ เขาก็ตอบสนองทันที

Si un husky sautait pour attaquer, Buck pouvait sauter deux fois plus vite.

หากสุนัขฮัสกี้กระโจนเข้าโจมตี บัคสามารถกระโจนได้เร็วขึ้นสอง

เท่า

Il a réagi plus vite que les autres ne pouvaient le voir ou l'entendre.

เขาตอบสนองเร็วกว่าที่คนอื่นๆ เห็นหรือได้ยินด้วยซ้ำ

La perception, la décision et l'action se sont produites en un seul instant fluide.

การรับรู้ การตัดสินใจ และการกระทำทั้งหมดเกิดขึ้นในช่วงเวลาอันราบรื่น

En vérité, ces actes étaient distincts, mais trop rapides pour être remarqués.

แท้จริงแล้ว การกระทำเหล่านี้แยกจากกัน แต่เกิดขึ้นอย่างรวดเร็วเกินกว่าจะสังเกตเห็นได้

Les intervalles entre ces actes étaient si brefs qu'ils semblaient n'en faire qu'un.

ช่องว่างระหว่างการกระทำเหล่านี้สั้นมาก จนดูเหมือนเป็นอันหนึ่งอันเดียวกัน

Ses muscles et son être étaient comme des ressorts étroitement enroulés.

กล้ามเนื้อและตัวตนของเขาเปรียบเสมือนสปริงที่ขดแน่น

Son corps débordait de vie, sauvage et joyeux dans sa puissance.

ร่างกายของเขาเต็มไปด้วยชีวิตชีวา ดุจดังและเปี่ยมไปด้วยพลัง

Parfois, il avait l'impression que la force allait jaillir de lui entièrement.

บางครั้งเขารู้สึกเหมือนว่าพลังจะระเบิดออกมาจากตัวเขาทั้งหมด

« Il n'y a jamais eu un tel chien », a déclaré Thornton un jour tranquille.

"ไม่เคยมีสุนัขแบบนี้มาก่อน" ธอร์นตันกล่าวในวันอันเงียบสงบวันหนึ่ง ·

Les partenaires regardaient Buck sortir fièrement du camp.

หุ้นส่วนทั้งสองเฝ้าดูบั๊กก้าวเดินอย่างภาคภูมิใจออกจากค่าย

« Lorsqu'il a été créé, il a changé ce que pouvait être un chien », a déclaré Pete.

"เมื่อเขาถูกสร้างขึ้น เขาได้เปลี่ยนแปลงสิ่งที่สุนัขสามารถเป็นได้"
พีทกล่าว

« Par Jésus ! Je le pense moi-même », acquiesça rapidement Hans.

"โดยพระเยซู! ฉันก็คิดอย่างนั้นเหมือนกัน" ฮันส์รีบตกลงทันที

Ils l'ont vu s'éloigner, mais pas le changement qui s'est produit après.

พวกเขาเห็นเขาเดินออกไป แต่ไม่ได้เห็นการเปลี่ยนแปลงที่เกิดขึ้น
หลังจากนั้น

Dès qu'il est entré dans les bois, Buck s'est complètement transformé.

ทันทีที่เขาเข้าไปในป่า บัคก็เปลี่ยนแปลงไปอย่างสิ้นเชิง

Il ne marchait plus, mais se déplaçait comme un fantôme sauvage parmi les arbres.

เขาไม่เดินอีกต่อไป แต่เคลื่อนไหวเหมือนผีป่าท่ามกลางต้นไม้

Il devint silencieux, les pieds comme un chat, une lueur traversant les ombres.

เขาเงียบลง เท้าเหมือนแมว มีแสงแวบผ่านเงา

Il utilisait la couverture avec habileté, rampant sur le ventre comme un serpent.

เขาใช้ที่กำบังอย่างชำนาญ โดยคลานไปบนท้องเหมือนงู

Et comme un serpent, il pouvait bondir en avant et frapper en silence.

และเหมือนกับงู เขาสามารถกระโจนไปข้างหน้าและโจมตีอย่าง
เงียบๆ

Il pourrait voler un lagopède directement dans son nid caché.

เขาสามารถขโมยนกกระทาป่าโดยตรงจากรังที่ซ่อนอยู่ได้

Il a tué des lapins endormis sans un seul bruit.

เขาฆ่ากระต่ายที่กำลังนอนหลับโดยไม่ส่งเสียงแม้แต่เสียงเดียว

Il pouvait attraper des tamias en plein vol alors qu'ils fuyaient trop lentement.

เขาสามารถจับชิปมังกในอากาศได้ เนื่องจากมันวิ่งหนีช้าเกินไป

Même les poissons dans les bassins ne pouvaient échapper à ses attaques soudaines.

แม้แต่ปลาที่อยู่ในสระก็ไม่อาจหนีรอดจากการโจมตีอย่างกะทันหันของเขาได้

Même les castors astucieux qui réparaient les barrages n'étaient pas à l'abri de lui.

แม้แต่บีเวอร์ที่ฉลาดในการซ่อมเขื่อนก็ไม่ปลอดภัยจากเขา

Il tuait pour se nourrir, pas pour le plaisir, mais il préférait tuer ses propres victimes.

เขาฆ่าเพื่อเป็นอาหาร ไม่ใช่เพื่อความสนุกสนาน แต่เขาก็ชอบการฆ่าของตัวเองที่สุด

Pourtant, un humour sournois traversait certaines de ses chasses silencieuses.

อย่างไรก็ตาม อารมณ์ขันอันเจ้าเล่ห์ยังคงปรากฏอยู่ในการล่าเงียบๆ ของเขาบางครั้ง

Il s'est approché des écureuils, mais les a laissés s'échapper.

เขาค่อยๆ คืบคลานเข้าไปใกล้กระรอก เพียงเพื่อปล่อยให้มันหนีออกไป

Ils allaient fuir vers les arbres, bavardant dans une rage effrayée.

พวกมันจะวิ่งหนีเข้าไปในป่าและร้องจ้อด้วยความหวาดกลัว

À l'arrivée de l'automne, les orignaux ont commencé à apparaître en plus grand nombre.

เมื่อฤดูใบไม้ร่วงมาถึง มูสก็เริ่มปรากฏตัวมากขึ้น

Ils se sont déplacés lentement vers les basses vallées pour affronter l'hiver.

พวกเขาเคลื่อนตัวช้าๆ เข้าไปในหุบเขาลึกเพื่อรับมือกับฤดูหนาว

Buck avait déjà abattu un jeune veau errant.

บัคได้จับลูกวัวหลงตัวหนึ่งลงมาแล้ว

Mais il aspirait à affronter des proies plus grandes et plus dangereuses.

แต่เขาปรารถนาที่จะเผชิญหน้ากับเหยื่อที่ใหญ่กว่าและอันตรายยิ่งขึ้น

Un jour, à la ligne de partage des eaux, à la tête du ruisseau, il trouva sa chance.

วันหนึ่งบนทางแยกที่ต้นลำธาร เขาพบโอกาสของตน

Un troupeau de vingt orignaux avait traversé des terres boisées.

ฝูงมูสจำนวน 20 ตัวได้เดินข้ามมาจากดินแดนป่า

Parmi eux se trouvait un puissant taureau, le chef du groupe.

ท่ามกลางพวกมันมีกระทิงตัวใหญ่ตัวหนึ่งซึ่งเป็นจ่าฝูง

Le taureau mesurait plus de six pieds de haut et avait l'air féroce et sauvage.

กระทิงตัวนั้นสูงกว่าหกฟุตและดูดุร้ายและดุร้าย

Il lança ses larges bois, quatorze pointes se ramifiant vers l'extérieur.

เขาโยนเขาอันกว้างใหญ่ของเขาออกไป ซึ่งมีกิ่งก้าน 14 แฉกแผ่ออกไป

Les extrémités de ces bois s'étendaient sur sept pieds de large.

ปลายเขาเหล่านั้นทอดยาวออกไปประมาณเจ็ดฟุต

Ses petits yeux brûlaient de rage lorsqu'il aperçut Buck à proximité.

ดวงตาเล็กๆ ของเขาร้อนรุ่มไปด้วยความโกรธเมื่อเขาเห็นบั๊กอยู่
ใกล้ๆ

Il poussa un rugissement furieux, tremblant de fureur et de
douleur.

เขาปล่อยเสียงคำรามอันโกรธจัด ตัวสั่นด้วยความโกรธและความ
เจ็บปวด

Une pointe de flèche sortait près de son flanc, empennée et
pointue.

ปลายลูกศรยื่นออกมาใกล้สีข้างลำตัวของเขา มีขนนและแหลมคม

Cette blessure a contribué à expliquer son humeur sauvage
et amère.

บาดแผลนี้ช่วยอธิบายอารมณ์ป่าเถื่อนขมขื่นของเขาได้

Buck, guidé par un ancien instinct de chasseur, a fait son
mouvement.

บัคซึ่งได้รับแรงบันดาลใจจากสัญชาตญาณการล่าที่เก่าแก่ ได้เริ่ม
เคลื่อนไหว

Son objectif était de séparer le taureau du reste du troupeau.

เขามุ่งหมายที่จะแยกวัวออกจากฝูงที่เหลือ

Ce n'était pas une tâche facile : il fallait de la rapidité et une
ruse féroce.

นี่ไม่ใช่เรื่องง่ายเลย ต้องใช้ความเร็วและไหวพริบอันเฉียบแหลม

Il aboyait et dansait près du taureau, juste hors de portée.

เขาเห่าและเต้นรำไปใกล้ๆ กระทิง แต่อยู่นอกระยะโจมตี

L'élan s'est précipité avec d'énormes sabots et des bois
mortels.

มูสพุ่งออกมาด้วยกีบขนาดใหญ่และเขาอันอันตราย

Un seul coup aurait pu mettre fin à la vie de Buck en un clin
d'œil.

การโจมตีเพียงครั้งเดียวก็สามารถยุติชีวิตของบัคได้ในพริบตา

Incapable de laisser la menace derrière lui, le taureau devint fou.

กระทิงไม่อาจละทิ้งภัยคุกคามไว้เบื้องหลังได้ จึงเกิดอาการคลั่ง

Il chargea avec fureur, mais Buck s'échappa toujours.

เขาพุ่งเข้ามาด้วยความโกรธ แต่บัคก็หลบหนีไปได้เสมอ

Buck simula une faiblesse, l'attirant plus loin du troupeau.

บัคแสร้งทำเป็นอ่อนแอเพื่อล่อให้ห่างจากฝูงมากขึ้น

Mais les jeunes taureaux allaient charger pour protéger le leader.

แต่ลูกวัวหนุ่มก็กำลังวิ่งกลับมาเพื่อปกป้องจ่าฝูง

Ils ont forcé Buck à battre en retraite et le taureau à rejoindre le groupe.

พวกเขาบังคับให้บัคล่าถอยและบังคับให้กระทิงกลับเข้าร่วมกลุ่ม

Il y a une patience dans la nature, profonde et imparable.

ในป่าลึกมีความอดทนอย่างไม่หยุดยั้ง

Une araignée attend immobile dans sa toile pendant d'innombrables heures.

แมงมุมคอยอยู่นิ่งๆ ในใยเป็นเวลานานนับไม่ถ้วน

Un serpent s'enroule sans tressaillement et attend que son heure soit venue.

งูจะขดตัวโดยไม่กระตุก และรอจนกว่าจะถึงเวลา

Une panthère se tient en embuscade, jusqu'à ce que le moment arrive.

เสือดำซุ่มโจมตีอยู่จนกระทั่งถึงเวลา

C'est la patience des prédateurs qui chassent pour survivre.

นี่คือความอดทนของผู้ล่าที่ล่าเพื่อเอาชีวิตรอด

Cette même patience brûlait à l'intérieur de Buck alors qu'il restait proche.

ความอดทนแบบเดียวกันนี้ยังคงลุกโชนอยู่ภายในตัวบัคขณะที่เขา

อยู่ใกล้ๆ

Il resta près du troupeau, ralentissant sa marche et suscitant la peur.

เขาอยู่ใกล้ฝูงสัตว์โดยชะลอการเคลื่อนที่ของมันและก่อให้เกิดความกลัว

Il taquinait les jeunes taureaux et harcelait les vaches mères.

เขาแกล้งลูกวัวและรังควานแม่วัว

Il a plongé le taureau blessé dans une rage encore plus profonde et impuissante.

เขาทำให้กระทิงที่บาดเจ็บโกรธจนช่วยตัวเองไม่ได้มากขึ้น

Pendant une demi-journée, le combat s'est prolongé sans aucun répit.

การต่อสู้ดำเนินไปนานครึ่งวันโดยไม่ได้พักผ่อนเลย

Buck attaquait sous tous les angles, rapide et féroce comme le vent.

บัคโจมตีจากทุกทิศทุกทางอย่างรวดเร็วและรุนแรงราวกับสายลม

Il a empêché le taureau de se reposer ou de se cacher avec son troupeau.

เขาควบคุมไม่ให้กระทิงได้พักผ่อนหรือซ่อนตัวอยู่กับฝูง

Le cerf a épuisé la volonté de l'élan plus vite que son corps.

บั๊กทำให้ความตั้งใจของมูสหมดไปเร็วกว่าร่างกายของมัน

La journée passa et le soleil se coucha bas dans le ciel du nord-ouest.

เมื่อวันผ่านไป พระอาทิตย์ก็ลับขอบฟ้าทางทิศตะวันตกเฉียงเหนือ

Les jeunes taureaux revinrent plus lentement pour aider leur chef.

เหล่ากระทิงหนุ่มหันกลับมาอย่างช้าๆ เพื่อช่วยจ่าฝูงของมัน

Les nuits d'automne étaient revenues et l'obscurité durait désormais six heures.

คืนฤดูใบไม้ร่วงกลับมาอีกครั้ง และความมืดมิดกินเวลานานถึงหกชั่วโมง

L'hiver les poussait vers des vallées plus sûres et plus chaudes.

ฤดูหนาวกำลังผลักดันพวกเขาลงสู่หุบเขาที่ปลอดภัยและอบอุ่นกว่า

Mais ils ne pouvaient toujours pas échapper au chasseur qui les retenait.

แต่พวกเขาก็ยังไม่สามารถหลบหนีจากนายพรานที่คอยจับพวกเขาเอาไว้ได้

Une seule vie était en jeu : pas celle du troupeau, mais celle de leur chef.

มีเพียงชีวิตเดียวเท่านั้นที่ตกอยู่ในอันตราย ไม่ใช่ของฝูง แต่เป็นเพียงชีวิตผู้นำของพวกมันเท่านั้น

Cela rendait la menace lointaine et non leur préoccupation urgente.

นั่นทำให้ภัยคุกคามนั้นอยู่ห่างไกลและไม่ใช่เรื่องที่พวกเขาต้องกังวลอย่างเร่งด่วน

Au fil du temps, ils ont accepté ce prix et ont laissé Buck prendre le vieux taureau.

เมื่อถึงเวลาพวกเขาก็ยอมรับต้นทุนนี้และปล่อยให้บัคเอากระทิงแก่ตัวนั้นไป

Alors que le crépuscule s'installait, le vieux taureau se tenait debout, la tête baissée.

เมื่อพลบค่ำลง กระทิงแก่ก็ยืนก้มหัวลง

Il regarda le troupeau qu'il avait conduit disparaître dans la lumière déclinante.

เขาเฝ้าดูฝูงสัตว์ที่เขาจูงหายไปในแสงที่กำลังจะดับลง

Il y avait des vaches qu'il avait connues, des veaux qu'il avait autrefois engendrés.

มีวัวหลายตัวที่เขาเคยรู้จัก และลูกวัวที่เขาเคยเป็นพ่อ

Il y avait des taureaux plus jeunes qu'il avait combattus et dominés au cours des saisons précédentes.

มีกระทิงหนุ่มอีกหลายตัวที่เขาเคยต่อสู้และปกครองในฤดูกาลที่ผ่านมา

Il ne pouvait pas les suivre, car Buck était à nouveau accroupi devant lui.

เขาไม่สามารถติดตามพวกเขาไปได้ เพราะก่อนหน้านั้นบัคก็หมอบลงอีกแล้ว

La terreur impitoyable aux crocs bloquait tous les chemins qu'il pouvait emprunter.

ความหวาดกลัวเขี้ยวที่ไร้ความปราณีปิดกั้นทุกเส้นทางที่เขาอาจเลือกเดิน

Le taureau pesait plus de trois cents livres de puissance dense.

กระทิงตัวนี้มีน้ำหนักมากกว่าสามร้อยปอนด์ซึ่งถือเป็นพลังอันหนาแน่น

Il avait vécu longtemps et s'était battu avec acharnement dans un monde de luttes.

เขาได้มีชีวิตอยู่มายาวนานและต่อสู้ดิ้นรนอย่างหนักในโลกแห่งการดิ้นรน

Mais maintenant, à la fin, la mort venait d'une bête bien en dessous de lui.

บัดนี้ เมื่อถึงที่สุด ความตายก็มาเยือนจากสัตว์ร้ายที่อยู่ต่ำกว่าเขา

La tête de Buck n'atteignait même pas les énormes genoux noueux du taureau.

แม้แต่หัวของบั๊กก็ยัง ไม่ถึงเข่าข้อใหญ่ๆ ของกระทิงด้วยซ้ำ

À partir de ce moment, Buck resta avec le taureau nuit et jour.

ตั้งแต่นั้นเป็นต้นมา บัคก็อยู่กับกระทิงตัวนี้ทั้งกลางวันและ
กลางคืน

Il ne lui a jamais laissé de repos, ne lui a jamais permis de brouter ou de boire.

เขาไม่เคยให้เขาได้พักผ่อน ไม่เคยอนุญาตให้เขากินหญ้าหรือดื่ม
น้ำ

Le taureau a essayé de manger de jeunes pousses de bouleau et des feuilles de saule.

กระทิงพยายามกินต้นเบิร์ชและใบหลิวที่ยังอ่อนอยู่

Mais Buck le repoussa, toujours alerte et toujours attaquant.

แต่บัคก็ไล่เขาออกไปโดยคอยระวังตัวและโจมตีตลอดเวลา

Même dans les ruisseaux qui ruisselaient, Buck bloquait toute tentative assoiffée.

แม้แต่ในลำธารที่ไหลหยด บัคก็ขัดขวางความพยายามที่กระหาย
น้ำทุกครั้ง

Parfois, par désespoir, le taureau s'enfuyait à toute vitesse.

บางครั้งเมื่อหมดหวัง วัวก็วิ่งหนีด้วยความเร็วสูงสุด

Buck le laissa courir, galopant calmement juste derrière, jamais très loin.

บั๊กปล่อยให้เขาวิ่งไป โดยวิ่งตามหลังอย่างสงบไม่ห่างออกไป

Lorsque l'élan s'arrêta, Buck s'allongea, mais resta prêt.

เมื่อมูสหยุดพัก บัคก็นอนลง แต่ยังเตรียมพร้อมอยู่

Si le taureau essayait de manger ou de boire, Buck frappait avec une fureur totale.

ถ้าหากว่ากระทิงพยายามจะกินหรือดื่ม บัคก็จะโจมตีด้วยความ
โกรธเต็มที่

La grosse tête du taureau s'affaissait sous ses vastes bois.

หัวอันใหญ่ของกระทิงห้อยต่ำลงใต้เขาอันใหญ่โตของมัน

Son rythme ralentit, le trot devint lourd, une marche trébuchante.

เขาเริ่มเดินช้าลง และวิ่งเหยาะๆ เหมือนเดินสะดุด

Il restait souvent immobile, les oreilles tombantes et le nez au sol.

เขามักยืนนิ่งโดยมีหูตกและจมูกแนบพื้น

Pendant ces moments-là, Buck prenait le temps de boire et de se reposer.

ในช่วงเวลานั้นบัคก็หาเวลาดื่มและพักผ่อน

La langue tirée, les yeux fixés, Buck sentait que la terre était en train de changer.

บั๊กแลบลิ้นและจ้องตาอย่างจ้องจับใจ รับรู้ได้ว่าแผ่นดินกำลัง เปลี่ยนแปลงไป

Il sentit quelque chose de nouveau se déplacer dans la forêt et dans le ciel.

เขาสัมผัสได้ถึงสิ่งใหม่ที่กำลังเคลื่อนที่ผ่านป่าและท้องฟ้า

Avec le retour des orignaux, d'autres créatures sauvages ont fait de même.

เมื่อมูสกลับมา สิ่งมีชีวิตอื่น ๆ ในป่าก็กลับมาด้วย

La terre semblait vivante, avec une présence invisible mais fortement connue.

แผ่นดินนี้รู้สึกมีชีวิตชีวาด้วยสิ่งที่มองไม่เห็นแต่เป็นสิ่งที่รู้จักอย่าง ชัดเจน

Ce n'était ni par l'ouïe, ni par la vue, ni par l'odorat que Buck le savait.

บัครู้เรื่องนี้ไม่ใช่ด้วยเสียง เห็นหรือได้กลิ่น

Un sentiment plus profond lui disait que de nouvelles forces étaient en mouvement.

ความรู้สึกที่ลึกซึ้งยิ่งขึ้นบอกเขาว่ามีพลังใหม่กำลังเคลื่อนตัว

Une vie étrange s'agitait dans les bois et le long des ruisseaux.

ชีวิตแปลกประหลาดเคลื่อนไหวไปทั่วป่าและตามลำธาร

Il a décidé d'explorer cet esprit, une fois la chasse terminée.

เขาตัดสินใจที่จะสำรวจจิตวิญญาณนี้หลังจากการล่าเสร็จสิ้น

Le quatrième jour, Buck a finalement abattu l'élan.

ในวันที่สี่ บัคก็สามารถนำมูสลงมาได้ในที่สุด

Il est resté près de la proie pendant une journée et une nuit entières, se nourrissant et se reposant.

เขาอยู่กับสัตว์นั้นตลอดทั้งวันทั้งคืนเพื่อกินอาหารและพักผ่อน

Il mangea, puis dormit, puis mangea à nouveau, jusqu'à ce qu'il soit fort et rassasié.

เขากินแล้วก็นอน แล้วก็กินอีก จนกระทั่งเขาแข็งแรงและอิ่ม

Lorsqu'il fut prêt, il retourna vers le camp et Thornton.

เมื่อเขาพร้อมแล้ว เขาก็หันกลับไปยังค่ายและธอร์นตัน

D'un pas régulier, il commença le long voyage de retour vers la maison.

เขาเริ่มออกเดินทางกลับบ้านอันยาวไกลด้วยจังหวะที่มั่นคง

Il courait d'un pas infatigable, heure après heure, sans jamais s'égarer.

เขาวิ่งอย่างไม่รู้จักเหนื่อย ชั่วโมงแล้วชั่วโมงเล่า ไม่เคยออกนอกเส้นทางแม้แต่น้อย

À travers des terres inconnues, il se déplaçait droit comme l'aiguille d'une boussole.

ผ่านดินแดนที่ไม่รู้จัก เขาได้เดินทางตรงไปเหมือนเข็มทิศ

Son sens de l'orientation faisait paraître l'homme et la carte faibles en comparaison.

ความรู้สึกของเขาต่อทิศทางทำให้มนุษย์กับแผนที่ดูอ่อนแอเมื่อเปรียบเทียบกัน

Tandis que Buck courait, il sentait plus fortement l'agitation dans la terre sauvage.

ขณะที่บั๊กวิ่งไป เขาสัมผัสได้ถึงความปั่นป่วนในดินแดนป่าเถื่อนมากขึ้น

C'était un nouveau genre de vie, différent de celui des mois calmes de l'été.

มันเป็นชีวิตแบบใหม่ ไม่เหมือนกับช่วงฤดูร้อนที่แสนสงบ

Ce sentiment n'était plus un message subtil ou distant.

ความรู้สึกนี้ไม่ได้มาจากการส่งข้อความที่ละเอียดอ่อนหรือห่างไกลอีกต่อไป

Maintenant, les oiseaux parlaient de cette vie et les écureuils en bavardaient.

ขณะนี้ นกพูดคุยเกี่ยวกับชีวิตนี้ และกระรอกก็พูดคุยเรื่องนี้ด้วย

Même la brise murmurait des avertissements à travers les arbres silencieux.

แม้แต่สายลมยังกระซิบเตือนผ่านต้นไม้อันเงียบงัน

Il s'arrêta à plusieurs reprises et respira l'air frais du matin.

เขาหยุดเพื่อดมกลิ่นอากาศยามเช้าอันสดชื่นหลายครั้ง

Il y lut un message qui le fit bondir plus vite en avant.

เขาอ่านข้อความในนั้นซึ่งทำให้เขากระโดดไปข้างหน้าเร็วขึ้น

Un lourd sentiment de danger l'envahit, comme si quelque chose s'était mal passé.

ความรู้สึกอันตรายอันหนักหน่วงแผ่ซ่านไปทั่วร่างของเขา ราวกับว่ามีบางอย่างผิดปกติเกิดขึ้น

Il craignait qu'une catastrophe ne se produise – ou ne soit déjà arrivée.

เขาเกรงว่าภัยพิบัติจะมาถึงหรือได้เกิดขึ้นแล้ว

Il franchit la dernière crête et entra dans la vallée en contrebas.

เขาข้ามสันเขาสุดท้ายและเข้าสู่หุบเขาเบื้องล่าง

Il se déplaçait plus lentement, alerte et prudent à chaque pas.

เขาเคลื่อนไหวช้าลงมากขึ้น ระมัดระวังและตื่นตัวทุกก้าว

À trois milles de là, il trouva une piste fraîche qui le fit se raidir.

เมื่อออกไปได้สามไมล์ เขาพบเส้นทางใหม่ที่ทำให้เขาเกร็งขึ้น

Les cheveux le long de son cou ondulaient et se hérissaient d'alarme.

เส้นผมที่คอของเขาขยับและหยิกด้วยความตื่นตระหนก

Le sentier menait directement au camp où Thornton attendait.

เส้นทางนำตรงไปยังค่ายที่ธอร์นตันรออยู่

Buck se déplaçait désormais plus rapidement, sa foulée à la fois silencieuse et rapide.

ตอนนี้บั๊กเคลื่อนไหวเร็วขึ้น ทั้งก้าวเดินที่เงียบและรวดเร็ว

Ses nerfs se sont resserrés lorsqu'il a lu des signes que d'autres allaient manquer.

ความกังวลของเขาตึงเครียดขึ้นเมื่อเขาอ่านสัญญาณที่คนอื่นจะ

มองข้าม

Chaque détail du sentier racontait une histoire, sauf le dernier morceau.

รายละเอียดแต่ละอย่างในเส้นทางจะบอกเล่าเรื่องราว ยกเว้นส่วน

สุดท้าย

Son nez lui parlait de la vie qui s'était déroulée ici.

จมูกของเขาบอกเล่าถึงชีวิตที่ผ่านมาทางนี้

L'odeur lui donnait une image changeante alors qu'il le suivait de près.

กลิ่นดังกล่าวทำให้เขาเปลี่ยนภาพไปเมื่อเขาเดินตามหลังมาอย่าง
ใกล้ชิด

Mais la forêt elle-même était devenue silencieuse,
anormalement immobile.

แต่ป่าเองก็เงียบสงบลงอย่างผิดปกติ

Les oiseaux avaient disparu, les écureuils étaient cachés,
silencieux et immobiles.

นกหายไปแล้ว กระรอกก็ซ่อนตัวอยู่ เงียบและนิ่ง

Il n'a vu qu'un seul écureuil gris, allongé sur un arbre mort.

เขาเห็นกระรอกสีเทาเพียงตัวเดียวนอนราบอยู่บนต้นไม้ที่ตายแล้ว

L'écureuil se fondait dans la masse, raide et immobile
comme une partie de la forêt.

กระรอกกลมกลืนไปกับสภาพแวดล้อมอย่างแข็งทื่อและนิ่งเฉย
เหมือนกับเป็นส่วนหนึ่งของป่า

Buck se déplaçait comme une ombre, silencieux et sûr à
travers les arbres.

บัคเคลื่อนไหวเหมือนเงา เงียบและมั่นใจท่ามกลางต้นไม้

Son nez se souleva sur le côté comme s'il était tiré par une
main invisible.

จมูกของเขากระตุกไปทางด้านข้างราวกับว่ามีมือที่มองไม่เห็นดึง

Il se retourna et suivit la nouvelle odeur jusqu'au plus
profond d'un fourré.

เขาหันกลับและตามกลิ่นใหม่เข้าไปในพุ่มไม้ลึก

Là, il trouva Nig, étendu mort, transpercé par une flèche.

ที่นั่นเขาพบนิกนอนตายอยู่โดยถูกลูกศรแทง

La flèche traversa son corps, laissant encore apparaître ses
plumes.

ด้ามดาบทะลุผ่านร่างกายของเขาไปอย่างชัดเจน โดยที่ขนยังคง
ปรากฏให้เห็น

Nig s'était traîné jusqu'ici, mais il était mort avant d'avoir pu obtenir de l'aide.

นิคลากตัวเองไปที่นั่น แต่เสียชีวิตก่อนที่จะไปถึงความช่วยเหลือ

Une centaine de mètres plus loin, Buck trouva un autre chien de traîneau.

อีกร้อยหลาถัดมา บัคพบสุนัขลากเลื่อนอีกตัว

C'était un chien que Thornton avait racheté à Dawson City.

มันเป็นสุนัขที่ Thornton ซื้อกลับมาที่ Dawson City

Le chien était en proie à une lutte à mort, se débattant violemment sur le sentier.

สุนัขตัวดังกล่าวกำลังดิ้นรนอย่างเอาเป็นเอาตายและวิ่งหนีอย่างสุด

ชีวิตไปตามเส้นทาง

Buck le contourna sans s'arrêter, les yeux fixés devant lui.

บั๊กเดินผ่านเขาไปโดยไม่หยุด และจ้องมองไปข้างหน้า

Du côté du camp venait un chant lointain et rythmé.

จากทิศทางของค่าย มีเสียงสวดมนต์จังหวะอันไพเราะดังขึ้นใน

ระยะไกล

Les voix s'élevaient et retombaient sur un ton étrange, inquiétant et chantant.

เสียงต่างๆ ขึ้นๆ ลงๆ ในน้ำเสียงที่แปลก น่ากลัว และเป็นเพลง

Buck rampa jusqu'au bord de la clairière en silence.

บัคคลานไปข้างหน้าจนถึงขอบของบริเวณโล่งในความเงียบ

Là, il vit Hans étendu face contre terre, percé de nombreuses flèches.

ที่นั่นเขาเห็นฮันส์นอนคว่ำหน้าและถูกยิงธนูจำนวนมาก

Son corps ressemblait à celui d'un porc-épic, hérissé de plumes.

ร่างกายของเขาดูเหมือนเม่นซึ่งมีขนเป็นพวงเต็มไปหมด

Au même moment, Buck regarda vers le pavillon en ruine.

ขณะเดียวกัน บัคก็มองไปยังกระท่อมที่พังทลาย

Cette vue lui fit dresser les cheveux sur la nuque et les épaules.

ภาพที่เห็นนั้นทำให้ขนบนคอและไหล่ของเขาลุกขึ้นแข็ง

Une tempête de rage sauvage parcourut tout le corps de Buck.

พายุแห่งความโกรธเกรี้ยวรุนแรงพัดผ่านร่างของบัคไปทั้งหมด

Il grogna à haute voix, même s'il ne savait pas qu'il l'avait fait.

เขาขู่เสียงดังแม้ว่าเขาจะไม่รู้ว่าเขาทำไปแล้วก็ตาม

Le son était brut, rempli d'une fureur terrifiante et sauvage.

เสียงนั้นดิบและเต็มไปด้วยความโกรธเกรี้ยวที่น่ากลัวและป่าเถื่อน

Pour la dernière fois de sa vie, Buck a perdu la raison au profit de l'émotion.

เป็นครั้งสุดท้ายในชีวิตของเขาที่บัคสูญเสียเหตุผลของอารมณ์

C'est l'amour pour John Thornton qui a brisé son contrôle minutieux.

ความรักที่มีต่อจอห์น ธอร์นตัน ทำให้เขาควบคุมตัวเองได้ไม่เต็มที่

Les Yeehats dansaient autour de la hutte en épicéa détruite.

กลุ่ม Yeehats กำลังเต้นรำรอบๆ ต้นสนที่พังยับเยิน

Puis un rugissement retentit et une bête inconnue chargea vers eux.

จากนั้นก็มีเสียงคำรามดังขึ้น และสัตว์ร้ายที่ไม่รู้จักก็พุ่งเข้ามาหา

พวกเขา

C'était Buck ; une fureur en mouvement ; une tempête vivante de vengeance.

มันคือบัค ความโกรธที่พุ่งพล่าน เป็นพายุแห่งความแก้แค้นที่ยังคง

ดำรงอยู่

Il se jeta au milieu d'eux, fou du besoin de tuer.

เขาพุ่งตัวเข้าไปอยู่ท่ามกลางพวกเขา รู้สึกบ้าคลั่งเพราะความ
ต้องการที่จะฆ่า

**Il sauta sur le premier homme, le chef Yeehat, et frappa
juste.**

เขาพุ่งเข้าหาชายคนแรก หัวหน้า Yeehat และทำการโจมตีอย่าง
ถูกต้อง

Sa gorge fut déchirée et du sang jaillit à flots.

ลำคอของเขาถูกฉีกออก และมีเลือดพุ่งออกมาเป็นสาย

**Buck ne s'arrêta pas, mais déchira la gorge de l'homme
suivant d'un seul bond.**

บั๊กไม่หยุด แต่กลับฉีกคอชายคนถัดไปด้วยการกระโดดเพียงครั้ง
เดียว

**Il était inarrêtable : il déchirait, taillait, ne s'arrêtait jamais
pour se reposer.**

เขาไม่หยุดยั้ง—ฉีก เฉือน และไม่เคยหยุดพักเลย

**Il s'élança et bondit si vite que leurs flèches ne purent
l'atteindre.**

เขาได้พุ่งและกระโจนเร็วมากจนลูกศรของพวกเขาไม่สามารถแตะ
ต้องเขาได้

**Les Yeehats étaient pris dans leur propre panique et
confusion.**

พวก Yeehats ตกอยู่ในความตื่นตระหนกและสับสนของตนเอง

**Leurs flèches manquèrent Buck et se frappèrent l'une l'autre
à la place.**

ลูกศรของพวกเขาพลาดเป้าไปที่บั๊ก แต่กลับถูกกันเองแทน

**Un jeune homme a lancé une lance sur Buck et a touché un
autre homme.**

เยาวชนคนหนึ่งขว้างหอกไปที่บั๊กและถูกชายอีกคน

La lance lui transperça la poitrine, la pointe lui transperçant le dos.

หอกแทงทะลุหน้าอกของเขา ปลายหอกแทงทะลุหลังของเขา

La terreur s'empara des Yeehats et ils se mirent en retraite.

ความหวาดกลัวเข้าครอบงำกลุ่ม Yeehats และพวกเขาก็ล่าถอยไป

หมด

Ils crièrent à l'Esprit Maléfique et s'enfuirent dans les ombres de la forêt.

พวกเขาตะโกนเรียกวิญญาณชั่วร้ายแล้ววิ่งหนีเข้าไปในเงาของป่า

Vraiment, Buck était comme un démon alors qu'il poursuivait les Yeehats.

จริงอยู่ บัคเป็นเหมือนปีศาจในขณะที่เขาไล่ตามพวก Yeehats

Il les poursuivit à travers la forêt, les faisant tomber comme des cerfs.

พระองค์ทรงไล่ตามพวกเขาไปในป่า จนล้มลงเหมือนกวาง

Ce fut un jour de destin et de terreur pour les Yeehats effrayés.

มันกลายเป็นวันที่เต็มไปด้วยโชคชะตาและความหวาดกลัวสำหรับ

เหล่า Yeehats ที่หวาดกลัว

Ils se dispersèrent à travers le pays, fuyant au loin dans toutes les directions.

พวกเขากระจายกันไปทั่วแผ่นดิน หนีไปไกลในทุกทิศทุกทาง

Une semaine entière s'est écoulée avant que les derniers survivants ne se retrouvent dans une vallée.

ผ่านไปหนึ่งสัปดาห์เต็มก่อนที่ผู้รอดชีวิตกลุ่มสุดท้ายจะพบกันใน

หุบเขา

Ce n'est qu'alors qu'ils ont compté leurs pertes et parlé de ce qui s'était passé.

จากนั้นพวกเขาจึงนับความสูญเสียและเล่าถึงสิ่งที่เกิดขึ้น

Buck, après s'être lassé de la chasse, retourna au camp en ruine.

บัคกลับมายังค่ายที่พังทลายหลังจากเหนื่อยจากการไล่ตาม

Il a trouvé Pete, toujours dans ses couvertures, tué lors de la première attaque.

เขาพบพีทยังอยู่ในผ้าห่มเสียชีวิตในการโจมตีครั้งแรก

Les signes du dernier combat de Thornton étaient marqués dans la terre à proximité.

ร่องรอยการต่อสู้ครั้งสุดท้ายของธอร์นตันปรากฏอยู่บนพื้นดิน

บริเวณใกล้เคียง

Buck a suivi chaque trace, reniflant chaque marque jusqu'à un point final.

บั๊กเดินตามร่องรอยทุกประการ ดมกลิ่นแต่ละรอยจนกระทั่งถึงจุด

สุดท้าย

Au bord d'un bassin profond, il trouva le fidèle Skeet, allongé immobile.

ที่ขอบสระน้ำลึก เขาพบสกีตผู้ซื่อสัตย์นอนนิ่งอยู่

La tête et les pattes avant de Skeet étaient dans l'eau, immobiles dans la mort.

ศีรษะและอุ้งเท้าหน้าของสกีตจมอยู่ในน้ำ ไม่ขยับเขยื้อนเพราะ

ความตาย

La piscine était boueuse et contaminée par les eaux de ruissellement provenant des écluses.

สระว่ายน้ำเป็นโคลนและมีน้ำเสียจากกล่องระบายน้ำ

Sa surface nuageuse cachait ce qui se trouvait en dessous, mais Buck connaissait la vérité.

พื้นผิวที่มีเมฆมากซ่อนสิ่งที่อยู่ข้างใต้ไว้ แต่บั๊กรู้ความจริง

Il a suivi l'odeur de Thornton dans la piscine, mais l'odeur ne menait nulle part ailleurs.

เขาตามกลิ่นของธอร์นตันไปจนถึงสระน้ำ—แต่กลิ่นนั้นไม่ได้พา
ไปที่อื่นเลย

Aucune odeur ne menait à l'extérieur, seulement le silence
des eaux profondes.

ไม่มีกลิ่นใด ๆ ลอยออกมา มีเพียงความเงียบของน้ำลึกเท่านั้น

Toute la journée, Buck resta près de la piscine, arpentant le
camp avec chagrin.

ตลอดทั้งวัน บั๊กอยู่ใกล้สระน้ำ เดินไปมาในค่ายด้วยความโศกเศร้า

Il errait sans cesse ou restait assis, immobile, perdu dans ses
pensées.

เขาเดินเตร่ไปมาอย่างกระสับกระส่าย หรือไม่ก็นั่งนิ่งๆ จมอยู่กับ

ความคิดหนักๆ

Il connaissait la mort, la fin de la vie, la disparition de tout
mouvement.

พระองค์ทรงรู้จักความตาย ความสิ้นสุดของชีวิต และความดับไป

ของการเคลื่อนไหวทั้งปวง

Il comprit que John Thornton était parti et ne reviendrait
jamais.

เขาเข้าใจว่าจอห์น ธอร์นตันจากไปแล้ว และไม่มีวันกลับมาอีก

La perte a laissé en lui un vide qui palpitait comme la faim.

ความสูญเสียทิ้งช่องว่างว่างเปล่าไว้ในตัวเขาซึ่งเต้นระรัวเหมือน

ความหิวโหย

Mais c'était une faim que la nourriture ne pouvait apaiser,
peu importe la quantité qu'il mangeait.

แต่ความหิวนี้ไม่อาจบรรเทาลงได้ ไม่ว่าเขาจะกินมากแค่ไหนก็

ตาม

Parfois, alors qu'il regardait les Yeehats morts, la douleur
s'estompait.

บางครั้งเมื่อเขาได้มองดู Yeehats ที่ตายแล้ว ความเจ็บปวดก็จาง หายไป

Et puis une étrange fierté monta en lui, féroce et complète.

และจากนั้นความภาคภูมิใจประหลาดก็เกิดขึ้นในตัวเขา ดุร้ายและ สมบูรณ์แบบ

Il avait tué l'homme, le gibier le plus élevé et le plus dangereux de tous.

เขาได้ฆ่ามนุษย์ซึ่งเป็นเกมที่สูงส่งและอันตรายที่สุด

Il avait tué au mépris de l'ancienne loi du gourdin et des crocs.

เขาได้ฆ่าคนโดยฝ่าฝืนกฎโบราณว่าด้วยกระบองและเขี้ยว

Buck renifla leurs corps sans vie, curieux et pensif.

บั๊กดมร่างไร้วิญญาณของพวกเขาด้วยความอยากรู้และครุ่นคิด

Ils étaient morts si facilement, bien plus facilement qu'un husky dans un combat.

พวกมันตายได้ง่ายมาก—ง่ายกว่าสุนัขไซบีเรียนฮัสกี้ในการต่อสู้ มาก

Sans leurs armes, ils n'avaient aucune véritable force ni menace.

หากปราศจากอาวุธ พวกเขาก็ไม่มีความแข็งแกร่งหรือภัยคุกคามที่ แท้จริง

Buck n'aurait plus jamais peur d'eux, à moins qu'ils ne soient armés.

บัคจะไม่มีวันกลัวพวกเขาอีกต่อไป เว้นแต่ว่าพวกเขาจะมีอาวุธ

Ce n'est que lorsqu'ils portaient des gourdins, des lances ou des flèches qu'il se méfiait.

เฉพาะเมื่อพวกเขาพกกระบอง หอก หรือลูกศรเท่านั้นที่เขาจะ ระวัง

La nuit tomba et une pleine lune se leva au-dessus de la cime des arbres.

เมื่อตกกลางคืน พระจันทร์เต็มดวงก็ขึ้นสูงเหนือยอดไม้

La pâle lumière de la lune baignait la terre d'une douce lueur fantomatique, comme le jour.

แสงจันทร์สลัวสาดส่องไปทั่วแผ่นดินด้วยแสงนวลอ่อนๆ เหมือนกลางวัน

Alors que la nuit s'approfondissait, Buck pleurait toujours au bord de la piscine silencieuse.

เมื่อคืนล่วงเลยไป บัคยังคงโศกเศร้าอยู่ข้างสระน้ำอันเงียบสงัด

Puis il prit conscience d'un autre mouvement dans la forêt.

จากนั้นเขาเริ่มรู้สึกถึงความเคลื่อนไหวที่แตกต่างไปในป่า

L'agitation ne venait pas des Yeehats, mais de quelque chose de plus ancien et de plus profond.

การปลุกเร้านี้ไม่ได้มาจาก Yeehats แต่มาจากบางสิ่งที่เก่ากว่าและลึกซึ้งกว่า

Il se leva, les oreilles dressées, le nez testant la brise avec précaution.

เขาจึงยืนขึ้น โดยยกหูขึ้นและจมูกคอยทดสอบลมด้วยความระมัดระวัง

De loin, un cri faible et aigu perça le silence.

จากระยะไกล มีเสียงร้องแหลมๆ ดังขึ้นท่ามกลางความเงียบ

Puis un chœur de cris similaires suivit de près le premier.

จากนั้นก็มีเสียงร้องทำนองเดียวกันตามมาติดๆ จากกลุ่มแรก

Le bruit se rapprochait, devenant plus fort à chaque instant qui passait.

เสียงนั้นดังใกล้เข้ามาเรื่อยๆ และดังขึ้นเรื่อยๆ ในแต่ละช่วงเวลาที่ผ่านไป

Buck connaissait ce cri : il venait de cet autre monde dans sa mémoire.

บัครู้จักเสียงร้องนี้ดี—มันมาจากอีกโลกหนึ่งในความทรงจำของเขา

Il se dirigea vers le centre de l'espace ouvert et écouta attentivement.

เขาเดินไปที่ใจกลางของพื้นที่โล่งและฟังอย่างตั้งใจ

L'appel retentit, multiple et plus puissant que jamais.

เสียงเรียกดังขึ้นหลายครั้งและทรงพลังยิ่งกว่าเดิม

Et maintenant, plus que jamais, Buck était prêt à répondre à son appel.

และตอนนี้ บัคพร้อมที่จะตอบรับการเรียกของเขามากกว่าที่เคย

John Thornton était mort et il ne lui restait plus aucun lien avec l'homme.

จอห์น ธอร์นตันเสียชีวิตแล้ว และไม่มีความผูกพันใดๆ ต่อมนุษย์เหลืออยู่ในตัวเขาอีกต่อไป

L'homme et toutes ses prétentions avaient disparu : il était enfin libre.

มนุษย์และคำอ้างสิทธิของมนุษย์ทั้งหมดสูญสิ้น—ในที่สุดเขาก็เป็นอิสระ

La meute de loups chassait de la viande comme les Yeehats l'avaient fait autrefois.

ฝูงหมาป่ากำลังไล่ล่าเนื้อเช่นเดียวกับที่พวก Yeehats เคยทำ

Ils avaient suivi les orignaux depuis les terres boisées.

พวกเขาติดตามมูสลงมาจากดินแดนที่มีต้นไม้

Maintenant, sauvages et affamés de proies, ils traversèrent sa vallée.

ตอนนี้ พวกมันดุร้ายและหิวโหยเหยื่อ จึงข้ามเข้าไปในหุบเขาของ
เขา

Ils arrivèrent dans la clairière éclairée par la lune, coulant
comme de l'eau argentée.

พวกเขาไหลเข้ามาในทุ่งโล่งที่มีแสงจันทร์เหมือนน้ำสีเงิน

Buck se tenait immobile au centre, les attendant.

บัคยืนนิ่งอยู่ตรงกลาง ยืนรอพวกเขา

Sa présence calme et imposante a stupéfié la meute et l'a
plongée dans un bref silence.

การปรากฏตัวอันสงบนิ่งและยิ่งใหญ่ของเขาทำให้ฝูงสัตว์ตะลึงจน
เงียบไปชั่วขณะ

Alors le loup le plus audacieux sauta droit sur lui sans
hésitation.

จากนั้นหมาป่าที่กล้าหาญที่สุดก็กระโจนเข้าหาเขาโดยไม่ลังเล

Buck frappa vite et brisa le cou du loup d'un seul coup.

บั๊กโจมตีอย่างรวดเร็วและหักคอหมาป่าได้ในครั้งเดียว

Il resta immobile à nouveau tandis que le loup mourant se
tordait derrière lui.

เขาหยุดนิ่งอีกครั้งขณะที่หมาป่าที่กำลังจะตายบิดตัวอยู่ข้างหลังเขา

Trois autres loups ont attaqué rapidement, l'un après l'autre.

หมาป่าอีกสามตัวโจมตีอย่างรวดเร็วตัวต่อตัว

Chacun d'eux s'est retiré en sang, la gorge ou les épaules
tranchées.

แต่ละคนถอยหนีไปโดยมีเลือดไหล และคอและไหล่ถูกเฉือน

Cela a suffi à déclencher une charge sauvage de toute la
meute.

นั่นเพียงพอที่จะกระตุ้นให้กลุ่มทั้งหมดเข้าสู่การโจมตีแบบดุเดือด

Ils se précipitèrent ensemble, trop impatients et trop
nombreux pour bien frapper.

พวกเขารีบวิ่งเข้ามาด้วยกันด้วยความกระหายและแออัดจนไม่

สามารถโจมตีได้ดี

La vitesse et l'habileté de Buck lui ont permis de rester en
tête de l'attaque.

ความเร็วและทักษะของบัคทำให้เขาอยู่เหนือการโจมตีได้

Il tournait sur ses pattes arrière, claquant et frappant dans
toutes les directions.

เขาหมุนตัวด้วยขาหลัง เหวี่ยงออกไปและโจมตีไปในทุกทิศทาง

Pour les loups, cela donnait l'impression que sa défense ne
s'était jamais ouverte ou n'avait jamais faibli.

สำหรับหมาป่า ดูเหมือนการป้องกันของเขาจะไม่เคยเปิดหรือ

ล้มเหลวเลย

Il s'est retourné et a frappé si vite qu'ils ne pouvaient pas
passer derrière lui.

เขาหันตัวและฟันอย่างรวดเร็วมากจนพวกเขาไม่สามารถตามหลัง

เขาไปได้

Néanmoins, leur nombre l'obligea à céder du terrain et à
reculer.

อย่างไรก็ตาม จำนวนของพวกเขาทำให้เขาต้องยอมแพ้และถอย

กลับ

Il passa devant la piscine et descendit dans le lit rocheux du
ruisseau.

เขาเดินผ่านสระน้ำและลงไปในลำธารที่มีหิน

Là, il se heurta à un talus abrupt de gravier et de terre.
ที่นั่นเขามาถึงเนินดินและกรวดชัน

Il s'est retrouvé coincé dans un coin coupé lors des fouilles des
mineurs.

เขาก้าวเข้าไปในทางตัดมุมระหว่างการขุดของคนงานเหมือง

Désormais protégé sur trois côtés, Buck ne faisait face qu'au loup de devant.

ตอนนี้ได้รับการปกป้องจากสามด้าน บัคเผชิญหน้ากับหมาป่าด้านหน้าเท่านั้น

Là, il se tenait à distance, prêt pour la prochaine vague d'assaut.

เขายืนอยู่ตรงนั้น เตรียมพร้อมสำหรับการโจมตีระลอกต่อไป

Buck a tenu bon si farouchement que les loups ont reculé.

บั๊กยืนหยัดอย่างแข็งแกร่งจนทำให้หมาป่าถอยหนี

Au bout d'une demi-heure, ils étaient épuisés et visiblement vaincus.

หลังจากผ่านไปครึ่งชั่วโมง พวกเขาก็หมดแรงและพ่ายแพ้อย่างเห็นได้ชัด

Leurs langues pendaient, leurs crocs blancs brillaient au clair de lune.

ลิ้นของพวกเขาห้อยออกมา เขี้ยวสีขาวของพวกเขาเป็นประกายในแสงจันทร์

Certains loups se sont couchés, la tête levée, les oreilles dressées vers Buck.

หมาป่าบางตัวนอนลง โดยยกหัวขึ้นและหูชี้ไปทางบัค

D'autres restaient immobiles, vigilants et observant chacun de ses mouvements.

คนอื่นๆ ยืนนิ่งเฉย คอยระวังและเฝ้าดูทุกการเคลื่อนไหวของเขา

Quelques-uns se sont dirigés vers la piscine et ont bu de l'eau froide.

ไม่กี่คนเดินไปที่สระว่ายน้ำและดื่มน้ำเย็นๆ

Puis un loup gris, long et maigre, s'avança doucement.

จากนั้น หมาป่าสีเทาตัวยาวผอมตัวหนึ่งก็คืบคลานไปข้างหน้าอย่างอ่อนโยน

Buck le reconnut : c'était le frère sauvage de tout à l'heure.

บัคจำเขาได้—เป็นพี่ชายป่าเถื่อนคนเดิม

Le loup gris gémit doucement, et Buck répondit par un gémissement.

หมาป่าสีเทาส่งเสียงครางเบาๆ และบัคก็ตอบกลับด้วยเสียงคราง

Ils se touchèrent le nez, tranquillement et sans menace ni peur.

พวกเขาสัมผัสจมูกกันอย่างเงียบ ๆ โดยไม่มีภัยคุกคามหรือความ

กลัวใด ๆ

Ensuite est arrivé un loup plus âgé, maigre et marqué par de nombreuses batailles.

ถัดมาคือหมาป่าแก่ตัวหนึ่ง มันผอมโซและมีรอยแผลเป็นจากการ

สู้รบหลายครั้ง

Buck commença à grogner, mais s'arrêta et renifla le nez du vieux loup.

บั๊กเริ่มขู่คำราม แต่หยุดลงแล้วดมจมูกของหมาป่าแก่ตัวนั้น

Le vieux s'assit, leva le nez et hurla à la lune.

เจ้าคนแก่ก็นั่งลง ยกจมูกขึ้น และหอนไปทางดวงจันทร์

Le reste de la meute s'assit et se joignit au long hurlement.

ส่วนที่เหลือของฝูงนั่งลงและร่วมส่งเสียงหอนยาวๆ

Et maintenant, l'appel est venu à Buck, indubitable et fort.

และตอนนี้เสียงเรียกก็มาถึงบัค ซึ่งชัดเจนและหนักแน่น

Il s'assit, leva la tête et hurla avec les autres.

เขาลงนั่งยกหัวขึ้นและโวยวายพร้อมกับคนอื่นๆ

Lorsque les hurlements ont cessé, Buck est sorti de son abri rocheux.

เมื่อเสียงหอนจบลง บัคก็ก้าวออกมาจากที่กำบังที่เต็มไปด้วยหิน

ของเขา

La meute se referma autour de lui, reniflant à la fois gentiment et avec prudence.

ฝูงสัตว์เดินเข้ามาหาเขาโดยดมกลิ่นอย่างใจดีและระมัดระวัง

Les chefs ont alors poussé un cri et se sont précipités dans la forêt.

จากนั้นหัวหน้าก็ส่งเสียงร้องและวิ่งหนีเข้าไปในป่า

Les autres loups suivirent, hurlant en chœur, sauvages et rapides dans la nuit.

หมาป่าตัวอื่นๆ ร้องตามและร้องเป็นเสียงเดียวกันอย่างดุร้ายและ

รวดเร็วในยามค่ำคืน

Buck courait avec eux, à côté de son frère sauvage, hurlant en courant.

บั๊กวิ่งไปกับพวกเขา ข้างๆ น้องชายป่าของเขา พร้อมกับส่งเสียง

หอนไปด้วย

Ici, l'histoire de Buck fait bien de se terminer.

คราวนี้เรื่องราวของบัคคงใกล้จะจบลงแล้ว

Dans les années qui suivirent, les Yeehats remarquèrent d'étranges loups.

ในปีต่อๆ มา Yeehats ได้สังเกตเห็นหมาป่าประหลาดๆ

Certains avaient du brun sur la tête et le museau, du blanc sur la poitrine.

บางตัวมีสีน้ำตาลบนหัวและปาก และมีสีขาวบนหน้าอก

Mais plus encore, ils craignaient une silhouette fantomatique parmi les loups.

แต่สิ่งที่เลวร้ายกว่านั้น พวกเขายังกลัวร่างผีๆ ในหมู่หมาป่าอีกด้วย

Ils parlaient à voix basse du Chien Fantôme, chef de la meute.

พวกมันพูดคุยกันด้วยเสียงกระซิบถึงสุนัขผี ผู้เป็นจ่าฝูง

Ce chien fantôme était plus rusé que le plus audacieux des chasseurs Yeehat.

สุนัขผีตัวนี้มีความฉลาดแกมโกงมากกว่านักล่า Yeehat ที่กล้าหาญ ที่สุด

Le chien fantôme a volé dans les camps en plein hiver et a déchiré leurs pièges.

สุนัขผีขโมยของจากค่ายในช่วงฤดูหนาวที่หนาวจัด และฉีกกับดัก ของพวกมันออกเป็นชิ้นๆ

Le chien fantôme a tué leurs chiens et a échappé à leurs flèches sans laisser de trace.

สุนัขผีฆ่าสุนัขของพวกเขาและหนีจากลูกศรของพวกเขาได้อย่าง ไร้ร่องรอย

Même leurs guerriers les plus courageux craignaient d'affronter cet esprit sauvage.

แม้กระทั่งนักรบที่กล้าหาญที่สุดของพวกเขาก็ยังกลัวที่จะ เผชิญหน้ากับวิญญาณป่าเถื่อนนี้

Non, l'histoire devient encore plus sombre à mesure que les années passent dans la nature.

ไม่ เรื่องราวยิ่งมืดมนมากขึ้นเมื่อกาลเวลาผ่านไปในป่า

Certains chasseurs disparaissent et ne reviennent jamais dans leurs camps éloignés.

นักล่าบางคนหายตัวไปและไม่เคยกลับไปยังค่ายที่อยู่ห่างไกลอีก เลย

D'autres sont retrouvés la gorge arrachée, tués dans la neige.

ส่วนคนอื่นๆ ถูกพบมีคอฉีกขาด ถูกฆ่าในหิมะ

Autour de leur corps se trouvent des traces plus grandes que celles que n'importe quel loup pourrait laisser.

รอบตัวพวกมันมีรอยเท้าซึ่งใหญ่เกินกว่าหมาป่าตัวไหนจะขีดได้

Chaque automne, les Yeehats suivent la piste de l'élan.

ในฤดูใบไม้ร่วงทุกๆ ปี นก Yeehats จะเดินตามรอยของกวางมูส

Mais ils évitent une vallée avec la peur profondément gravée dans leur cœur.

แต่พวกเขาหลีกเลี่ยงหุบเขาแห่งหนึ่งเพราะความกลัวฝังลึกอยู่ใน

ใจพวกเขา

Ils disent que la vallée a été choisie par l'Esprit du Mal pour y vivre.

พวกเขาบอกว่าหุบเขานี้ถูกวิญญาณชั่วร้ายเลือกให้เป็นบ้านของเขา

Et quand l'histoire est racontée, certaines femmes pleurent près du feu.

และเมื่อนิทานเรื่องนี้ถูกเล่าขึ้นก็มีผู้หญิงบางคนร้องไห้อยู่ข้างกอง

ไฟ

Mais en été, un visiteur vient dans cette vallée tranquille et sacrée.

แต่ในฤดูร้อนจะมีผู้มาเยือนหนึ่งคนมาเยือนหุบเขาอันเงียบสงบ

และศักดิ์สิทธิ์แห่งนี้

Les Yeehats ne le connaissent pas et ne peuvent pas le comprendre.

ชาวเยฮัต ไม่รู้จักเขา และพวกเขาก็ไม่เข้าใจเช่นกัน

Le loup est un grand loup, revêtu de gloire, comme aucun autre de son espèce.

หมาป่าเป็นสัตว์ที่ยิ่งใหญ่ มีขนอันสง่างาม ไม่เหมือนกับหมาป่าตัว

อื่น

Lui seul traverse le bois vert et entre dans la clairière de la forêt.

เขาเพียงคนเดียวที่ข้ามจากป่าเขียวขจีและเข้าสู่ป่าโปร่ง

Là, la poussière dorée des sacs en peau d'élan s'infiltre dans le sol.

มีฝุ่นสีทองจากกระสอบหนังมูสซึมซาบลงไปในดิน

L'herbe et les vieilles feuilles ont caché le jaune du soleil.

หญ้าและใบไม้เก่าซ่อนความเหลืองจากแสงแดด

Ici, le loup se tient en silence, réfléchissant et se souvenant.

ที่นี่หมาป่ายืนนิ่งคิดและจดจำ

Il hurle une fois, longuement et tristement, avant de se retourner pour partir.

เขาคร่ำครวญครั้งหนึ่งยาวนานและโศกเศร้า ก่อนจะหันหลังไป

Mais il n'est pas toujours seul au pays du froid et de la neige.

แต่เขาไม่ได้อยู่คนเดียวในดินแดนแห่งความหนาวเย็นและหิมะเสมอไป

Quand les longues nuits d'hiver descendent sur les basses vallées.

เมื่อคืนฤดูหนาวอันยาวนานปกคลุมหุบเขาด้านล่าง

Quand les loups suivent le gibier à travers le clair de lune et le gel.

เมื่อหมาป่าติดตามเกมผ่านแสงจันทร์และน้ำค้างแข็ง

Puis il court en tête du peloton, sautant haut et sauvagement.

จากนั้นเขาก็วิ่งไปอยู่หัวฝูงพร้อมกระโดดสูงและดุร้าย

Sa silhouette domine les autres, sa gorge est animée par le chant.

รูปร่างของเขาดูสูงกว่าคนอื่นๆ ลำคอของเขาเต็มไปด้วยเสียงเพลง

C'est le chant du monde plus jeune, la voix de la meute.

เป็นเพลงของโลกเยาวชน เป็นเสียงของฝูง

Il chante en courant, fort, libre et toujours sauvage.

เขาร้องเพลงขณะวิ่ง—แข็งแกร่ง อิสระ และดุร้ายตลอดไป